POURQUOI DONC ÊTRE CHRÉTIEN ?

Du même auteur
aux Éditions du Cerf

« *Je vous appelle amis.* » *Entretiens avec Guillaume Goubert, Écrits*, coéd. La Croix, Paris, 2000 ; nouv. éd. 2001, 2003, 2005.

Que votre joie soit parfaite, Paris, 2002 ; nouv. éd. 2004.

Les Sept Dernières Paroles du Christ, Paris, 2004.

TIMOTHY RADCLIFFE, O. P.

POURQUOI DONC ÊTRE CHRÉTIEN ?

Traduit de l'anglais par
DOMINIQUE BARRIOS DELGADO

LES ÉDITIONS DU CERF
www.editionsducerf.fr
PARIS

2005

Imprimé en France

Les Éditions du Cerf, 2005
pour la traduction en français
www.editionsducerf.fr
(29, boulevard La Tour-Maubourg
75340 Paris Cedex 07)

ISBN 2-204-07255-9

Introduction

« Pourquoi donc être chrétien ? » m'a demandé récemment un de mes amis. Je dois reconnaître que la question m'a pris de court. J'ai été élevé dans le christianisme mais ma foi ne m'a jamais vraiment intéressé jusqu'au jour où je me suis demandé si c'était vrai ou non. S'il était vrai que l'humanité est destinée à partager le bonheur indicible de Dieu, alors ce devait être le but de ma vie. Si ce n'était pas vrai, je devais alors quitter l'Église. J'ai donc répondu à mon ami : « parce que c'est vrai », mais ma réponse ne l'a pas satisfait le moins du monde. « Mais à quoi ça sert d'être chrétien ? Quelle en est la raison ? »

Il est évident que nous ne nous comprenions pas. Si le christianisme est vrai, il n'a pas d'autre raison d'être que de nous diriger vers Dieu qui est la raison d'être de tout. Si on se demande à quoi sert toute chose, finalement, si on pousse la question assez loin et qu'il s'agit de quelque chose d'important, on arrive à se demander quelle est la raison d'être de tout ce qui existe, quel est le but final de notre vie, et c'est de cela qu'il s'agit avec la religion. Une religion qui essaie de se vendre sous le prétexte qu'elle est utile à autre chose – qu'elle vous aidera à mener une vie équilibrée, ou à vous débarrasser du stress, ou à devenir riche – se fait du tort à elle-même. Si elle doit se justifier en étant utile à quelque chose, ce n'est pas une religion qu'on pourra prendre au sérieux. La raison d'être de n'importe quelle religion est de nous diriger vers Dieu qui est la raison de tout. C'est pourquoi cela n'a aucun sens de demander s'il est pertinent de croire en Dieu car Dieu est la mesure de toute pertinence.

Mais mon ami n'était pas découragé : « Qu'est-ce que tu en tires ? Qu'est-ce que ça te donne ? » Et je commençai à comprendre où il voulait en venir. Ces vérités auxquelles nous adhérons doivent avoir quelque retentissement sur notre vie. La vérité de la loi de la gravité universelle ou du fait que la Terre est ronde a des conséquences ; on peut dresser les plans d'un avion qui décolle et, s'il part dans une direction, il finira par revenir à son point de départ. Si les vérités de l'enseignement chrétien sont sans effets sur notre vie, sans conséquences, alors de quel genre de vérités parle-t-on ? Si Dieu est la raison d'être de tout, alors être religieux, avoir Dieu comme but ultime doit transparaître dans notre vie.

Le christianisme doit donc certainement faire une différence, même si on n'est pas chrétien à cause de cette différence. Par exemple, si l'on pouvait prouver que les chrétiens sont plus calmes, moins stressés que les autres, on pourrait pousser les gens à partager notre foi pour être moins crispés : « Devenez chrétiens, vous dormirez mieux la nuit. » Cela ferait de la religion un simple style de vie recommandable, comme de faire du sport. Cela reviendrait à vendre Dieu pour son utilité, comme une huile essentielle. Mais le fait que la foi rende, par exemple, plus détendu, ou plus heureux, ou plus courageux, ou n'importe quoi, peut faire penser que les vérités que proclame le christianisme ne sont pas indifférentes et cela vaut d'y regarder de plus près. Si modeler sa vie dans l'idée que Dieu est son destin final a des conséquences, comme de vous rendre plus libre (comme je le prétends), on ne va pas dire aux gens : « Faites-vous chrétiens, cela vous rendra libres. » Mais si les gens se rendent compte que les chrétiens sont libres, d'une liberté séduisante et intrigante, ils vont peut-être vouloir savoir pourquoi et éventuellement ils vont s'intéresser au Dieu que nous servons.

Le cardinal Suhard, un ancien archevêque de Paris, a écrit qu'« être un témoin n'implique pas de faire de la propagande, pas même d'éveiller les gens, mais d'être un mystère vivant. Cela veut dire vivre de telle façon que notre vie n'aurait aucun sens si Dieu n'existait pas[1] ». Il devrait y avoir chez les chrétiens quelque chose qui déconcerte les gens et les pousse à se demander ce qu'il y a au cœur de leur vie.

Au IIe ou au IIIe siècle, un chrétien inconnu a écrit l'*Épître à Diognète*. « Car les chrétiens ne se distinguent des autres hommes ni par le pays, ni par le langage, ni par les vêtements. Ils n'habitent pas de villes qui leur soient propres, ils ne se servent pas de quelque dialecte extraordinaire, leur genre de vie n'a rien de singulier. Ce n'est pas à l'imagination ou aux rêveries d'esprits agités que leur doctrine doit sa découverte ; ils ne se font pas comme tant d'autres les champions d'une doctrine humaine. Ils se répartissent dans les cités grecques et barbares suivant le lot échu à chacun ; ils se conforment aux usages locaux pour les vêtements, la nourriture et la manière de vivre, tout en manifestant les lois extraordinaires et vraiment paradoxales de leur république spirituelle. Ils résident chacun dans sa propre patrie, mais comme des étrangers domiciliés. Ils s'acquittent de tous leurs devoirs de citoyens et supportent toutes les charges comme des étrangers. Toute terre étrangère leur est une patrie et toute patrie, une terre étrangère[2]. » L'idée était donc qu'il y avait quelque chose d'absolument différent dans la façon de vivre des chrétiens qui devait pousser les gens à s'étonner. Tertullien, au IIe siècle, écrivait que l'on était stupéfait de voir combien les chrétiens s'aimaient les uns les autres. Y a-t-il quelque chose de stupéfiant dans notre façon de vivre ?

1. *Essor ou déclin de l'Europe*, Paris, 1947, cité par S. HAUERWAS, *Sanctify the Time*, Édimbourg, 1998, p. 38.

2. *À Diognète*, V, 1-5, « Sources chrétiennes » n° 33 *bis*, trad. H. I. Marrou, Paris, 2005, p. 65.

Il y a chez les jeunes une immense faim spirituelle. L'enquête européenne de 1999 sur les valeurs a montré qu'un nombre croissant de jeunes se définissent eux-mêmes comme religieux[1] et cherchent à donner un sens à leur vie. Ils s'intéressent plus à la « spiritualité » qu'aux doctrines et sont réticents à l'idée d'appartenir à quelque forme de religion institutionnelle que ce soit, qui risquerait de limiter leur indépendance. Pour le dire avec les mots de Grace Davie, une sociologue qui a étudié la religion en Europe, *they believe without belonging* (« ils croient sans faire partie[2] ».) Souvent, ils s'intéressent plus aux traditions religieuses autres que chrétiennes.

Pour moi, chrétien, ma foi est « bonne nouvelle », ce qui est le sens littéral du mot « évangile ». Pourquoi, si souvent, les jeunes ne la ressentent pas comme une merveilleuse et attirante bonne nouvelle ? Pourquoi ce que nous affirmons au nom de notre foi semble-t-il si souvent peu convaincant, et même ennuyeux ? Serait-ce parce qu'il n'y a le plus souvent rien de bien frappant dans notre vie ? Souvent, il n'y a rien qui puisse déconcerter et intriguer les gens parce que notre vie n'aurait aucun sens si Dieu n'existait pas.

Toutes les Églises chrétiennes font, depuis un certain temps, un énorme effort pour diffuser l'Évangile. Dans l'Église catholique on a beaucoup parlé d'évangélisation. Diocèses et paroisses ont tracé des plans ambitieux pour faire connaître notre foi ; généralement, sans grand résultat. Nous parlons d'amour, de liberté, de bonheur, etc., mais, à moins qu'on ne voie que nos Églises sont des lieux où les gens sont libres et courageux, pourquoi nous croirait-on ? Jésus parlait avec autorité, non comme les scribes et les pharisiens ; son autorité devait résider dans sa liberté et sa joie

1. Yves Lambert, « A Turning Point in Religious Evolution in Europe », *The Journal of Contemporary Religion*, vol. 19, n° 1, 2004, p. 29-45.

2. *Religion in Modern Europe : A Memory Mutates*, Oxford, 2000, p. 3.

manifestes. Sa parole frappait, parce qu'elle correspondait à une vie qui était frappante, lui qui allait vers les étrangers, qui mangeait avec les prostituées et n'avait peur de personne. Je veux donc réfléchir ici sur ce que la foi peut faire comme différence dans notre façon de vivre.

Mais disons-le tout de suite, l'absolue différence ne vient pas de ce que les chrétiens seraient meilleurs que les autres. Rien ne prouve que nous le sommes.

Jésus a dit : « Je ne suis pas venu appeler les justes mais les pécheurs » (Mc 2, 17), et cela continue. L'Église accueille tout le monde, et spécialement ceux dont la vie est un gâchis. Il est juste que le premier chrétien à être entré au paradis soit le voleur crucifié à côté de Jésus. Selon un vieux poème syriaque, quand il est arrivé à la porte du ciel, l'ange qui surveille cette sorte de choses ne voulait pas le laisser entrer parce qu'il n'avait pas le genre de la maison[1]. De toute façon, une communauté fondée sur la prétention à être moralement supérieure serait plutôt déplaisante et pousserait inévitablement à rechercher ses insuffisances pour les mettre en lumière avec une certaine jubilation. Si les Églises sont si souvent l'objet d'attaques dans la presse, et si tous nos péchés font la une, c'est parce que l'on pense généralement, mais à tort, qu'être chrétien, c'est prétendre être meilleur que les autres.

Ce livre ne cherchera pas à identifier *l'*ingrédient *particulier* au christianisme, le secret de sa saveur, comme l'ingrédient mystérieux de la chartreuse verte ou ce qu'il y a de spécial dans le Pepsi Cola ; il s'efforcera plutôt d'examiner différents aspects de la foi chrétienne, de voir comment ils peuvent nous inviter à garder une certaine distance par rapport à la culture dominante du village global. Ce sont ces différences qui donnent leur sens à nos affirmations sur notre foi ; si notre vie n'est pas, de quelque manière, bizarre, si nous sommes tout à fait dans la ligne, ce que nous disons de la foi sera vide.

1. Voir Simon TUGWELL, O. P., *Human Immortality and the Redemption of Death*, Londres, 1990, p. 171.

Nous sommes des animaux linguistiques et nous donnons un sens aux choses en en parlant ; notre foi, elle aussi, doit prendre la forme d'affirmations. Nous affirmons que telle chose est vraie. Mais Thomas d'Aquin, un dominicain du XIIIe siècle, précisait que notre foi n'a pas pour objet les mots eux-mêmes mais ce vers quoi les mots orientent, notre Dieu qui est au-delà des mots[1]. Cela ne veut pas dire que les mots sont sans importance, au contraire ! Ils sont l'échelle que nous gravissons pour aller vers le mystère. Mais les mots ne communiquent quelque chose que si l'on discerne qu'ils montrent un chemin au-delà d'eux-mêmes.

Hugues de Saint-Cher, autre dominicain du XIIIe siècle, disait que « l'arc est bandé par l'étude, puis il se relâche dans la prédication ». Pour adapter cette métaphore, je dirais que les énoncés de foi sont comme les flèches d'un archer. Tout l'intérêt d'une flèche est qu'elle soit pointée sur une cible et tirée vers cette cible. Si l'archer se contente d'aller et venir, avec sa flèche sur son arc, sans jamais la tirer, la flèche n'a plus aucun sens. Il en va de même avec nos affirmations de foi. Elles n'ont de sens que si elles sont propulsées – si j'ose dire – vers le Dieu qui est au-delà de toute compréhension. C'est l'aspect déroutant de la vie chrétienne qui donne une valeur à ce que nous disons et propulse notre propos vers le mystère. Par exemple, n'importe qui peut dire « Dieu est amour ». Mais cette affirmation n'aura un sens chrétien que si elle est le fait d'une communauté où l'on s'aime – aussi imparfaitement que cela soit et quelles qu'en soient les faiblesses. Si nous disons que Jésus est ressuscité des morts, mais qu'il n'y a aucun signe de résurrection dans notre vie, nous pouvons parler de résurrection jusqu'à plus soif, nos mots seront dénués de sens.

Nous nous lamentons souvent parce que les jeunes ignorent tout du christianisme, mais ce serait perdre notre temps que de produire plus de documents, de vidéos, de programmes de radio ou de télévision, sans prendre aussi la

1. *Somme théologique,* IIa IIæ 1, 2 ad 2.

peine de faire de l'Église un lieu manifeste de liberté, de courage, de joie et d'espérance. Nous devons vivre les mots que nous prononçons. La vérité compte, mais nos mots n'auront de sens que s'ils sont incarnés dans des communautés qui montrent comment ils orientent, au-delà de nous-mêmes, vers Celui qui est venu nous chercher et nous a donné sa Parole. Saint Antoine de Padoue, prédicateur franciscain du XIIIe siècle, se plaignait de ce que l'Église de son temps était « boursouflée de mots ». Les choses n'ont guère changé. Nous continuons à produire des tonnes de documents et de longs sermons ennuyeux mais, si les gens ne peuvent repérer dans notre vie comme une bouffée de liberté, ils déformeront l'Évangile que nous annonçons.

La raison d'être du christianisme est d'orienter vers Dieu, de le désigner comme sens de notre vie. L'espérance est suspendue à la certitude que l'existence humaine a une raison d'être ultime ; si elle n'en a pas, le christianisme et toutes les autres religions avec lui sont une perte de temps. C'est pourquoi, notre premier chapitre sera consacré à ce que signifie l'espérance et à la façon dont elle peut se manifester dans notre vie. En réalité, le livre entier parle de notre espérance. Mais notre foi ne dit pas que nous devons parcourir un chemin difficile vers Dieu qui serait le but de notre combat, comme Frodo et Sam peinant pour atteindre Mordor[1]. Notre foi dit que Dieu est venu nous chercher et nous a trouvés. Dieu est déjà présent dans la vie de tous les êtres humains, même s'il n'est pas reconnu. Ainsi, d'une certaine manière, le but de notre espérance, notre destin ultime, est déjà présent. Les prédicateurs ne conduisent pas les gens vers Dieu ; nous nommons Dieu, qui a toujours été présent. Chrétiens, nous croyons que cette présence de Dieu prend la forme de la liberté, de la joie et de l'amour ; ce sont les premiers fruits du Royaume et les chapitres II et III cherchent à voir si le christianisme nous pousse à des formes inhabituelles et éton-

1. Voir J.R.R. TOLKIEN, *Le Seigneur des anneaux*, trad. fse Fr. Ledoux, Paris, Christian Bourgois, 2003.

nantes de liberté et de bonheur. Curieusement peut-être, je n'ai pas consacré de chapitre à l'amour, parce qu'il est toute la vie chrétienne et donc, tout ce que j'ai écrit est, en un sens, un commentaire de ce que signifie aimer.

Il doit être clair maintenant que, pour atteindre la vraie liberté et le vrai bonheur, cela exige de nous une profonde transformation. La liberté n'est pas juste de pouvoir choisir entre plusieurs possibilités, et le bonheur n'est pas seulement une agréable émotion. C'est une façon de partager la vie de Dieu et cela réclame de nous une sorte de mort et de résurrection. C'est effrayant. Il nous faut du courage pour laisser ce Dieu qui est auprès de nous nous libérer et nous combler de joie ; c'est le sujet du chapitre IV. Le courage est la vertu dont nous avons le plus urgent besoin aujourd'hui, dans l'Église. J'espère que l'on aura également compris qu'être libre et heureux n'est pas seulement le terme d'un processus mental : être humain ne se conçoit pas sans un corps ; on ne peut pas dire seulement que nous *avons* un corps, mais nous sommes corporels. Notre corporéité est fondamentale pour presque tout l'enseignement chrétien : impossible de comprendre notre espérance, notre bonheur et notre liberté si nous n'avons pas quelque idée de ce qu'implique le fait d'être corporel. Ce sera le sujet du chapitre V. Dans le chapitre VI, nous nous demanderons si un chrétien doit comprendre de façon particulière ce que signifie la vérité. Non que les chrétiens soient plus véridiques que les autres et puissent donc prétendre à un premier prix de moralité ; rien ne dit que nous puissions y prétendre. Mais c'est plutôt que nous avons une façon assez inhabituelle de comprendre ce que c'est qu'être vrais.

Saint Augustin parlait de l'humanité comme de la « communauté de la vérité » et cela nous conduit tout naturellement à la question suivante qui est celle de l'unité du genre humain : être orienté vers Dieu, ce n'est pas seulement croire que Dieu est le but de mon pèlerinage personnel à travers la vie et la mort ; nous croyons que c'est en Dieu que toute l'humanité trouvera son unité et son sens. En dehors de l'ensemble de l'humanité, je suis incomplet, inachevé. Les chapitres VII et VIII examinent donc ce que c'est pour nous que de croire à l'unité ultime du genre humain et comment cela affecte la vie des chrétiens. Mais la désunion entre les chrétiens et dans nos Églises affaiblit gravement notre capacité de témoigner de l'unité du genre humain, c'est pourquoi, dans les chapitres IX et X, je cherche à voir comment remédier à la désunion et aux discordes internes. Enfin, nous réfléchirons à ce que signifie le repos, le sabbat, et ainsi, nous orienterons-nous vers le repos final que l'humanité est appelée à connaître avec Dieu. Cet ouvrage doit donc nous mener de l'espérance vers ce signe infiniment éloquent de notre espérance qu'est la sérénité, la capacité à jouer l'*homo ludens*, dès maintenant : visiblement, nous espérons que notre vie mène quelque part, mène au Royaume, mais nous ne nous battons pas sans cesse pour « arriver ».

Je remercie mes frères de Blackfriars, à Oxford, qui par leur amitié et leur prédication m'ont appris presque tout ce que l'on trouve dans ce livre. Je remercie tout particulièrement Vivian Boland, o. p., pour son aide et ses encouragements ainsi que Nicolas-Jean Sed, o. p., et Éric de Clermont-Tonnerre, o. p., qui ont veillé sur l'édition française de façon fraternelle et professionnelle.

1

« Que j'éveille l'aurore »

« À quoi ça sert d'être chrétien? » En commençant à formuler une réponse à cette question, on peut se demander à quoi sert toute chose. Notre vie est-elle façonnée par quelque objectif ultime qui lui donne un sens ou non? Ou bien le christianisme veut répondre à la question la plus fondamentale, ou il n'est rien. Quand je voyageais à travers le monde pour rendre visite aux sœurs et aux frères, certains aimaient bien terminer la soirée en chantant, et je m'étais mis à avoir peur du « Timothy, une chanson! ». J'ai ainsi appris une curieuse chanson de l'époque de la peste noire au XIVe siècle; elle avait l'avantage d'être brève et répétitive, de sorte que je me rappelais les paroles quels que soient ma fatigue et le décalage horaire. Elle parlait d'un jeune garçon qui meurt et se trouve face à un chevalier qui est le diable.

> « Où vas-tu donc? » dit le chevalier en chemin.
> « Je vais voir mon Dieu », dit le garçon résolu.
> Résolu, il se tient, résolu, et c'est bien.
> « Je vais voir mon Dieu », dit le garçon en chemin.

En ces temps de peste, le diable essaie de faire croire au garçon que sa vie ne va pas plus loin que la tombe. Mais le garçon poursuit son chemin, « avec un bâton solide à la main ». Il résiste à la tentation du désespoir et continue son voyage jusqu'au Royaume. Cette question hante bien des gens, aujourd'hui : Allons-nous quelque part ? Y a-t-il un sens ultime à ce que nous faisons ? Et sinon, y a-t-il un sens à quoi que ce soit, ne serait-ce que nous lever le matin ? C'est une question qui reste souvent implicite, peut-être parce que nous avons peur que la réponse soit négative. En fin de compte, la question est : Osons-nous espérer ?

Deux des romans les plus populaires qui aient été publiés en Europe récemment sont *Monsieur Ibrahim et les fleurs du Coran*[1] et *Oscar et la dame rose*[2] d'Éric-Emmanuel Schmitt. Oscar s'est vendu à plus de 400 000 exemplaires la première année. Ils sont sur la liste des best-sellers en France, en Belgique, en Allemagne et en Italie. Ces deux livres appartiennent à une trilogie dans laquelle les héros sont bouddhistes, juifs, musulmans ou chrétiens. Ils parlent d'enfants qui cherchent Dieu. Oscar voyage dans son lit, pendant la dernière semaine de sa vie. Avec l'aide d'une ancienne catcheuse chrétienne, Mamie Rose, il bombarde Dieu de questions. Momo, qui est juif, part en pèlerinage chez son maître soufi. En chemin, ils recherchent l'aide de n'importe quelle tradition religieuse.

Une des expressions naturelles de cette faim religieuse est de partir en pèlerinage. Alors que j'étais à l'enregistrement d'un vol de Ryanair à l'aéroport de Stansted, je remarquai sur le comptoir une publicité pour un livre sur *Science et Médecine* : « du carburant pour votre voyage spirituel ». Le ciel est rempli de voyageurs et nos déplacements sont souvent symptomatiques d'une recherche, d'une vague espérance, même s'il est quelquefois difficile de distinguer tourisme et pèlerinage. Tous les ans, il y a cinq millions de pèlerins qui vont à Lourdes et deux millions à Fatima. Chaque semaine, en été, six mille jeunes se rendent à Taizé,

1. Paris, 2003.
2. Paris, 2002.

et l'Europe est quadrillée de chemins de pèlerinages vers Iona, Walshingham, Chartres, Rome, Medjugorje ou Czestochowa. Cette forme d'expression de la foi est partagée par les musulmans qui se rendent à La Mecque, par les hindous qui vont à Varanasi et par les croyants de toutes les traditions abrahamiques qui partent pour Jérusalem. Le pèlerinage peut être l'expression d'une conviction profonde, mais il fait également place aux hésitants qui espèrent trouver quelque chose en chemin ou au bout du chemin. Je rencontre tout le temps des gens qui prennent le chemin de Saint-Jacques-de-Compostelle. Ils sont souvent hésitants sur ce à quoi ils croient, méfiants devant les doctrines, mais ils savent qu'il y a un voyage à faire. Ils n'entrent peut-être dans aucune statistique comme membres d'une Église et n'ont aucune envie d'assister à un service religieux semaine après semaine, mais, en arrivant au sanctuaire, ils sont parfaitement à l'aise quand ils vont embrasser la statue de saint Jacques qui, comme eux, est vêtu en pèlerin.

Nos ancêtres n'avaient pas le choix, pour eux le pèlerinage était forcément ardu. Mais, alors que le pèlerin moderne pourrait choisir la facilité, ils sont des millions à préférer marcher ou aller à vélo. Seul l'effort est payant, disent-ils. Selon Dante, saint Jacques est l'apôtre de l'espérance, et Thomas d'Aquin nous dit que l'espérance concerne *bonum futurum arduum possibile*[1], « un bien futur, difficile mais possible ». Nous n'aurons rien à dire à des jeunes sur notre foi si nous ne sommes pas prêts à partir en voyage avec eux, littéralement parfois, mais souvent mentalement. Si le cardinal Basil Hume était tant aimé, c'est sûrement parce qu'il était à l'évidence un pèlerin, quelqu'un qui marchait avec nous tandis que nous cherchions Dieu. Et son livre le plus connu est justement *To be a Pilgrim* (« Être un pèlerin »).

Il nous faut chérir et encourager l'envie de pèlerinage qui saisit chaque être humain et qui exprime, ne serait-ce qu'une espérance implicite. Comme le disait le théologien franc du

1. *Somme théologique*, IIa IIæ, 17.1.

IXe siècle, Paschase Radbert, « le désespoir n'a pas de jambes qui lui permette de marcher sur le chemin qui est le Christ[1] ». Nous sommes comme des hirondelles, aspirant à s'envoler dès qu'arrive le printemps, ou comme des saumons, saisis par le besoin impérieux de remonter le courant pour rentrer à la maison. C'est sûrement pour cela que des histoires comme *Le Seigneur des anneaux* fascinent tant de gens. Cela touche en eux une envie profondément enfouie de partir pour une aventure, comme Bilbo, l'insatisfait, incapable de trouver le repos. Nous devons marcher avec les gens, comme Jésus a marché avec les disciples vers Emmaüs, même si, comme ces disciples, ils nous semblent partir d'abord dans la mauvaise direction.

La question est, bien sûr, de savoir si ces marches mènent quelque part. Trouvons-nous ce que nous cherchons ? Ou bien sommes-nous juste en train de tourner en rond, comme les israélites dans le désert ? Le dernier roman de l'écrivain péruvien Mario Vargas Llosa s'intitule « Le Paradis, dans l'autre coin[2] ». Il raconte l'histoire de deux personnes qui cherchent le paradis : Paul Gauguin et son improbable grand-mère, Flora Tristán. Gauguin espère le trouver dans un paradis tropical, pas encore abîmé par la société industrielle occidentale ; elle espère le trouver dans une transformation de cette société, un monde enfin juste, dans lequel tous les humains seraient égaux, notamment les hommes et les femmes. Il cherchait le paradis dans une continuation du passé et elle cherchait le paradis dans une anticipation du futur. L'un et l'autre ont été déçus.

La plus fameuse peinture de Gauguin s'intitule *D'où venons-nous ? Qui sommes-nous ? Où allons-nous ?* Elle date de 1897 et c'est le testament du peintre, avant qu'il tente de se donner la mort, l'année suivante. Il avait fui l'Occident pour chercher un paradis à Tahiti, mais Tahiti était déjà

1. *De fide, spe et charitate, liber II, caput IV*, 1, cité par J. PIEPER, *On Hope*, San Francisco, 1977, p. 50.

2. *El Paraiso en la otra esquina*, Madrid, 2002.

abîmé. En 1891, il s'en alla plus loin encore, aux Marquises, mais l'administration coloniale et les missionnaires l'avaient précédé. Il n'y avait plus de paradis et il était au désespoir.

Qui sommes-nous ? Cette question se trouve encadrée par des questions sur le passé et l'avenir. Nous ne pouvons savoir qui nous sommes que si notre histoire se prolonge, que si elle naît du passé et va vers l'avenir. Nos ancêtres chrétiens vivaient dans le cadre d'une histoire qui remontait à la création et regardait vers le Royaume. Nous venons de Dieu et retournons à Dieu. Le pèlerinage était l'expression de cette espérance. Notre société a, dans son ensemble, perdu cette histoire commune, et notre confiance dans les espérances laïques s'est affaiblie. Le rêve de paradis politique de Flora Tristán s'est écroulé dans une large mesure et il reste peu d'endroits où nous puissions échapper aux effets catastrophiques de l'industrialisation. Le paradis est donc généralement sorti de l'imaginaire que nous partageons et nous ne marchons plus ensemble vers un destin commun. C'est peut-être pour cela que de plus en plus de jeunes Européens croient en une survie individuelle : si je ne peux plus rien dire du destin de l'humanité, je peux au moins m'accrocher à quelque promesse concernant mon propre avenir.

À la fin des années 1960, alors que j'étais un jeune frère, l'avenir semblait magnifiquement prometteur. Tout était possible. Quand j'étais étudiant, sur tous les murs de Paris, était inscrit : L'IMAGINATION AU POUVOIR ! Même dans l'Angleterre des Beatles, on avait confiance en l'avenir. On trouvait des cuisses de grenouilles et des escargots dans les restaurants, et ma mère mettait de l'ail dans sa cuisine quand mon père avait le dos tourné ; le Royaume devait être proche. C'était le dernier écho de la confiance de nos ancêtres victoriens. Comme l'écrivait Dickens, le victorien par excellence, « le temps s'écoule vers sa fin et le monde, pour l'essentiel, devient meilleur, plus aimable, plus tolérant et plus encourageant[1] ».

1. Cité par A. N. WILSON, *The Victorians*, Londres, 2002, p. 85.

Mais cette confiance est maintenant presque entièrement anéantie. Curieusement, une des étapes de cette perte de confiance a été la chute du mur de Berlin en 1989. Comme l'a fort bien dit Fukuyama, l'histoire s'est terminée. Le rêve d'une transformation radicale de l'humanité s'est dissipé. Oliver Bennett, de l'université de Warwick, affirme, dans son *Cultural Pessimism : Narratives of Decline in the Postmodern World*[1], qu'en dépit d'un accroissement de la richesse dans bien des pays occidentaux, nous souffrons d'une dépression collective. Nous voyons la violence augmenter dans nos villes, les guerres de gangs sévir, l'usage de la drogue se répandre et, dans le monde qui nous entoure, une inégalité croissante entre riches et pauvres, une aggravation de l'épidémie de Sida, la menace d'un désastre écologique et, par-dessus tout, les affrontements entre religions et la montée du terrorisme.

Privée de promesse d'avenir, que peut notre génération du tout, tout de suite, sinon vivre dans l'immédiat ? Hugh Rayment-Pickard écrit : « Ce que nous voyons tout autour de nous, ce sont les religions du New Age qui proposent une piété individuelle et une récompense immédiate ; c'est une société mue par la consommation ; c'est la recherche d'une communication immédiate ; c'est l'accusation d'"idéologie" ; dans les affaires publiques, c'est une politique à courtes vues et l'apathie des électeurs ; ce sont des Églises chrétiennes, de plus en plus absorbées par des questions d'organisation interne, de conversion personnelle et de morale individuelle. La croyance moderne en notre capacité à rendre le monde meilleur s'affaiblit. Le présent est notre nouvel horizon, notre port, notre refuge dans l'océan du temps[2]. »

Il est ironique de voir que nos enfants grandissent avec un sens du déroulement du temps plus vaste que tous ceux

1. Édimbourg, 2001.

2. *The Myths of Time : From St Augustine to American Beauty*, Londres, 2004, p. 99.

des générations précédentes. Les enfants savent tous que nous vivons entre le Big Bang et le Big Chill, quand le monde sera complètement refroidi. Bien des enfants occidentaux en savent plus sur les dinosaures que sur les vaches ou les moutons. Ils savent mieux distinguer un tyrannosaure d'un tricératops qu'une vache frisonne d'une normande. Mais dans cette histoire de notre univers, ou même de notre planète, les humains ne jouent pas de rôle particulier. Nous n'existions même pas quand le dernier dinosaure est mort, et quand notre espèce disparaîtra, il y aura sans doute encore un tas de bestioles. Le seul rôle que nous, les hommes, pouvons jouer est négatif, en suscitant un désastre écologique par notre avidité ou avec nos bombes. Ce n'est pas une histoire qui nous promette quoi que ce soit. Darwin, cet autre modèle de victorien, nous a aidés à entendre une histoire dans laquelle l'homme n'est rien. Son histoire est un signe de cette immense confiance qu'avaient les victoriens, mais elle ne nous offre rien qui puisse fonder notre confiance dans un avenir. Depuis le 11 septembre 2001, nous avons une autre histoire à raconter pour l'avenir, celle de la guerre contre le terrorisme ; mais elle ne promet rien d'autre que la poursuite de la violence, et nous ne savons même pas ce que gagner peut impliquer. Sir Martin Rees, le président de la Royal Society, a publié un livre intitulé *Our Final Century ? Will the Human Race Survive the Twenty First Century ?* (« Notre dernier siècle ? : le genre humain survivra-t-il au vingt et unième siècle ?[1] »).

Il y a donc, potentiellement, une immense chance pour le christianisme. Si nous arrivons à vivre et à faire partager notre espérance chrétienne, nous offrirons quelque chose dont le monde a soif. L'espérance de nos ancêtres était confortée par l'optimisme de la société. C'était, en quelque sorte, la version baptisée de notre confiance impériale. La société se croyait sur la route d'un avenir splendide du point de vue matériel. Nous croyions que la route continuait un peu plus loin,

1. Londres, 2004.

jusqu'au Royaume de Dieu. Aujourd'hui, nous avons quelque chose de rare et d'extraordinaire à offrir : l'espérance débarrassée de ses béquilles séculières, une espérance toute neuve et désirable. Comment allons-nous nous y prendre ? Souvent, nos Églises elles-mêmes connaissent une certaine crise de désespérance. Nous observons la diminution du nombre des fidèles, le découragement, les divisions. Les principales Églises de notre pays sont elles-mêmes découragées ; quelle espérance allons-nous donc pouvoir offrir ?

Avons-nous une histoire de rechange sur l'avenir à offrir ? Nous croyons à la victoire finale du bien sur le mal. Nous croyons à la venue du Royaume et à la fin de toute souffrance et de toute mort. Mais nous n'avons pas l'histoire qui raconterait comment cela va arriver. Nous ne pouvons ouvrir le livre de l'Apocalypse et nous écrier : « Ohé ! les gars, tout va bien. Déjà cinq catastrophes, plus que deux ! » Nous n'avons aucune information particulière sur ce qui va arriver à l'humanité, dans les cent ou mille années qui viennent.

Et c'est une bonne chose. Le XXe siècle a été martyrisé par ceux qui savaient trop bien vers quoi se dirigeait l'humanité et comment elle devait y aller. Pour Rayment-Pickard, les racines de ce futur obligatoire plongent dans la croyance qui fut celle des Lumières : on ne doit pas simplement attendre le futur mais le produire. Inévitablement, le résultat est brutal : « Du moment qu'il y a un plan, il faut s'y conformer ; il faut contrôler et gérer les ressources nécessaires à ce plan ; ceux qui ne sont pas d'accord ou qui ne coopèrent pas doivent aussi être “gérés”. Tout ce qui concerne la mise en œuvre d'un futur planifié exige qu'on lui applique ce qu'Adorno et Horkheimer appellent la “raison instrumentale” : une rationalité qui a le contrôle et met tout au service du but fixé[1]. » Le but premier du plan peut avoir été la liberté humaine, mais au siècle dernier nous avons souvent constaté qu'il la détruisait.

1. H. Rayment-Pickard, *The Myths of Time : From St Augustine to American Beauty*, p. 119.

En juillet, j'ai vu Auschwitz pour la première fois. Il y a une grande carte qui montre toutes les lignes de chemin de fer confluant de toute l'Europe vers le camp d'extermination. Les lignes se terminent aux chambres à gaz. Celles-ci sont, au sens strict, le bout de la ligne, la fin du voyage. Toute cette planification du futur, toute cette organisation aboutit au désespoir et à la mort de millions d'êtres humains. Le rabbin Hugo Gryn raconte que, lorsqu'il est arrivé à Auschwitz, l'entrée du camp était couverte de tefillin qu'on avait jetés ; les tefillin servaient pendant les prières. C'était le signe qu'ici, au camp, il n'y avait plus aucune raison de prier. Auschwitz est devenu une sorte de lieu de pèlerinage. Des jeunes, vêtus de noir, psalmodient les noms de ceux qui sont morts, sur un rythme alterné, comme s'ils chantaient des psaumes. C'est le pèlerinage qui représente le plus haut défi lancé à notre espérance.

Beaucoup craignent que la « guerre contre le terrorisme » ne devienne finalement un programme du même genre, provoquant beaucoup de violence. Un des assistants de Bush a dit que les démocrates appartiennent « au camp de ceux qui partent de la réalité ; ceux qui croient que les solutions émergent d'une étude précise de la réalité telle qu'on peut la discerner. Mais, ajoute-t-il, ce n'est plus comme cela que fonctionne le monde. Nous sommes un Empire, désormais, et quand nous agissons, nous créons notre propre réalité. Nous sommes les acteurs de l'histoire et vous autres, vous tous, il ne vous restera plus qu'à étudier ce que nous faisons[1] ». Après l'Afghanistan, puis l'Irak. Qu'est-ce qui est ensuite au programme ? La Syrie ? La Corée du Nord ? Ce n'est pas que nous devions attendre passivement le futur, mais nous devons faire attention à ceux qui ont déjà tout prévu et qui veulent faire tout entrer dans leur schéma.

1. Michael NORTHCOTE, se référant à un article du *New York Times Magazine*, dans « The Triumph of Imperial Politics », *The Tablet*, 6 novembre 2004, p. 4.

Le christianisme n'a pas de programme à proposer, mais il possède une histoire. Au centre de notre histoire, il y a ces trois jours qui vont de la dernière Cène au tombeau vide. Mais la Cène est aussi ce moment où les disciples ont perdu la possibilité de raconter une histoire sur l'avenir. En chemin vers Jérusalem, ils étaient certainement soutenus par quelque histoire de ce qui allait arriver. Nous ne sommes pas sûrs de ce que c'était exactement, mais nous pouvons supposer qu'on imaginait une révolte contre Rome, la restauration d'Israël et qu'on y voyait Jésus en roi guerrier. Comme les disciples sur le chemin d'Emmaüs le confessent à Jésus, « nous espérions que c'était lui qui allait délivrer Israël » (Lc 24, 21). Mais leur histoire, quelle qu'elle soit, s'est effondrée ce soir-là. Judas a vendu Jésus ; Pierre était prêt à le trahir. Les autres disciples, effrayés, ont fui. Devant la passion et la mort, ils n'avaient plus d'histoire à raconter. Et alors que cette communauté fragile était proche de la désintégration, Jésus prit du pain, le bénit et le leur donna en disant : « Ceci est mon corps, livré pour vous. »

C'est là le paradoxe fondamental du christianisme. Nous autres chrétiens, nous nous réunissons pour nous remémorer l'histoire du dernier repas. C'est notre récit fondateur, l'histoire dans laquelle nous discernons le sens de notre vie. Et pourtant, c'est l'histoire du moment où il n'y a plus d'histoire à raconter, où tout avenir disparaît. Notre communauté se rassemble autour de l'autel pour évoquer un moment où la communauté se désintègre : notre histoire fondatrice est celle de l'effondrement de toute histoire et notre communauté se tourne vers ce moment où elle s'est désintégrée.

Mais le paradoxe va encore plus loin. Les textes qui décrivent cet événement – les évangiles – semblent avoir été écrits précisément à un moment où, de nouveau, toute histoire ouvrant sur l'avenir était anéantie. Après la Résurrection, les disciples qui transmettaient la Bonne Nouvelle aux villes de l'Empire, en endurant bien des souffrances, semblent avoir très vite placé leur espérance en une nouvelle conclusion imminente de l'histoire. Jésus allait bientôt revenir. Cette nouvelle espérance semble avoir été particulièrement intense au moment où Néron persécutait l'Église de Rome, vers la fin des années 60 de notre ère. Pierre et Paul furent exécutés, mais nombreux sont les chrétiens qui se trahirent mutuellement. On pouvait penser que l'Église était au bord de l'effondrement. Sûrement, la fin était proche ! La venue de Jésus devait être imminente. Mais il ne vint pas. Les chrétiens eurent à supporter une nouvelle crise, ils perdaient de nouveau la fin de leur histoire[1]. Les évangiles, particulièrement celui de Marc, sont probablement une façon d'affronter cette crise. Jésus n'est donc pas venu dans sa gloire, mais le Verbe a pris chair dans les mots de l'Évangile.

Ainsi, chaque fois que notre communauté se réunit pour célébrer l'eucharistie, nous faisons mémoire du moment où Jésus a affronté la mort et l'abandon, alors que les disciples n'avaient tout d'un coup plus rien à dire sur l'endroit où ils allaient. Et nous, nous prononçons des mots qui viennent de l'Évangile, des mots écrits alors que, pour la deuxième fois, on avait perdu l'histoire de l'avenir, alors qu'on attendait en vain que Jésus revienne dans sa gloire. Nous devrions donc savoir, aujourd'hui, qu'attendre le Royaume ne nous donne pas de programme ou de plan. Au contraire, il nous l'enlève. Dans les deux cas, l'intimité avec le Seigneur a grandi tandis que ces premiers chrétiens perdaient toute certitude sur ce qui les attendait. La première fois, il leur a donné son corps, et la deuxième fois, les évangiles. Nous ne devrions donc pas avoir peur des crises : l'Église est née en pleine crise de l'espérance. Nous n'avons rien à craindre, ce genre de crise est la *spécialité de la maison*, elle nous rajeunit. Et la crise que nous traversons aujourd'hui est toute petite.

1. Cette théorie a été développée par T. RADCLIFFE, o. p., dans « The Coming of the "Son of Man" : Mark's gospel and the subversion of the "apocalyptic imagination" », *Language Meaning and God*, Mélanges en l'honneur de Herbert McCabe, o. p., Brian DAVIES, o. p. (éd.), Londres, 1987, p. 176-189.

Observons ce que Jésus a fait à ce moment-là, car il nous a demandé de faire la même chose en mémoire de lui. C'est cette mémoire qui fait de nous un peuple animé d'une espérance. Nous vivons dans l'espace que son geste a ouvert à l'espérance. J'y reviendrai sans cesse. En quoi ce signe est-il signe d'espérance ?

La dernière Cène est l'affrontement de deux types de pouvoir. Il y avait le pouvoir des autorités politiques et religieuses. C'était un pouvoir brutal et aveugle. C'était le pouvoir de prendre Jésus de force, de le mettre en prison, de l'humilier et de le tuer. C'était le pouvoir de Pilate qui dit à Jésus : « Ne sais-tu pas que j'ai pouvoir de te relâcher et que j'ai pouvoir de te crucifier ? » (Jn 19, 10.) Mais toute l'histoire de Jésus, surtout dans l'évangile de Jean, est celle d'un autre genre de pouvoir, le pouvoir du signe et de la parole. Jésus accomplit des signes : il change l'eau en vin, ouvre les yeux des aveugles, fait parler les muets et ressuscite Lazare. Ce n'est pas un pouvoir magique, comme s'il était le Gandulf du Ier siècle, ou Pierre un autre Frodo[1]. C'est le pouvoir du sens et de la vérité. Et Jésus dit à Pilate : « Je ne suis né, et je ne suis venu dans le monde, que pour rendre témoignage à la vérité. Quiconque est de la vérité écoute ma voix. » Pilate répond : « Qu'est-ce que la vérité ? » (Jn 18, 37-38) et, à l'évidence, n'attend pas de réponse. Il n'en a pas besoin, il a ses soldats.

La Cène est donc l'affrontement du pouvoir de la force et du pouvoir du signe. Il y a le pouvoir de Pilate et le pouvoir de l'homme, faible et vulnérable qui, face à la mort, prend du pain, le rompt et le distribue. Chaque eucharistie célèbre notre confiance que dans le Christ le sens triomphe d'une manière que nous ne pouvons ni deviner ni prévoir. Vaclav Havel, écrivain et ancien président de la République tchèque, donne cette définition : « L'espérance n'est pas la conviction que quelque chose finira bien ; c'est la certitude que quelque chose a un sens, quelle que soit la façon dont

1. Voir TOLKIEN, *Le Seigneur des anneaux*.

cela finit[1]. » C'est la conviction qu'il se révélera un jour que tout ce que nous vivons, bonheur comme malheur, a un sens. En dépit de la folie du siècle dernier, avec ses guerres mondiales et sa bombe atomique en dépit de la Shoa et du génocide en Afrique, l'existence humaine n'est pas vouée à l'absurdité.

L'espérance du paradis n'est pas l'espérance du triomphe de quelque force aveugle : celle des armées, ou de l'économie – qu'elle soit capitaliste ou communiste –, celle d'une race ou d'une classe. C'est l'espérance de la victoire finale et inimaginable du sens. Notre histoire commence avec une parole prononcée par Dieu; et la création advient. « Il dit : "Que la lumière soit", et la lumière fut. » Il crée avec ce que Maxime le Confesseur appelle « l'incommensurable force de la sagesse[2] ». Exister n'est pas un simple fait brut. C'est être maintenu dans l'existence par la Parole de Dieu. Et comprendre les choses n'est pas leur imposer un sens arbitraire, c'est entrer en contact avec le Créateur qui leur donne l'existence. Depuis qu'Adam a nommé les animaux, notre vocation est d'avoir part à cette parole jusqu'à ce qu'elle aboutisse au terme de la création, qui est le Royaume. Chaque fois que nous parlons les uns avec les autres ou les uns des autres, ou bien nous sommes les partenaires de Dieu dans sa création, ou bien nous tentons de nous y opposer.

Ce genre de pouvoir peut sembler assez inefficace en comparaison des pouvoirs du monde, les pouvoirs de la force et de l'argent. Et cela peut être d'autant plus vrai pour nous, qui avons grandi dans le monde de la révolution industrielle. C'est un monde qui s'est fondé sur la maîtrise de forces brutales, la force de la vapeur et du charbon, la puissance de l'électricité et, pour finir, la puissance de l'atome. Tout cela a été lié au triomphe de puissances militaires impérialistes qui ont été en concurrence pour dominer le monde

1. Cité par Seamus HEANEY, *Redress of Poetry*, Londres-New York, 1995, p. 4.

2. *Discours à Thalassius, Quæstio* 63.

entier. C'était une force brutale au service d'une certaine histoire, celle du triomphe de l'Occident. Et surtout nous, les Anglais, avons été bercés du mythe que nous étions le peuple élu de Dieu, et on a justifié l'usage de la force aveugle en mettant ce mythe en avant. Aujourd'hui, les Américains sont les héritiers du même mythe. Dans un monde comme celui-là, il peut sembler idiot de prétendre que les signes et les mots sont plus puissants. Le sens, c'est juste ce qu'on a dans la tête. Dans un monde comme celui-là, la religion doit se donner beaucoup de mal pour être prise au sérieux. On connaît la parole célèbre de Staline demandant combien le pape possédait de divisions de tanks.

Mais notre monde est en train de changer. En Occident, nous voyons déjà pointer la fin de la révolution industrielle. Les vieilles industries lourdes sont pour la plupart arrêtées. Nous vivons dans un monde nouveau, celui que Zygmunt Bauman, professeur d'université à Leeds et à Varsovie, a surnommé une « modernité liquide[1] ». Dans ce monde, ce ne sont plus tant les produits lourds qui circulent – acier, charbon, etc. – que les images, les logos, les symboles et les signes. Nous vivons dans ce qu'on a appelé « une société saturée de symboles[2] ». Dans ce monde nouveau, l'étrange insistance chrétienne sur le pouvoir des signes pourrait ne pas sembler si stupide, après tout. Si nous pouvons discerner des signes d'espoir, alors le monde sera attentif et les transmettra en un instant sur la Toile. Pensez à cette petite silhouette vulnérable face à un tank, sur la place Tien an men. Dans l'heure, on a pu voir cette image partout, et cela a ébranlé le gouvernement d'un quart de l'humanité.

Saint François a parlé par des gestes symboliques à un monde qui connaissait, lui aussi, une profonde transformation. G. K. Chesterton écrit : « Ce qu'il disait frappait plus la mémoire que ce qu'il écrivait. Ce qu'il faisait témoignait

1. *Liquid Modernity*, Oxford, 2000.

2. Scott LASH et John URRY, *Economies of Signs and Space*, Londres, 1994, p. 222.

de plus d'imagination que ce qu'il disait… depuis le moment où il a arraché ses vêtements et les a lancés aux pieds de son père jusqu'au moment où il s'étendit sur la terre nue pour mourir, en formant une croix, sa vie a été faite de ces attitudes inconscientes et de ces gestes hardis[1]. » C'est pour cela que l'art de Giotto convient si bien à François. Ses fresques sont comme autant de plongées dans la signification de ce qu'il a fait. On y trouve l'écho et la prolongation de ces gestes créateurs. Nous, les dominicains, nous avons eu Fra Angelico. Le Net offre un mode de transmission équivalent. Comment pouvons-nous utiliser le Net comme les premiers franciscains et les premiers dominicains ont utilisé les meilleurs artistes de leur temps ?

Bien sûr, les terroristes qui ont planifié le 11 Septembre ont très bien compris l'importance des actes symboliques. Les pertes en vies humaines et les dommages matériels ont été terribles, cela va sans dire, mais cela a été conçu comme un événement symbolique : les symboles de la communication moderne, les avions à réaction, écrasant les symboles du pouvoir militaire et commercial américain, le Pentagone et les tours jumelles. C'est un événement symbolique plein de violence qui nous parle de non-communication. Et c'est pour cela que la seule réponse qui vaille ne peut être donnée que par d'autres gestes, qui parlent non de destruction mais de créativité, non de violence mais de pardon. Pour la plupart d'entre nous, la première chose que nous avons remarquée, juste après l'événement, a été l'arrivée des pompiers, prêts à donner leur vie. Nous nous rappelons aussi leur aumônier franciscain, Mychael Judge, qui est mort avec eux.

Quelques dominicains américains ont décidé de commémorer le premier anniversaire du 11 Septembre par un jeûne d'un mois, où ils ne prendraient que de l'eau. Il y avait des frères et des sœurs, ainsi qu'une laïque dominicaine, Sheila Provender, qui ensuite a passé à Bagdad tout le temps de la guerre d'Irak. Quelques autres – dont j'étais – les ont rejoints

1. *St Francis of Assisi*, Londres, 1939, p. 106.

pour quelques jours. C'est une bonne façon de perdre du poids ! Quand la menace de guerre se fit plus pressante, elle devint à son tour un centre d'attention. Nous arborions tous des T-shirts où était inscrit : « Il doit y avoir un autre moyen. » Nous campions à Union Square, juste au nord de Ground Zero, et parlions tous les jours à des centaines de gens qui venaient nous interroger et lisaient nos tracts. Beaucoup de juifs et de musulmans se joignaient à nous pour la prière, trois fois par jour. Ce qui m'a stupéfait, c'est que le sens symbolique du jeûne était immédiatement compris, même par les jeunes, à l'exception du jeune homme qui venait tous les jours manger son hamburger et ses frites près de nous. Et cela sentait si bon ! Ce geste symbolique était parlant et, chaque jour, il y avait des journalistes et des caméras de TV pour le retransmettre.

Je reconnais que cela ne semble pas avoir eu beaucoup d'effet. On ne parle pas d'un coup de téléphone de Bush à son Premier ministre, pour renoncer à la guerre parce que les dominicains jeûnaient à New York. Mais c'est par des signes qui disent notre espérance que nous ouvrons des fenêtres pour qu'entre dans le monde la grâce transformante de Dieu. C'est en étant attentifs au sens et non à la force brutale que nous participons à cette Parole de Dieu qui fait venir le Royaume, cette Parole qui dit « que les humains soient florissants », et nous le serons. Dans *Le Marchand de Venise*, Portia dit : « Que ce petit flambeau jette loin ses rayons ! Ainsi brille une bonne action dans un monde méchant[1]. »

Jésus n'a pas ouvert les yeux de tous les aveugles d'Israël, et on peut se demander si la guérison d'un aveugle a fait la moindre différence. Il n'a pas arrangé les affaires de toutes les noces où le vin venait à manquer. Mais ces petits signes appartenaient à la Parole de Dieu qui crée et recrée. C'est la fragilité et la petitesse même de tels gestes qui font qu'ils

1. W. SHAKESPEARE, *Le Marchand de Venise*, acte V, scène 1, trad. fse François-Victor Hugo, Paris, 1959.

parlent si fort. Le Seigneur n'a pas laissé Gédéon écraser les Madianites avant d'avoir réduit son armée de trente-deux mille à deux mille puis à trois cents hommes. Dans la Bible, on aime ce qui est petit. Jésus dit que ce qu'on fait au plus petit d'entre les siens, c'est à lui qu'on le fait. Les petits gestes sont à la fois une prière demandant que vienne le Royaume et la Parole de Dieu, qui le fait s'approcher.

Ce qu'a fait Jésus n'est pas n'importe quel signe. Ce fut un acte de création et de transformation. Il allait être remis aux mains de ses ennemis. Il allait être livré par un de ses disciples au pouvoir brutal de l'Empire. Il n'a pas accepté cela passivement, il l'a transformé en un moment de grâce. Il a fait de cette trahison un don. Il a dit : « Vous me livrerez donc et vous vous enfuirez ; cette infidélité, je m'en empare et j'en fais le don de moi-même pour vous. »

L'espérance, ce n'est pas simplement le pari que le bien sera plus fort que le mal, ce n'est pas juste notre conviction que Dieu aura le dernier mot, comme un héros de western qui arrive au galop, à temps pour nous sauver *in extremis*. Par ce signe, Jésus assume et rend féconde la faute suprême qu'est le meurtre du Fils de Dieu. Ainsi, n'y a-t-il rien dans toute l'histoire humaine qui ne puisse, d'une certaine manière, de façon imprévisible, être assumé et porter du fruit. Karl Barth dit que, si la musique de Mozart a un tel pouvoir, c'est parce qu'elle contient un grand non, transformé en un oui triomphant. Comme l'a écrit Rowan Williams : « La lumière est au cœur des ténèbres. L'aube ne pointe que quand nous sommes entrés pleinement dans la nuit[1]. »

J'ai été pour la première fois au Burundi alors que reprenait le conflit ethnique entre Hutus et Tutsis qui a déchiré ce magnifique pays : Je voulais rendre visite à la communauté de sœurs dominicaines du nord du pays. Le trajet par la route était vraiment trop dangereux et nous avions prévu de profiter d'un des voyages du petit avion des Nations unies. Mais devant la violence croissante, les Nations unies se sont

1. *Open to Judgment*, Londres, 1994, p. 100.

retirées du pays et il ne nous restait plus qu'à croire que tout irait bien et à prendre la route. Ce fut un voyage difficile. L'armée nous arrêta et tenta de nous empêcher de continuer car on se battait sur la route. Nous avons rencontré un autobus plein de gens tués. Il y a eu des coups de feu, dirigés contre nous, je crois. Tout le pays était sec et mort, les récoltes étaient brûlées. Et puis, au loin, nous avons vu une colline verdoyante, c'était le monastère.

Six des religieuses étaient tutsies et six étaient hutues. C'était l'un des rares lieux où les deux groupes ethniques vivaient ensemble dans la paix et l'amour. Elles avaient toutes perdu presque toute leur famille dans le massacre. Seule l'une d'entre elles, une jeune novice, avait été épargnée, et la nouvelle de l'annihilation de sa famille, à elle aussi, arriva pendant que nous étions là. Je leur demandai comment elles réussissaient à vivre en paix les unes avec les autres. Elles me répondirent qu'à côté de leur prière commune, elles écoutaient toujours les nouvelles ensemble, pour pouvoir vivre en commun tout ce qui arrivait. Aucune d'entre elles ne devait se trouver seule avec sa peine. Et peu à peu, les gens de tous les partis surent qu'on était en sécurité dans l'entourage du monastère ; ils se réunirent dans son église pour prier et alentour pour faire pousser leurs cultures. C'était un lieu de verdure dans un pays dévasté et un signe d'espérance.

Quand Jean-Paul II vint à Jérusalem, bien des Israéliens étaient sceptiques, si l'on en croit le rabbin Jonathan Sachs. Qu'est-ce que ça allait changer ? Encore des mots ! Mais il retourna la situation quand il se rendit au mur des Lamentations et prit place en silence au milieu des juifs qui pleuraient la destruction du Temple. Ils furent émus « à la vue de cette fragile silhouette qui se tenait, solitaire, auprès du mur qui fut celui du Temple, portant sur ses épaules le poids de siècles de séparation, déterminé à se repentir du passé et à tracer un nouveau chemin[1] ». Les signes parlants sont efficaces.

1. *The Times*, 9 avril 2005.

En Occident, l'Église est face à une trahison particulière qu'elle doit assumer : les abus sexuels commis par un petit pourcentage de ses clercs. Un bon nombre de responsables d'Église semblent avoir espéré qu'ils se réveilleraient un beau matin, que le cauchemar aurait disparu et qu'ils pourraient continuer comme si de rien n'était. Nous devons oser croire que cette souffrance peut, elle aussi, être affrontée dans la clarté et l'espérance. De même que Jésus a assumé la trahison de Judas, nous pouvons oser affronter la trahison que cela représente, en étant convaincus qu'elle peut porter du fruit. Enda McDonagh demande si nous osons partager le désespoir de ceux qui ont souffert d'abus. « Sommes-nous voués au désespoir, le désespoir qui a poursuivi ces victimes [d'abus sexuels] pendant des dizaines d'années, tandis qu'elles recherchaient un accompagnement pastoral de compassion pour les aider dans leur nuit ? C'est ce que nous devrions faire maintenant, nous, leurs frères et sœurs dans le Christ ; essayer de partager leur souffrance, leurs ténèbres, leur désespoir[1]. » Avec eux, peut-être saurons-nous découvrir une nouvelle et vibrante espérance. Si nous fuyons, l'occasion sera perdue, comme si Jésus s'était glissé par la porte de service, pour ne pas avoir à affronter cette sombre nuit de trahison.

C'est au moment où toute espérance semble évanouie que nous célébrons notre sacrement de l'espérance. Ce n'était pas seulement un aperçu du futur. En un certain sens, le futur s'est imposé. Ce que les disciples espéraient s'est trouvé réalisé d'avance. Face à la mort, ils ont mangé et bu et festoyé ; l'éternité s'est imposée. Les soldats pouvaient bien approcher, c'était maintenant, pour Jésus, le moment de rompre le pain. Le seul moment qui existe, c'est maintenant.

Chrétiens, nous espérons l'éternité. Mais l'éternité n'est pas ce qui arrive à la fin du temps, quand nous serons morts. L'éternité commence maintenant, chaque fois que nous vivons de la vie de Dieu. Elle arrive chaque fois que nous

1. « Shared Despair », *The Furrow*, mai 2002, p. 261.

surmontons la haine par l'amour. La génération du maintenant ne vit pas tant dans le présent que pour ce qui va arriver, pour l'avantage qui va être donné, pour l'acquisition imminente, pour ce qu'on s'attend à consommer. C'est une envie irrésistible de changement. L'espérance signifie permettre à l'éternité de Dieu de traverser les nuages, maintenant. Vivre dans l'espérance, c'est vivre pleinement le moment présent. Comme l'écrivait le mystique dominicain du XIVe siècle, Maître Eckhart : « Qu'est-ce qu'aujourd'hui ? Aujourd'hui, c'est l'éternité. » Ainsi, notre célébration de l'eucharistie est sacrement de notre espérance du Royaume. Mais nous entr'apercevons le royaume aujourd'hui. Nous avons un avant-goût de la joie à venir dès maintenant. Nous avons besoin de signes qui nous parlent de l'avenir.

En 1966, Paul VI et l'archevêque de Cantorbéry, Michael Ramsey, ont célébré ensemble une liturgie œcuménique à Saint-Paul-hors-les-Murs, à Rome. Ils ont signé une déclaration commune, affirmant leur désir d'unité. Puis Paul VI a pris l'archevêque à part pour lui montrer une fresque, et soudain, il lui a demandé d'enlever son anneau. Ramsey était fort étonné, mais il fit ce qui lui était demandé. Alors le pape glissa à son doigt son propre anneau, celui qu'il portait quand il était archevêque de Milan. Ramsey éclata en sanglots et porta cet anneau jusqu'à son dernier jour. C'est encore celui que portait Rowan Williams quand il vint rendre visite à Jean-Paul II. On a souvent fait remarquer qu'il y a une certaine incohérence entre ce geste de reconnaissance et le refus catholique officiel de reconnaître la validité des ordres anglicans. Nos Églises sont sans doute encore divisées, nous ne sommes toujours pas en communion, mais il y a eu ce geste qui va plus loin, vers ce qui est à venir. L'unité retrouvée n'est peut-être pas le paradis, mais ce serait au moins la fin d'un scandaleux contre-témoignage.

En avril 2002, j'ai visité le couvent du Caire et le prieur m'a emmené dans un quartier de la ville où ne vont jamais les touristes, Mukatam. C'est là que vivent les ramasseurs d'ordures. Ils sont environ 300000, dont beaucoup de chrétiens. C'est l'endroit le plus sale et le plus malodorant que j'aie jamais vu. Même les enfants ont l'air vieux, et ils jouent de façon léthargique au football dans la rue. Chaque jour, ils vont en ville avec leur voiture à âne et rapportent les ordures qu'ils trient pour voir si on peut trouver quelque chose à récupérer et à recycler. Mais en rentrant, ils peuvent apercevoir les grandes falaises qui bordent la ville. Un artiste polonais y a peint des images du Christ glorieux : la résurrection du Christ, son ascension au ciel et son retour à la fin des temps. En rentrant à la maison, ils peuvent voir ces signes et se souvenir qu'ils ne sont pas seulement les citoyens de Mukatam, mais également les citoyens du Royaume. Ces signes parlent de ce qui doit être un jour.

Un jour, comme je racontais cette expérience, quelqu'un objecta que cela pourrait être une façon de proposer aux gens l'opium de la religion, de les réconcilier avec leur sort. La croyance en une gloire future peut les encourager à se résigner à leur souffrance présente plutôt que de lutter pour la justice. Et cela peut être le cas. Mais le but de tels gestes et de telles images est au contraire de nous donner assez d'espoir pour surmonter l'apathie et le sentiment d'impuissance, assez d'espoir pour agir. Quand j'étais au Caire, on m'a également emmené voir un quartier misérable où chrétiens et musulmans travaillaient ensemble pour installer l'eau courante et un égout. Les signes promettent un avenir et nous donnent ainsi la force de nous dresser pour faire quelque chose.

Dans son film *Clockwise*, John Cleese dit : « Ce n'est pas le désespoir qui me gêne, c'est l'espérance que je ne peux pas supporter. » L'espérance met en question notre fatalisme, c'est pour cela qu'elle dérange. Comme l'écrit Éric Hoffer, « ceux qui veulent transformer une nation ou changer le monde n'y arriveront pas en nourrissant et en canalisant le mécontentement ni en démontrant que le changement voulu est raisonnable et souhaitable, ni en obligeant les gens à adopter un nouveau mode de vie. Ils doivent savoir comment allumer et entretenir la flamme d'une espérance extravagante[1] ». Environ un sixième de la population mondiale vit en dessous du seuil de pauvreté[2]. La pauvreté tue environ 20000 personnes par jour. Elles meurent juste parce qu'elles sont pauvres. Il n'est pas irréaliste d'affirmer que nous pourrions éliminer l'extrême pauvreté dans le premier quart du XXIe siècle. Il y a cent ans, à peu près la même proportion de la population de Grande-Bretagne vivait dans une extrême pauvreté, et il y avait des gens qui prétendaient qu'il ne pouvait en être autrement ; ils avaient tort. Nous autres chrétiens devrions refuser le fatalisme et essayer de mettre fin à la pauvreté. Les chrétiens n'ont pas d'opinions particulières, économiques ou politiques, sur la façon dont on peut y arriver, mais nous pouvons accomplir des signes qui disent notre espérance. Cela demande de l'imagination et de la hardiesse. Si l'on voit que les chrétiens sont prêts à faire des gestes un peu fous, plutôt que de rester timidement en arrière de peur que ça ne marche pas ou que ce soit mal vu, alors peut-être sentira-t-on passer le souffle de notre extravagante espérance.

« Toute souffrance est supportable, si on peut l'intégrer à une histoire ou en raconter l'histoire[3]. » Il est de notoriété publique que les êtres humains trouvent un sens à leur vie, avec ses peines et ses joies, par les histoires qu'ils se disent. Individuellement et en groupe, nous vivons des récits qui façonnent nos expériences et leur fixent un but. Chrétiens que nous sommes, notre espérance est inscrite dans une histoire ; elle donne forme au déroulement de l'année chrétienne, de l'avent à la fête du Christ-Roi ; elle nous rassemble tous les dimanches autour de l'autel. Notre mémoire commune est lourde d'une promesse. Mais cette histoire pourrait-elle être fausse ? Un de mes amis, qui est un

1. *The True Believer : Thoughts on the Nature of Mass Movements*, New York, 1951, p. 18.

2. Jeffrey SACHS, *The End of Poverty : How we Can Make it Happen in Our Lifetime*, Londres, 2005.

3. Isak DINESON, cité par Raimond GAITA, *A Common Humanity : Thinking about Love and Truth and Justice*, Londres, 1998, p. 98.

Monsignore du Vatican, a un jour, de façon inattendue, cité la chanson « Une vie pleine de surprises » du groupe Prefab Sprout au cours d'une importante conférence internationale : « Le monde a besoin de ses rêveurs – Ah ! s'ils pouvaient ne jamais s'éveiller. » L'inquiétude s'est répandue dans l'auditoire, car l'interprète français avait compris qu'il disait « Le monde a besoin de ses extrémistes ». Les chrétiens sont-ils de simples rêveurs qui ne se sont pas rendu compte que la froide réalité n'avait aucun sens ? Serait-il vrai que la vie n'est rien d'autre qu'une « histoire contée par un idiot, pleine de fureur et de bruit et qui ne veut rien dire[1] » ?

D. H. Lawrence écrivait :

> L'optimiste s'installe à l'abri dans sa cellule
> Et peint les murs en bleu ciel ;
> Il ferme la porte
> Et dit qu'il est au paradis[2].

L'Église traverse peut-être des moments de crise pour que Dieu puisse détruire les cellules d'optimisme dans lesquelles nous nous réfugions. Il abat les murs bleus pour que le soleil puisse briller à l'intérieur et que nous puissions sortir. Lors d'une profession solennelle le provincial d'Angleterre de l'époque, Ian Hislop, prêchait. C'était un vieil Écossais buriné et austère, presbytérien converti ; il disait : « J'arrive au terme de ma vie religieuse et vous commencez la vôtre. Quand je regarde rétrospectivement ma vie religieuse – et elle a été longue –, je pense à tout ce pourquoi j'ai peiné, qu'il s'agisse de l'édifier ou de le maintenir. Souvent, j'ai travaillé dur pour construire quelque chose, pour laisser quelque mémorial derrière moi, et comme il se doit, un quelconque idiot est arrivé après moi et a tout défait au nom du progrès. Je veux donc vous donner ce conseil, quoi que vous ayez prévu, quels

1. W. SHAKESPEARE, *Macbeth*, acte V, scène 5, trad. fse Maurice Maeterlinck, Paris, 1959.

2. D. H. LAWRENCE, « The Optimist », cité par H. RAYMENT-PICKARD, *The Myths of Time : From St Augustine to American Beauty*, p. XI.

que soient les plans que vous avez dressés, soyez sûrs d'une chose : Dieu fera tout échouer[1]. » Cela ressemble à du pessimisme calviniste mais ce n'en est pas. Nos rêves sont trop étroits et si Dieu les détruit, c'est pour que nous puissions nous aventurer dans les plus vastes espaces de sa vie.

Ni l'année liturgique ni l'eucharistie ne nous donnent la moindre certitude sur ce qui nous attend. « L'histoire du temps se déroule dans la foi, au-dessus d'un abîme d'ignorance. Nos histoires ne sont rien de plus qu'une prière demandant que le temps ait un sens[2]. » Et il doit en être ainsi, parce que nous ne pouvons connaître le sens de notre vie, parce que Dieu en est le sens et que, comme nous le rappelle Thomas d'Aquin, ce qu'est Dieu, nous ne pouvons le connaître. Notre destin est « ce que l'œil n'a pas vu, ce que l'oreille n'a pas entendu, ce qui n'est pas monté au cœur de l'homme, tout ce que Dieu a préparé pour ceux qui l'aiment » (1 Co 2, 9). Pour arriver, il faut traverser la mort. C'est à ce moment que tout est en effet détruit afin que nous puissions entrer dans la pleine lumière du soleil de Dieu.

Nous avons entamé ce chapitre avec Momo et Oscar, nos deux jeunes pèlerins. Ce sont des enfants et la jeunesse est toujours un signe d'espérance car elle est un commencement. Saint Augustin affirme que « Dieu est plus jeune que tout[3] ». Nous, nous avons vieilli, mais Dieu demeure à jamais plus jeune que nous et l'espérance exprime la jeunesse éternelle de Dieu. Péguy, dans son fameux poème sur l'espérance, en voit le symbole sous les traits de sa propre fille de neuf ans « cette petite fille espérance », qui « est celle qui toujours commence[4] ».

Chaque année, nous fêtons notre anniversaire ; nous nous

1. Sermon d'Allan WHITE, o. p., dans *The Acts of the Provincial Chapter of the English Province of the Order of Preachers*, Oxford, 2000, p. 66.

2. Hugh RAYMENT-PICKARD, *The Myths of Time : From St Augustine to American Beauty*, p. 16.

3. *De Genesi*, 8. 26, 48.

4. *Le Porche du mystère de la deuxième vertu*, Paris, 1954 (1911), p. 173, p. 189.

rappelons que nous avons une année de plus – une bougie de plus sur le gâteau. Mais à Noël, nous ne célébrons pas l'âge avancé de Jésus avec un immense gâteau. Il est toujours Emmanuel, Dieu parmi nous comme un nouveau-né, dont la vie vient juste de commencer. Noël est la fête de la jeunesse éternelle de Dieu. Au Rwanda, après le génocide, j'ai rencontré un de mes frères, un dominicain canadien, qui était désespéré. Presque tous ses amis étaient morts et tout ce qu'il avait édifié était détruit. On avait l'impression qu'il n'y avait plus aucun avenir. Puis, au Noël suivant, il m'a envoyé une photo où il tenait deux beaux bébés rwandais ; il avait écrit au-dessous « L'Afrique a un avenir ». À chaque fête de Noël, alors que nous commémorons le Christ nouveau-né, nous pouvons dire « l'humanité a un avenir ».

Mais Oscar et Momo sont des enfants et ils sont devant la mort. Oscar affronte sa propre mort, avec l'aide de Mamie Rose, l'extraordinaire lutteuse, et Momo doit être témoin de la mort de son maître. Cette confrontation de la jeunesse et de la mort symbolise bien la fragilité de notre espérance présente. L'enquête européenne sur les valeurs montre qu'un nombre croissant de jeunes Européens se soucient de la mort. Il se peut que l'effondrement des grands mythes qui, au siècle dernier, promettaient un avenir à l'humanité nous a poussés à nous centrer sur notre destin personnel. On ne sait pas pourquoi, les jeunes catholiques croient volontiers au ciel, tandis que les jeunes protestants croient simplement à une « survie après la mort ». Il y a moins de baptêmes et moins de mariages à l'Église, mais la plupart des gens s'attendent à ce que l'Église s'occupe d'eux quand ils mourront. La France est un des plus sécularisés des pays d'Europe, mais 70 % des Français souhaitent encore avoir un enterrement à l'église. Et même le président Mitterrand, bien connu pour être agnostique, a laissé cette instruction énigmatique : « *une messe est possible*[1] » ; il en a eu deux en même temps.

1. Grace DAVIE, *Religion in Modern Europe : A Memory Mutates*, p. 61 s.

Le signe qu'a accompli Jésus à la dernière Cène est magnifique. S'il nous parle d'espérance en face de la mort, il faut qu'il soit répété dans toute sa beauté. L'enseignement de l'Église est souvent reçu avec méfiance. Le mot « dogme » est mal vu. Mais la beauté a une certaine autorité. Elle exprime notre espoir secret que notre vie a peut-être finalement un sens. La beauté dit l'espoir que notre pèlerinage ici-bas mène quelque part, même si nous ne savons ni ou ni comment. La beauté n'est pas un petit supplément facultatif à la liturgie ; elle est essentielle. C. S. Lewis disait que la beauté éveille notre désir « pour notre patrie lointaine[1] », la maison où nous désirons nous réfugier sans l'avoir jamais vue. Quand Ellen MacArthur terminait son tour du monde en solitaire, elle comprit qu'elle approchait de la maison quand elle put sentir la terre. La beauté nous envoie une bouffée du Royaume.

George Steiner explique que la création artistique est la façon dont nous pouvons approcher au plus près la créativité de Dieu. « Tout au fond de chaque "acte artistique", gît le rêve d'un saut dans l'absolu, hors du néant, le rêve de l'invention d'une forme expressive si nouvelle, si propre à son inventeur, qu'elle s'élèverait littéralement au-dessus du monde[2]. » Une œuvre d'art évoque le premier *fiat*, quand Dieu a dit « Que la lumière soit ». Face à la mort, c'est la beauté qui exprime notre espérance de renouveau et d'éternité. Yeats prétendait que « personne ne peut créer comme le faisaient Shakespeare, Homère ou Sophocle, s'il ne croit pas de tout son être, de toutes ses forces, que l'âme humaine est immortelle[3] ».

À la fin des années 1960, George Patrick O'Dwyer, l'irascible et redoutable archevêque de Birmingham, présidait un

1. Cité par R. HARRIES, *Art and the Beauty of God : A Christian Understanding*, Londres, 1993, p. 4.

2. G. STEINER, *Real Presences : Is there Anything in What we Say ?*, Londres, 1989, p. 202.

3. *Ibid.*, p. 228.

jour l'eucharistie dans une paroisse. L'équipe liturgique paroissiale avait travaillé dur pour monter un riche répertoire de chants modernes. Il y avait plusieurs guitares et, en plein milieu d'un chant, l'archevêque referma brutalement son livre et s'écria : « Ça suffit, avec ces chansonnettes ! Chantons quelque chose de supportable. Prenez à la page tant. » À la fin de la messe, le curé de la paroisse remercia tout le monde pour sa participation et fit des excuses publiques pour la grossièreté de l'archevêque. Il y eut un terrible silence et l'archevêque dit : « Eh bien, j'ai quelque chose à vous dire. Il y a au moins un prêtre courageux dans ce diocèse. »

Nous sommes un certain nombre à nous sentir en sympathie avec l'archevêque, en dépit de sa détestable impolitesse. Souvent, ce qu'on nous propose de chanter au cours de l'eucharistie n'a pas la beauté qui pourrait parler d'espérance surnaturelle. Le dernier psaume du psautier dit : « Louez-le par l'éclat du cor, louez-le par la harpe et la cithare, louez-le par la danse et le tambour, louez-le par les cordes et les flûtes. » Si seulement nous faisions ce qui est dit là, plutôt que de faire juste le contraire, en marmonnant ces paroles sur un ton monotone ! Si l'Église doit offrir l'espérance aux jeunes, il nous faut une remise à l'honneur de la beauté dans nos églises. La plupart du temps, quand le christianisme a connu un renouveau, il y a eu un renouveau esthétique, qu'il s'agisse du chant grégorien au Moyen Âge, de la musique baroque après le concile de Trente ou des hymnes du méthodisme wesleyen au XVIIIe siècle.

John Donne croyait que la parole par laquelle Dieu avait créé l'univers était un chant. C'est un thème qui surgit à travers toute la tradition, depuis le psalmiste qui chante que la création tout entière chante pour Dieu jusqu'aux théories médiévales sur la « musique des sphères » et aux théories modernes sur le rayonnement de la matière et ses harmoniques[1]. Pour Michio Kaku « la physique n'est rien d'autre

1. Voir, par exemple, Brian GREEN, *The Elegant Universe*, New York, 1999.

que les lois de l'harmonie ». Il ajoute : « L'univers serait une symphonie de cordes qui vibrent et l'esprit divin, cet esprit dont Einstein a parlé, serait une musique cosmique, une musique cosmique résonnant à travers les dimensions de dix hyperespaces[1]. » Et c'est aussi par la musique que nous exprimons notre espérance en ce lieu où il n'y a, selon John Donne, « ni bruit ni silence, mais une égale musique, ni crainte ni espoir, mais une égale possession, ni ami ni ennemi, mais une égale communion et Identité, ni fins ni commencements, mais une égale éternité[2] ».

La musique est donc l'un des signes dont nous avons besoin face à la mort ; des noires et des croches sur une portée. Au plus noir de la nuit, quand le psalmiste connaît la tentation du désespoir, il chante « Éveille-toi, harpe, cithare, que j'éveille l'aurore ! ». C'est surtout la musique qui peut surmonter les ténèbres et dire une espérance que nous ne savons imaginer. Quand mon père était mourant, il nous a demandé de lui acheter un baladeur pour pouvoir écouter de la musique. C'est le plus charnel et le plus abstrait de tous les arts, l'incarnation d'un sens qu'aucune force brutale ne peut surpasser.

> « L'espérance », c'est cette chose avec des plumes
> qui se perche sur notre âme
> et chante un air sans paroles
> sans jamais s'arrêter – jamais[3].

1. BBC 4, « Frontiers », 11 mai 2005, présenté par Peter EVANS.

2. *The Sermons of John Donne*, George POTTER et Evelyn SIMPSON (éd.), Berkeley, 1953-1962, vol. 8, p. 191.

3. *« Hope » is the thing with feathers /That perches in the soul /And sings the tune without words. /And never stops — at all* (Emily DICKINSON, *The Complete Poems*, Thomas H. JOHNSON [éd.], Londres-Boston, 1975, n° 254, p. 116).

2

Apprendre la spontanéité

La raison d'être du christianisme est avant tout de nous montrer que la vie a un sens. Notre vie est orientée vers une fin ultime. En dépit de toute l'absurdité et de toute la souffrance que nous pouvons connaître, le sens a le dernier mot. Nous ne sommes peut-être pas encore en mesure de dire l'histoire de notre vie ou celle de l'humanité, mais notre espérance est qu'un jour, tout ce que nous avons été, tout ce que nous avons vécu révélera son sens. Mais ne pouvons-nous discerner dès maintenant quelque chose de ce sens ultime ? À la fin du premier chapitre, nous disions que la musique est une des façons – peut être la meilleure – d'exprimer notre espérance en ce que les mots ne peuvent atteindre ; mais on peut se demander s'il existe d'autres façons de rendre visible le terme de notre voyage. Ici et dans le prochain chapitre, je dirai les deux façons dont, selon moi, le but de notre vie peut se révéler dès maintenant ; nous devrions connaître une liberté et un bonheur qui n'auraient aucun sens si Dieu n'existait pas. Le christianisme nous invite à une liberté particulière, à un bonheur particulier, qui sont un partage de la vitalité de Dieu. Le terme du voyage est ainsi manifesté. Notre espérance est soutenue par cet avant-goût du terme et nous pouvons espérer trouver cette joie et cette liberté particulières chez des croyants d'autres confessions ou chez certains qui ne croient à rien. Nous ne pouvons prétendre être les seuls à partager dès aujourd'hui la vie de Dieu. Mais nous devrions savoir que l'Évangile nous convie à une liberté et à une joie qui devraient aller à contre-courant des attentes du monde contemporain et qui pourraient sembler carrément excentriques.

Il y a quelques années, alors que je visitais les dominicains de République tchèque, j'ai passé la nuit dans une petite ville appelée Snojmo, proche de la frontière autrichienne. Comme d'habitude, j'ai eu une rencontre avec les familles. Il y avait un grand nombre de jeunes parents, avec leurs rejetons bruyants, et nous avons festoyé en mangeant de délicieuses saucisses et en buvant du slivovitz. Puis nous avons eu une libre discussion et la première question me fut posée par une jeune femme qui demandait comment elle pouvait transmettre l'enseignement moral de l'Église à ses enfants, qui avaient l'air d'y être juste aussi résistants que les enfants d'Europe occidentale. Je ne savais pas comment répondre, aussi je repassai la question à mon compagnon de voyage, un théologien moraliste nommé Wojciech Giertych qui est professeur à l'Angelicum, à Rome.

Il se rendit au tableau noir et dessina un petit carré dans un coin. « Dans ce carré, il y a les commandements, dit-il. Est-ce cela que concerne la morale ? » « Bien sûr ! » s'écria tout le monde. Et lui reprit : « Non ! Dieu ne s'intéresse pas beaucoup aux commandements. » Puis il dessina un autre carré qui couvrait tout l'espace restant. « Ça c'est la liberté. C'est cela qui intéresse Dieu. Votre tâche est d'apprendre à vos enfants à être libres. C'est l'enseignement des évangiles et de saint Thomas d'Aquin. » Je fus tellement remué que je décidai sur-le-champ, si jamais j'avais une année sabbatique, que j'étudierais la théologie morale de saint Thomas qui s'était trouvée oubliée dans le cursus théologique chaotique de la fin agitée des années 1960.

« C'est pour que nous restions libres que le Christ nous a libérés. Donc, tenez bon et ne vous remettez pas sous le joug de l'esclavage » (Ga 5, 1). Une des différences qui devraient être frappantes chez les chrétiens, c'est notre liberté. Les gens devraient nous regarder et être déconcertés par notre étonnante liberté. Hélas, ce n'est guère plausible ! L'Église est généralement ressentie comme une institution répressive qui ne cesse de dire aux gens qu'ils ne doivent pas faire ce dont ils ont envie, et qu'ils doivent faire ce dont ils n'ont pas envie. Comme l'écrivait William Blake « les prêtres en robes noires faisaient leurs rondes, enchaînant mes joies et mes désirs[1] ».

La société occidentale est profondément ambiguë sur le sujet de la liberté. D'un côté, nous appartenons à ce que l'on appelle « le monde libre ». Nous jouissons de précieuses libertés : liberté de parole, liberté de mouvement, liberté de voter comme nous le voulons, etc. L'enquête européenne sur les valeurs a montré que la liberté, comprise en son sens d'autonomie personnelle, est la valeur première pour les Européens d'aujourd'hui. Et pourtant, un étrange manque de liberté hante notre société.

Quand j'étais jeune, il soufflait comme un vent de liberté. Il se trouvait résumé dans ce merveilleux discours de Martin Luther King, le 28 août 1963, « J'ai fait un rêve ». Le rêve était celui de la liberté quand « tous les enfants de Dieu, blancs et noirs, juifs et païens, protestants et catholiques seront capables de se donner la main et de chanter ensemble les paroles du vieux negro spiritual "Libres enfin, libres enfin, rendons grâce à Dieu tout-puissant, nous sommes libres enfin" ». Quarante ans plus tard, le mur de Berlin est tombé, le libre échange s'est imposé et nous nous sentons plutôt moins libres qu'avant. Nous enfermons plus de gens que jamais au cours de l'histoire. L'Amérique met en prison un pourcentage plus élevé de ses citoyens qu'aucune autre société au monde, excepté la Chine. Nous voyons se développer ce qu'en Grande-Bretagne nous appelons « l'état-Nounou », un contrôle généralisé, et nous vivons dans la

1. « The Garden of Love », *Complete Works*, Geoffrey KEYNES (éd.), Oxford, 1969, p. 215.

crainte que se multiplient les règles bizarres venant de Bruxelles.

Plus encore, un grand nombre de gens ont l'impression d'être prisonniers : prisonniers de la drogue et de l'alcool, prisonniers de leur passé ou de leur enfance, prisonniers de la pauvreté, de la solitude, ou de leur hérédité. Il est curieux de voir que, dans une société libre, tant de gens se sentent entravés. Même des gens riches, qui connaissent le succès, se sentent souvent pris au piège. Nous nous sommes libérés, pour nous apercevoir que c'est une liberté vide. Comme l'a écrit Zygmunt Bauman, « il y a un méchant arrière-goût d'impuissance dans l'entêtant breuvage de la liberté, préparé dans le chaudron de l'individualisme ; cette impuissance paraît d'autant plus odieuse, plus troublante et plus inquiétante si on la compare à la puissance que devait donner cette liberté[1] ». À la fin de l'enquête européenne de 1990, Bart McGettrick écrit que les Européens ont besoin d'une « pédagogie de la liberté ». Pour les Européens d'aujourd'hui, la liberté est la valeur centrale mais nous ne savons pas bien comment être libres.

C'est pourquoi notre société est mûre pour le message de l'Évangile de liberté. Ce devrait être le cœur de notre proclamation, mais pour cela il nous faut affronter et surmonter la timidité qui bien souvent paralyse la vie de l'Église ; autrement nos mots n'auront aucune autorité. Un jour, une mère amena sa fillette voir Gandhi. Elle se faisait du souci parce que l'enfant mangeait énormément de bonbons et elle pria le sage de lui enseigner la modération. Gandhi lui demanda de repartir avec l'enfant et de revenir trois semaines plus tard ; ce qu'elle fit. Gandhi parla alors à l'enfant et la persuada de se restreindre. À la fin, la mère lui demanda : « Mais pourquoi, Gandiji, ne lui avez-vous pas dit tout cela il y a trois semaines ? » Et il lui répondit : « Parce qu'il y a trois semaines, moi aussi, je mangeais trop de bonbons. » Nous, les chrétiens, nous avons également besoin d'être

1. *Liquid Modernity*, Cambridge, 2000, p. 35.

libérés de tout ce qui nous emprisonne si nous voulons parler de liberté de façon convaincante.

Kant maintenait qu'on ne peut expliquer la liberté, mais seulement la défendre[1]. Nous ne pouvons donner aucune explication de la liberté chrétienne, mais nous pouvons l'observer, à l'œuvre, dans le dernier repas. Ce signe d'espérance est l'acte libre par excellence. La dernière Cène était un repas pascal. Israël y fêtait sa libération de l'esclavage en Égypte. Jésus s'étend à table avec ses disciples, le disciple bien-aimé penché sur sa poitrine. C'était un signe de leur liberté : la tradition juive maintenait que « tandis que les esclaves mangent debout, ici [pour le repas pascal] les gens s'étendent pour manger, pour signifier qu'ils sont passés de l'esclavage à la liberté[2] ». Cette nuit-là, Jésus a inauguré une Pâque nouvelle en en faisant l'inimaginable liberté de Dieu.

Le dernier repas nous propose plusieurs pas successifs pour avancer dans la liberté. Mais d'abord, il faut regarder la trahison de Jésus et sa perte de liberté. Ensuite, nous observerons brièvement comment Jésus dépasse son état de victime. Advient alors la liberté de choix, qui est la liberté de base, la liberté ordinaire des êtres humains. Mais la Cène nous invite à une liberté plus totale, la liberté de la spontanéité et, finalement, la liberté de donner notre vie.

Trahison.

Tout commence par une trahison. Pourquoi Judas a-t-il livré Jésus à la mort ? Nous ne connaissons pas la réponse. Quand Jésus le rencontre, dans le jardin, il lui dit quelque chose qu'on peut comprendre comme « Ami, que fais-tu

1. Cité par Kwame Anthony APPIAH, *The Ethics of Identity*, Princeton, 2005, p. 60.

2. J. PESSAH, 10. 37b, 56, cité par JEREMIAS, *Eucharistic Words of Jesus*, édition revue, Londres, 1964, p. 26; *La Dernière Cène, Les Paroles de Jésus*, trad. fse par M. Benzerath et R. Henning, Paris, 1972.

ici ? » (Mt 26, 50). Judas ne répond pas. C'est la question qui est répétée dans les « Impropères » du Vendredi saint : « Oh, mon peuple, que t'ai-je fait ? Comment t'ai-je contristé ? Réponds-moi. » Mais nous ne pouvons pas. Le mal est absurde et dépourvu de sens. Devant la mort de Jésus, tout ce que nous pouvons faire, c'est poser la même question que lui : « Ami, que fais-*tu* ici ? » Le mystère du mal est sans explication, mais il est englobé par le plus vaste mystère du bien.

Nous pouvons, cependant, nous faire une idée de la raison pour laquelle Judas peut avoir été tenté de trahir Jésus. Son nom est révélateur, Judas l'Iscariote. Ce nom peut nous donner une vague idée de ce qui le poussa à accomplir cet acte terrible : Judas est un nom d'un nationalisme très populaire. Plusieurs juifs célèbres, combattants de la liberté, se sont appelés Judas. Le surnom d'Iscariote signifie « l'homme à l'épée » ou « l'assassin ». Il espérait probablement une révolution qui jetterait les Romains dehors. J'imagine qu'il est monté à Jérusalem, tout excité, pensant que le temps était venu de chasser l'oppresseur. Jésus allait se révéler comme le grand Messie libérateur. Et quand Jésus est entré dans Jérusalem, le dimanche des Rameaux, la foule était prête à le suivre n'importe où. Mais rien ne s'est passé. Tout ce que Jésus avait à faire, c'était saisir le moment. La victoire lui était acquise, et il l'a laissée échapper. J'ai affirmé dans mon premier chapitre que la dernière Cène est le moment où s'interrompt toute histoire ouverte sur l'avenir. Judas s'en est peut-être rendu compte avant les autres et n'a pas pu le supporter. Judas serait donc un homme déçu ; il est le rêveur qui se sent abandonné. Jésus a trahi ses espoirs et lui trahit Jésus en retour. L'ironie de la situation est qu'à ce moment-là Jésus inaugurait une liberté plus radicale que tout ce dont Judas avait jamais rêvé.

On se tromperait en pensant que l'erreur de Judas est d'avoir voulu une libération politique tandis que Jésus offrait une libération spirituelle. La liberté à laquelle Jésus nous appelle libère l'humanité de tout ce qui l'opprime, individuellement ou socialement, mentalement et physiquement. Notre espoir est celui d'un monde d'où serait abolie toute contrainte pesant sur l'humanité. C'est une vérité que l'Église a parfois oubliée, faisant de la religion quelque chose de seulement individuel. À Carthagène, dans ce qui est aujourd'hui la Colombie, deux héroïques jésuites, Alonso de Sandoval et Pedro Claver, ont passé des années à s'occuper d'esclaves amenés d'Afrique. Diarmaid MacCulloch écrit : « Dans ce contexte, leur action pastorale allait bravement à l'encontre de la culture ambiante et provoquait une certaine désapprobation parmi les gens installés là ; mais leur effort pour instiller d'abord un certain sens du péché (notamment les péchés sexuels), puis le repentir chez ces malheureux pénitents nous semble aujourd'hui étrange, dans le cadre d'un des plus grands péchés commis par l'ensemble du monde chrétien occidental[1]. » La théologie de la libération nous a aidés à redécouvrir que la liberté chrétienne ne peut jamais être limitée à une liberté spirituelle purement intérieure, ni réduite à un programme politique.

Je suppose que Judas n'a pas su voir à quel point la liberté qu'offrait Jésus était radicale. Et comment l'aurait-il pu ? Il est probable qu'aucun autre disciple ne l'a vu. Jésus proposait « une révolution radicale qui plonge jusqu'aux profondeurs de notre existence corporelle et qui signifie donc mort et résurrection[2] ». Ce que Judas espérait, c'était une simple réorganisation de l'échiquier politique. Un dirigeant à la place d'un autre. Ç'aurait certainement été une bonne chose, mais Jésus offrait une participation à l'inimaginable liberté de Dieu, ce qui exige que nous donnions un nouveau sens à notre vie. Notre engagement politique pour lutter contre l'injustice est une bonne chose, mais c'est une expression de ce qui est plus que lui – la liberté qui est la vie-même

1. *Reformation : Europe's House Divided, 1490-1700*, Londres, 2003, p. 437.

2. Herbert McCabe, o. p., *Law, Love and Language*, Londres, 2003, p. 159.

de Dieu. Pour reprendre les mots d'Herbert McCabe, l'action politique est « la visibilité sociale de la foi[1] ».

On peut se demander comment, quelle que soit sa déception, Judas a pu livrer celui qui l'appelait « ami ». On ne le sait pas. Les évangiles ne s'intéressent guère à la psychologie et ne sont pas des sources historiques à la manière moderne. Mais nous pouvons peut-être discerner les traces d'un lent glissement vers ce péché, étape par étape, si progressivement que Judas ne s'est peut-être pas pleinement rendu compte de ce qu'il faisait avant que ce soit fait. Il va voir les chefs des prêtres et leur dit : « Que voulez-vous me donner, et moi je vous le livrerai ? » (Mt 26, 15). Aucun nom n'est prononcé : Jésus est « le » ; c'est l'un des petits pas que nous faisons pour prendre nos distances : ne pas nommer quelqu'un. Un mari pourra dire « j'ai parlé à ta mère, au téléphone », on dira « elle, à côté », ou « ce petit bonhomme ». Primo Levi décrit comment, à son arrivée à Auschwitz, ils lui prirent son nom et le remplacèrent par un numéro : « Plus rien ne nous appartient ; ils ont pris nos vêtements, nos chaussures, et même nos cheveux ; [...] ils nous enlèveront jusqu'à notre nom et si nous voulons le conserver, nous devrons trouver en nous la force nécessaire pour que derrière ce nom, quelque chose de nous, de ce que nous étions, subsiste[2]. »

Alors, à table, quand Jésus dit que l'un d'entre eux va le trahir, Judas demande : « Est-ce moi, Rabbi ? » On pourrait penser qu'il sait bien que c'est lui et qu'il cherche juste à éviter d'être repéré, à faire semblant d'être surpris pour se cacher parmi les autres disciples. Mais peut-être n'a-t-il pas encore compris ce qu'il faisait. Il a pris l'argent, mais il se peut qu'il n'ait encore véritablement rien promis. Et rien n'était encore fait. Il avait encore le temps de changer d'avis. Chacun de nous a sûrement connu ce moment où nous glissons vers un péché que nous ne nous avouons pas nous-

1. *Ibid.*, p. 170.
2. *Si c'est un homme*, Paris, 2003 (1987), p. 34.

mêmes. Nous nous préparons à commettre un péché, mais nous nous mentons en faisant comme si nous allions faire quelque chose d'autre, tout en détestant en nous l'intention cachée que nous ne voulons même pas reconnaître. Je ne peux pas imaginer Judas agissant froidement. Aux pélagiens qui affirmaient que tout péché était un rejet pleinement conscient de Dieu, Augustin répondait que « la plupart des péchés sont commis par des gens qui gémissent et se lamentent[1] ».

Et quand il conduit les soldats jusqu'à Gethsémani, a-t-il alors pleinement saisi ce qu'il faisait ? Dans le récit qu'en fait Marc, il leur demande d'emmener Jésus « sous bonne garde ». Est-ce qu'il est encore en train de se mentir à lui-même en se disant « le grand prêtre est tellement en colère contre lui qu'il a besoin d'une bonne protection romaine » ? Puis il donne à Jésus un baiser chaleureux ! C'est cela que signifie le verbe utilisé – *kataphilein.* Ce pourrait donc être la tragédie d'un homme qui ne s'avoue même pas à lui-même ce qu'il est en train de faire, jusqu'au dernier moment, jusqu'à ce qu'il soit trop tard.

Cet homme qui soupirait après la liberté serait en ce cas un homme qui vit le manque de liberté le plus complet. Comme Paul, il aurait pu dire : « Vraiment, ce que je fais je ne le comprends pas : car je ne fais pas ce que je veux mais je fais ce que je hais » (Rm 7, 15). Dans le récit de Jean, Jésus doit presque l'encourager à jouer le rôle qui lui est dévolu : « Ce que tu fais, fais-le vite » (13, 27). Ce mouvement qui le fait glisser dans le mal a sûrement pour cause sa solitude. Il a été tout seul voir le grand prêtre pour lancer cette idée de trahison. Pendant le dernier repas, il est tout à fait seul. Nous avons besoin de nos amis pour nous rappeler ce que nous sommes en train de faire, pour nous tendre le miroir de la vérité ; cela peut être douloureux, mais c'est ce qui nous aide à rester libres. Mais cette solitude de

1. *De natura et gratia*, XXIX, 33, cité par Rowan WILLIAMS, *Silence and Honey Cakes : the Wisdom of the Desert*, Oxford, 2003, p. 44.

Judas est-elle totale et définitive ? La dernière fois que Jésus le rencontre, si l'on en croit Matthieu, il l'accueille comme un ami.

Choix.

Jésus est la victime innocente, victime de la haine et de la peur. Il n'est plus maître de sa vie, il a été trahi et va bientôt être livré. Il est auprès de nous chaque fois que nous sommes privés de liberté et victimes de quelque chose. Mais il peut encore choisir. Ses options sont limitées, mais il choisit de réunir ses disciples pour un dernier repas plutôt que de fuir Jérusalem. Il choisit de traverser la vallée du Cédron et d'aller au jardin de Gethsémani pour faire face à ses ennemis. Il n'est pas simplement une victime. Quand il proclame qui il est, d'après l'évangile de Jean, les soldats tombent à terre.

Le mécanisme qui produit des victimes, dans nos sociétés et dans l'Évangile, a été brillamment analysé par des auteurs comme René Girard et James Alison[1]. Je n'ai rien à ajouter, mais je soulignerai que l'inentamable liberté de Jésus nous pousse à nous regarder nous-mêmes comme plus que de simples victimes. L'Église doit se tenir aux côtés de ceux qui sont victimes. Plus encore, l'Église doit reconnaître ceux dont elle fait des victimes. Comme saint Paul sur le chemin de Damas, il nous faut ouvrir nos oreilles pour entendre le Seigneur qui nous dit : « Pourquoi me persécutes-tu ? »

Nous devons oser être comptés au nombre des transgresseurs, même si cela entache notre réputation. Je pense à un dominicain français, aumônier d'une communauté de Roms. Il vit dans une roulotte, a appris leur langue et partage leur existence. Peu à peu, il a été accepté et a finalement été élu juge, c'est-à-dire qu'il peut servir d'arbitre dans leurs querelles. Je ne crois pas qu'aucun autre non-Rom ait jamais

1. Voir R. GIRARD, *La Violence et le Sacré*, Paris, 1972 ; J. ALISON, *Knowing Jesus*, Londres, 1993.

reçu un tel honneur. Mais cela signifie aussi qu'il partage leur honte ; que souvent les gens respectables lui crachent dessus ; qu'il est harcelé par la police et mis en prison sans raison.

La société occidentale est toute pénétrée par une « victimose » qui la rend amère. C'est le revers de la médaille du « monde libre », le sentiment désagréable que la liberté n'a pas produit tout le bonheur que nous espérions. Les gens se sentent victimes de préjugés, ou de l'histoire, ou de leur hérédité, ou de leur éducation. C'est une des caractéristiques de la modernité, de l'Irlande du Nord jusqu'au Moyen-Orient, que de prétendre au statut de victime en se sentant victimes les uns des autres. On parle même de « compétition des victimes » : « Je suis plus une victime que tu ne l'es. » Il n'est pas question de nier que certains sont gravement victimes, comme les enfants vendus pour être exploités sexuellement, et comme les femmes, dans bien des endroits. Mais l'Église ne peut jamais accepter que quiconque soit *seulement* une victime. La liberté commence lorsqu'on s'empare du choix qu'on peut faire, fût-il extrêmement limité, fût-il celui de se lever le matin. Si l'on accepte passivement son état de victime, on meurt.

Primo Levi expliquait qu'à Auschwitz la survie dépendait de quelque chose d'aussi trivial que de se laver. Au début, il renonça ; à quoi bon ? L'eau était sale et cela ne servait donc à rien. Mais Steinlauf, un compagnon de camp, lui expliqua que, s'il ne le faisait pas, il était fichu : « Nous sommes des esclaves, privés de tout droit, en butte à toutes les humiliations, voués à une mort presque certaine, mais il nous reste encore une ressource et nous devons la défendre avec acharnement parce que c'est la dernière : refuser notre consentement. Aussi est-ce pour nous un devoir envers nous-mêmes que de nous laver le visage sans savon, dans de l'eau sale, et nous essuyer avec notre veste. Un devoir, de cirer nos souliers, non certes parce que c'est écrit dans le règlement, mais par dignité et par propriété. Un devoir enfin de nous tenir droits et de ne pas traîner nos sabots, non pour rendre hommage à la discipline prussienne, mais pour rester vivants, pour ne pas commencer à mourir[1]. »

Notre idée de l'Afrique est souvent celle d'un continent de victimes : des millions d'enfants au ventre gonflé qui mendient. Et il est vrai que l'Afrique est écrasée par la politique économique occidentale, les embargos et les subsides, la gestion de la dette et même du développement. Mais nous ne rendons pas justice à ce continent si nous enfermons ses habitants dans leur statut de victimes. Lors d'une rencontre de la famille dominicaine, à Manille en 2001, un jeune dominicain laïque de la République démocratique du Congo nous a reproché, à nous les Occidentaux, de piller son pays en échangeant des diamants contre des armes ; l'Occident s'enrichit par leur souffrance ; rien ne pourra être fait si nous ne mettons pas un terme à cette oppression. Il avait raison de nous accuser, mais je me suis senti le cœur plus léger quand un jeune frère angolais lui a rappelé que les Africains ne doivent pas se considérer seulement comme des victimes. Que peuvent faire l'Angola et le Congo pour prendre le chemin de la liberté ? Le même jeune frère, Zeca, dirige une organisation qui aide à reconstruire la société angolaise traumatisée par la guerre.

Jésus a choisi. C'est le genre de liberté qui vient tout de suite à l'esprit, dans nos sociétés. C'est la liberté du marché : on peut choisir entre plusieurs offres, Pepsi ou Coca. Pour certains, le choix est très réduit. Dans bien des pays, par exemple, les femmes ne peuvent pas choisir de ne pas avoir de relations sexuelles avec un partenaire séropositif. Mais l'Église ne sera le berceau de la liberté évangélique que si l'on nous voit nous tenir auprès des gens, les aidant à prendre des décisions morales plutôt que de les prendre à leur place.

Les gens ne seront pas attirés par l'Église si sa morale semble dicter aux gens ce qu'ils doivent faire. À tort ou à raison, ce sera ressenti comme un empiétement sur notre autonomie. L'enquête européenne sur les valeurs note que

1. P. LEVI, p. 57-58.

l'« individualisme » est peut-être la caractéristique principale de l'Européen contemporain[1]. Cela met l'accent sur la valeur immense que revêt le droit de chacun de prendre les décisions qui concernent sa vie. Nous tenons à la liberté de décider quelles seront nos valeurs morales et rejetons toute interférence exagérée de quelque institution que ce soit, Église ou État. Selon la même enquête, les jeunes recherchent auprès de l'Église des conseils *spirituels*, mais lui refusent avec force tout droit de se mêler de la vie privée. La plupart des Européens contemporains vont rejeter une religion qui entre en conflit avec leur indépendance et il en va de même, au moins implicitement, de nombre de catholiques. Finalement, notre liberté la plus profonde est de faire la volonté du Père, mais cela, on l'admettra peut-être à la fin du voyage, pas à son début.

D'autre part, l'Église doit reconnaître que les choix auxquels se trouve confronté l'homme moderne sont complexes. Une fois, j'ai eu la chance de passer un week-end avec des responsables de haut niveau d'une compagnie pétrolière. Ils souhaitaient que des gens de l'extérieur assistent à leur discussion sur les décisions morales qu'ils avaient à prendre. Je n'avais pas idée, avant cela, de la complexité des questions : Comment doit-on maintenir l'équilibre entre les responsabilités vis-à-vis des actionnaires et celles vis-à-vis des employés ? Comment doit-on maintenir l'équilibre entre bénéfices et protection de l'environnement ? Dans la vie morale des chrétiens, il y a un tas de choix difficiles à faire, pour lesquels l'enseignement de l'Église n'a aucune solution simple et claire. Si une personne divorcée rencontre quelqu'un qu'elle aime, doit-elle se remarier ? Si quelqu'un est homosexuel, doit-il vivre à jamais dans la solitude ? Comme il est terrifiant d'avoir à y réfléchir personnellement, d'avoir à prier pour cela et d'avoir à l'étudier à la lumière de l'enseignement de l'Évangile et de l'Église, il y a un risque, ou bien que les gens fassent exactement ce qui leur

1. P. 5.

plaît, ou bien que l'Église donne une réponse facile. On supplie sans cesse le Vatican de résoudre les dilemmes moraux, pour le blâmer quand il s'y essaie. Il est difficile de choisir, mais c'est quelque chose de nécessaire pour devenir libre.

Même quand l'enseignement chrétien semble clair et sans ambiguïté, il nous faut encore pénétrer la complexité de la vie de ceux qui bataillent pour faire ce qui est bien. Prenons l'avortement, par exemple. Toute la tradition chrétienne témoigne du rejet de l'avortement. Selon l'*Épître à Diognète*, on voyait déjà cette question comme une des différences majeures entre les chrétiens et les autres : « Ils se marient, comme tout le monde ; ils ont des enfants ; mais ils ne détruisent pas leur progéniture. » Il est pratiquement inconcevable que l'Église regarde jamais l'avortement comme légitime. Mais cela ne signifie pas que nous autres, chrétiens, allons rester sourds à ce que veulent nous dire ceux qui justifient l'avortement. C'est précisément parce que nous avons confiance dans la justesse de notre tradition que nous n'avons pas à avoir peur de mettre en œuvre toutes les ressources de notre intelligence et de notre imagination pour comprendre leur position et voir ce que nous pouvons en retenir. Comme le disait au concile le grand Mgr Butler, *« Ne timeamus quod veritas veritati noceat »*, « N'ayons pas peur que la vérité puisse nuire à la vérité ». Être attentifs à la vérité de ce que disent les autres ne peut que nous aider à voir plus clairement la vérité de ce que nous croyons. La vérité est une. Des romans comme *Cider House Rules* (« L'Œuvre de Dieu, la part du Diable »), de John Irving, et des films comme *Vera Drake* nous aident à pénétrer la complexité de la vie de ceux qui ont à faire un choix quant à l'avortement. La vérité est simple, mais si cette simplicité n'est pas passée par la complexité de la vie humaine, cela risque d'être une simplicité puérile, une simplicité factice et inhumaine plutôt que la simplicité que nous entrevoyons en Dieu. Ceux qui pensent que notre enseignement doit être protégé à coups de médisance et d'attaques violentes sont sans doute peu assurés dans leurs convictions, effrayés à l'idée d'entendre les arguments des autres qui pourraient les faire douter. C'est justement quand nous avons le plus confiance en la justesse de l'enseignement de l'Église que nous devrions être le plus libres pour écouter et apprendre, pour ouvrir notre esprit et notre cœur à ceux avec qui nous ne sommes pas d'accord.

Saint Thomas avait un amour particulier pour le passage de l'Évangile qui dit qu'il ne faut appeler personne maître, car nous n'avons qu'un maître, qui est aux cieux. Quand j'étais maître de l'Ordre dominicain, j'ai remarqué que les frères semblaient eux aussi aimer ce texte, car il revenait avec une fréquence suspecte dans les lectures ! Thomas comprenait que c'est Dieu qui enseigne, par l'intermédiaire de la grâce dans les profondeurs du cœur et de l'esprit humains. Tout ce que peut faire un maître humain, c'est d'accompagner ses élèves dans leur exploration, de partager dans l'amitié ce qu'il sait. Joseph Pieper exprime ainsi le point de vue de Thomas : « Un ami – et un ami prudent – peut aider à prendre part à la décision de son ami. Il le peut parce qu'il aime son ami ; ainsi le problème de l'ami devient son problème, l'ego de l'ami devient son ego (de sorte qu'il ne lui est plus tout à fait extérieur)[1]. » Nous devons devenir l'autre, entrer dans son imagination et dans les dilemmes auxquels il est confronté, avant de lui dispenser notre enseignement.

C'était aussi l'enseignement du pape Jean-Paul II dans *Fides et ratio* (§ 33) : « Il ne faut pas oublier que la raison elle-même a besoin d'être soutenue dans sa recherche par un dialogue confiant et par une amitié sincère. Le climat de soupçon et de méfiance, qui parfois entoure la recherche spéculative, oublie l'enseignement des philosophes antiques, qui considéraient l'amitié comme l'un des contextes les plus adéquats pour bien philosopher. » L'amitié signifie qu'on voit avec les yeux des autres, qu'on est attentif à ce qu'ils vivent, qu'on prend au sérieux leurs intuitions et leurs doutes.

1. *The Four Cardinal Virtues*, Notre Dame, 1966, p. 29.

Quand l'Église semble dispenser son enseignement de là-haut, loin des luttes des gens ordinaires, alors elle n'enseigne rien du tout. Denys Turner, professeur de théologie à Cambridge, écrit : « Je ne peux imaginer ce qu'un professeur, ou aussi bien un prédicateur, peut faire d'autre que de *rappeler* aux gens qu'ils sont capables de l'infini [...]. Jésus nous a dit de ne pas nous appeler *nous-mêmes* maîtres et à Dieu ne plaise ! que nous, les théologiens, ajoutions dans notre enseignement ou notre prédication quoi que ce soit qui nous soit propre qui ne serve pas à cette mise en avant de la mémoire, à ce sursaut de nostalgie, à ce désir de l'Esprit. Tous ceux qui enseignent connaissent cette humilité, cette façon de faire modeste, car quand ils ont bien enseigné, les étudiants disent spontanément “mais *bien sûr* !” – ils *reconnaissent* comme s'ils se la rappelaient, une vérité qui n'appartient plus au professeur, car elle est maintenant partagée et possédée en commun[1]. »

Quand Dieu a donné les commandements, il les a donnés dans un contexte d'amitié. Quand Moïse rencontre Dieu sur la Montagne, pour recevoir les dix commandements, ce n'est pas le législateur cosmique qu'il a en face de lui ; mais « le Seigneur parlait à Moïse face à face, comme un homme parle à son ami » (Ex 33, 11). Et quand Jésus donne aux disciples ses nouveaux commandements, c'est parce qu'ils sont ses amis : « Vous êtes mes amis, si vous faites ce que je vous commande » (Jn 15, 14). Les amis ont des devoirs les uns envers les autres, devoirs qui ne les obligent pas tant qu'ils les unissent. C'est le devoir de l'amour plutôt que de la loi.

C'est donc seulement dans l'amitié et en étant proche que l'Église peut se trouver à nos côtés quand nous sommes face à des dilemmes et devons faire des choix. Ainsi seulement les gens auront assez de confiance pour faire des choix inventifs et libérateurs, qui vont plus loin que l'alternative évidente, et pour innover. Cette dernière nuit, Jésus n'avait pas beaucoup de possibilités et aucune ne semblait heureuse. Il

1. *Faith Seeking*, Londres, 2000, p. XI.

pouvait attendre et mourir ou s'enfuir de façon humiliante. Dans les deux cas, sa vie semblerait être un échec et aucun choix ne paraissait bon. Mais il a fait preuve d'inventivité : il s'est emparé de cette trahison pour en faire un don. Il a transformé la désintégration de la communauté en une nouvelle alliance.

Nous sommes nombreux à trouver que nous n'avons que peu d'options ; mais choisir, c'est plus qu'hésiter entre deux possibilités. Avec la grâce de Dieu pour aider notre imagination, nous pouvons faire preuve d'inventivité dans nos choix, les possibilités ouvertes dépassant alors tout ce que nous aurions pu rêver. Nous pouvons transformer ce qui était notre sort en bénédiction ; nous pouvons connaître la liberté quand nous la croyions impossible. J'ai rencontré aux Philippines une femme qui souffrait de la lèpre. Elle avait passé la plus grande partie de sa vie dans la léproserie que dirigent les dominicains de Saint-Martin ; et un certain nombre d'entre eux sont eux-mêmes lépreux. Même une fois guérie, elle n'osait pas sortir à cause de la crainte et du dégoût qu'elle lisait dans les regards ; ses cicatrices la maintenaient en prison. Puis elle prit conscience que sa maladie pouvait devenir sa mission. Elle entreprit de voyager à travers l'Asie, visitant des léproseries et encourageant les gens à sortir de leur prison et à être libres.

On raconte l'histoire d'un mystique dominicain allemand du Moyen Âge, le bienheureux Henri Suso. La mère d'un enfant illégitime abandonna l'enfant devant sa porte et lança la rumeur qu'il en était le père. Henri supporta tout sans un mot. Il dit à l'enfant : « Mon joli, je prendrai soin de toi, car tu es l'enfant de Dieu et donc aussi le mien[1]. » L'histoire ne dit pas ce que les frères en ont pensé ! Mais bien sûr, la femme en fut tellement touchée qu'elle révéla son innocence avant de mourir.

Ce que j'aime tant dans cette histoire, c'est que la femme fait de lui une victime. Au lieu de nier, il se saisit de l'accu-

1. Donald NICHOLL, *Holiness*, Londres, 1981, p. 35.

sation et revendique cet enfant de Dieu comme le sien. Il est libre.

Spontanéité.

« Ceci est mon corps, livré pour vous. » Il ne s'agit pas d'un acte isolé que Jésus pouvait accomplir ou ne pas accomplir. Les évangiles synoptiques montrent que tout ce qu'a fait, tout ce qu'a été Jésus jusque-là menait à cela. L'appel des disciples, les repas avec des prostituées et des publicains, la multiplication des pains, tous ces événements culminent dans cet acte inventif qui fonde la communauté du corps du Christ. Sans cela, toute l'histoire de sa vie n'aurait aucun sens. La liberté dont a témoigné Jésus en pardonnant les péchés, en touchant des lépreux, en dépassant la loi, tout culmine dans cet acte d'absolue liberté. Quand on lit toute l'histoire que racontent les évangiles, on a le sentiment que, d'une certaine manière, tout cela était inévitable, même si on ne pouvait s'en rendre compte avant. C'est à la fois ce qu'il *devait* faire et ce qu'il fait absolument *librement.*

Si l'on croit, comme beaucoup ont tendance à le faire, que la liberté c'est juste pouvoir choisir entre une chose et une autre, alors toute la vie semble n'être plus qu'une succession de choix. Si on fait le mauvais choix, on peut aller se confesser et tout est effacé : trois meurtres et deux pensées impures cette semaine ; pas de problème ! Repartez de zéro. Bien sûr, il nous arrive à tous de nous traîner jusqu'au sacrement en suppliant que nos péchés soient effacés, que nous nous sentions purifiés ; et c'est bien. Mais si nous en restons là, si notre vie morale n'est pour nous qu'une succession de bonnes et de mauvaises actions, nous serons à jamais moralement infantiles. Notre histoire personnelle, quoi que pense Henry Ford de l'histoire en général, n'est pas « juste un fichu truc après l'autre ». Comme nous l'avons dit dans le chapitre précédent, notre vie trouve un sens en s'inscrivant dans l'histoire que nous pouvons raconter sur elle. L'histoire que nous racontons dévoile qui nous sommes. Nous prenons conscience de notre identité en réécrivant notre autobiographie mentale, à mesure que nous prenons de l'âge. Ainsi, quand nous prenons des décisions importantes, nous donnons une direction à notre vie et décidons de l'histoire qui pourra en être racontée. Nous décidons qui nous sommes, pas seulement ce que nous faisons.

Si l'on considère que la moralité se mesure par l'obéissance aux règles, on estimera la qualité d'une vie morale d'après le nombre de fois où les règles auront été suivies ou transgressées. Mais la tradition la plus ancienne, représentée par des théologiens comme Thomas d'Aquin, parle en termes de mouvement de toute une vie. L'histoire que nous sommes invités à raconter est celle de notre pèlerinage vers Dieu, d'où nous venons. L'éthique est ce qui nous donne des forces pour rentrer à la maison. Une vie vertueuse est celle qui nous fait garder la bonne direction. *Virtus* signifie littéralement « force », c'est la force pour le voyage. Les vertus cardinales – courage, tempérance, prudence et justice – nous aident sur le chemin. Les vertus théologales – foi, charité et espérance – nous donnent un avant-goût du terme.

La façon moderne typique d'être religieux est, comme je l'ai dit, d'être pèlerin, comme Momo et Oscar. Les gens d'aujourd'hui sont en quête de quelque chose, en pèlerinage, pas tout à fait sûrs de ce qu'ils trouveront au terme du voyage, mais, au moins à certains moments, en chemin. Nous devons être à leurs côtés, nous devons les aider à découvrir la liberté de ce voyage et à entrevoir le terme de tout notre pèlerinage. L'Église doit proposer une pédagogie de la liberté, qui ne concerne pas seulement le bon choix à faire : il s'agit d'être un acteur moral et de discerner que sa vie a un sens et une direction. Cela ne sera possible que si nous sommes auprès des gens, là où ils sont, au lieu de leur dire là où ils devraient être. Ne soyons pas comme celui à qui on demande le chemin pour Dublin et qui répond : « Si je voulais aller à Dublin, je ne partirais pas d'ici. » Où que nous soyons, quels que soient le désordre et le gâchis dans lesquels nous nous trouvions, c'est d'ici que nous partons pour rentrer à la maison. Il ne sert à rien de dire aux gens qu'ils ne devraient pas divorcer, ou se remarier, ou vivre en concubinage, ou être homosexuels ; nous partons d'où nous sommes. Quand le bon dominicain saint Antoine, archevêque de Florence, demanda à Cosme de Médicis d'interdire le jeu aux prêtres, celui-ci répondit sagement : « Commençons par le commencement. Est-ce qu'on ne devrait pas d'abord leur interdire d'utiliser des dés pipés[1] ? » Samuel Beckett écrit : « Arriver à donner forme au désordre, c'est cela la tâche de l'artiste[2]. » C'est aussi la tâche du pasteur. Quel que soit le gâchis qu'on ait fait de sa vie, il y a une histoire qui peut permettre d'y trouver un sens, une histoire dont le dernier mot est le Royaume.

Quand saint Thomas observe la vie morale, il commence par affirmer que nous sommes faits à l'image de Dieu, et donc intelligents et libres, et que nous sommes la source de nos propres actions[3]. Devenir vertueux n'est donc pas se soumettre à quelque contrainte venue de l'extérieur. C'est être poussé du plus profond de soi-même, c'est être animé d'un mouvement personnel. Nous pouvons commencer notre vie physique en ayant l'impression d'être une voiture de sport et la finir comme un vieux camion, mais pour la vie morale, on peut espérer le contraire. Quand nous pensons à la liberté comme à un choix, c'est quelque chose que nous avons. Il nous faut discerner une liberté plus profonde, c'est alors ce que nous sommes. Le rabbin Hugo Gryn écrivait qu'à Auschwitz il s'était opéré une transformation radicale de certaines de ses valeurs fondamentales, y compris la liberté. « La liberté, écrivait-il, est généralement comprise comme quelque chose que nous *avons*, et qui nous est enlevée, si nous sommes emprisonnés. Mais dans les camps, la liberté devenait ce que vous *étiez* et cela façonnait votre

1. Paul STRATHERN, *The Medici : Godfathers of the Renaissance*, Londres, 2003, p. 233.
2. Cité dans le *Times Literary Supplement* du 15 mars 2002.
3. *Somme théologique*, Prologue Ia IIae.

façon de vous comporter dans la situation qui était la vôtre et dans ce qui était votre sort[1]. »

Les vertus sont les chemins de la liberté et notre liberté est la plus grande quand nous faisons spontanément ce qui est bon, car c'est ce que nous désirons le plus profondément. Souvent, on croit qu'une action est particulièrement vertueuse si elle est ardue. Celui qui résiste par un immense effort à l'envie de boire une seconde bouteille de vin serait plus vertueux que celui qui a le sentiment tranquille d'en avoir bu suffisamment. Mais ce n'est pas ce que pensait Thomas d'Aquin. Les vertus nous aident à acquérir assez de liberté pour faire aisément et sans effort ce qui est bon, comme un bon joueur réussira spontanément un but, sans avoir à faire de savants calculs d'angle et de trajectoire. Son corps sait quoi faire. David Beckham se fait obéir du ballon pratiquement sans y penser.

Bien sûr, nous avons besoin de règles et de commandements, juste comme un pianiste a besoin de faire des gammes. Mais ils ne servent qu'à nous enseigner la liberté, à nous rappeler ce que nous désirons au fond de nous-mêmes. Comme l'écrit Herbert McCabe, « l'éthique n'a qu'un seul objet : faire ce que vous souhaitez, c'est-à-dire être libre. La plupart des difficultés naissent de la difficulté à savoir ce que nous souhaitons[2] ». Les dix commandements ne sont pas une contrainte extérieure limitant notre liberté. Ils nous disent qui nous sommes. Si je me sens subitement l'envie de tuer mon prieur, le « Tu ne tueras point » me rappelle que je suis son frère et que je n'ai pas réellement envie de le tuer. J'aurais des remords si je le faisais. Le regret, c'est être désolé d'avoir fait ce qu'on a fait. Le remords, c'est se rendre compte qu'on n'avait pas vraiment envie de le faire. La spontanéité naît dans un cœur simple.

1. Hugo GRYN et Naomi GRYN, *Chasing Shadows*, Londres, 2000, p. 233.

2. *Law, Love and Language*, p. 61.

La spontanéité ne consiste pas à faire la première chose qui nous passe par la tête. Elle consiste à agir à partir de ce qu'il y a de plus profond en notre être, là où Dieu nous maintient en vie. Pensons à la totale spontanéité de Jésus. Il voit ses disciples sur la rive et les appelle. Ce n'est pas qu'il avait dans l'idée de se trouver des disciples et s'est demandé si ces hommes-là ne feraient pas des candidats convenables. De même, il voit le jeune homme riche et l'aime, sans hésiter. Il voit Zachée sur son arbre et, immédiatement, lui dit : « Zachée, descends vite, car il me faut aujourd'hui demeurer chez toi (Lc 19, 5). Souvent, Jésus agit vite. Dans *L'Évangile selon saint Matthieu* de Pasolini, Jésus est tout le temps affairé. Non pas qu'il soit pressé, mais il n'hésite pas avant d'agir. Quel contraste avec Judas ! On l'imagine hésitant, plein de confusion, à la dérive. Tandis que Jésus est tout entier dans chacun de ses actes, pleinement à ce qu'il fait. Jésus est pleinement dans son action, et le Christ en nous fait que ses actions sont nôtres : « Le juste ordonne la justice, accueille la grâce : pour que ses œuvres fassent grâce[1]. »

Pour nous, une spontanéité comme celle-là est le fruit d'un dur travail, d'une renaissance. Pensez au franciscain Maximilien Kolbe, à Auschwitz. Un jour de l'été 1941, trois prisonniers s'évadèrent du camp et la Gestapo décida de tuer dix prisonniers par manière de rétorsion. Alors que ceux-ci étaient alignés, le père Kolbe s'avança, en montra un du doigt, qui était marié et père de famille, et prit sa place. Kolbe fut exécuté. C'était le geste spontané de quelqu'un de profondément libre. Il avait fallu des années de petits gestes de générosité pour apprendre celui-là, avec des erreurs et des recommencements – les gammes de la spontanéité.

Donald Nicholl, alors directeur de l'Institut œcuménique de Tantur, racontait comment, alors qu'il courait, un jour,

1. « *The just man justices; keeps grace : that keeps all his goings graces.* » (Gerard Manley HOPKINS, « As kingfishers catch fire », *Complete Poems*, Oxford, 1948, p. 95 ; éd. fse, « Comme s'enflamme le martin-pêcheur », *Poèmes*, trad. par Bruno Gaurier, Sully-la-Tour, 2003).

près de Jérusalem, il croisa un groupe de jeunes travailleurs musulmans. Il passa auprès d'eux juste un instant mais l'un eut la réaction spontanée de saisir une grappe de raisin, en s'écriant « Vous devez avoir soif ». Nicholl donne ceci en exemple de « la vraie spontanéité caractéristique de gens assez saints pour ne pas réagir simplement de manière superficielle, mais pour répondre immédiatement avec le cœur, des profondeurs de leur être[1] ». Quand j'ai lu ces mots, je me suis rendu compte que, le matin même, j'avais fait exactement le contraire. Alors que j'étais dans l'église, pour ma méditation matinale, un vieil homme très sale s'est approché de moi et a tiré de sa poche un vieux biscuit poussiéreux, pour me le donner. J'étais si irrité d'être dérangé pendant ma prière que je lui ai immédiatement dit « Non, merci ! ». Il l'a alors offert à une sœur dominicaine, à côté de moi, qui l'a gracieusement accepté. J'ai eu profondément honte : il était venu avec son petit cadeau, et moi je l'avais refusé ! J'espérais qu'il reviendrait et me redonnerait une chance. Ce ne fut pas le cas.

On pense généralement, dans notre monde de consommation que, plus on a de choix, plus on est libres. Si on peut choisir une bière entre dix marques, on est plus libre que s'il n'y en avait que deux sortes. Mais si on a atteint cette autre liberté, plus profonde, qu'est la spontanéité, ce peut être juste le contraire. Il n'existe que quelques choix fondamentaux à faire, et il s'agit de devenir libre et heureux en Dieu. À la fin du compte, il n'y a qu'un seul objectif, qui façonne une vie et lui donne sa cohérence. Et l'on est alors amené à faire certains choix tout simplement parce qu'ils font partie de ce que l'on est. Pensons encore à Jésus. Rowan Williams montre excellemment que sa liberté la plus profonde était de ne pouvoir faire autre chose que la volonté de son Père. « Les sentiments peuvent être en émoi, le prix à payer peut être clairement évalué, il peut y avoir un mouvement de recul devant ce qui se prépare, mais jamais Jésus

1. *Holiness*, n. 14, p. 149.

n'est incertain. Et cela ne signifie pas que la difficulté d'une décision humaine lui soit épargnée face à ce risque terrible et à cette agonie, simplement ce qu'il est règle la question une fois pour toutes. Il est absolument libre d'être lui-même. En fait, il est impensable qu'il refuse cet appel – ce n'est possible que de manière abstraite, dans la mesure où comme tout être humain, il peut, dans l'abstrait, dire oui ou non à n'importe quoi. Mais cela ne diminue pas sa liberté ; au contraire, cela met en avant ce qui est la liberté la plus importante de toutes[1]. » Marc nous dit et nous redit que le Fils de l'homme doit aller à Jérusalem, où il doit souffrir et mourir. En faisant sienne cette nécessité, Jésus est suprêmement libre, car ce qu'il doit faire exprime ce qu'il est au plus profond de lui-même.

Pénétrer dans cette liberté qui est le don du Christ exige que nous nous libérions de toute fausse idée de Dieu. Nous devons détruire l'idole qui représente Dieu comme quelqu'un de fort, de puissant, généralement mâle, qui donne des ordres et nous dit ce que nous devons faire si nous voulons qu'il soit gentil avec nous. Il nous faut nous débarrasser de ce Dieu qui s'oppose à notre liberté et nous piège dans une soumission infantile. Combien de vies ont été gâchées par le culte rendu à cette idole étrangère ! Nous devons découvrir le Dieu qui est la source de cette liberté qui bouillonne tout au fond de nous, le Dieu qui nous donne d'exister à chaque instant.

Paul Murray, o. p., le dit bien, dans le poème intitulé « L'espace intermédiaire » :

Ce qui m'est arrivé
Fut une sorte de miracle
Comme être soudain capable
De respirer sous l'eau
La stupéfaction de se voir
Capable de croire, de nouveau

1. *Silence and Honey Cakes : the Wisdom of the Desert*, p. 55.

Et de trouver un espace
Pour respirer profondément
Un espace entre le mot « liberté »
et le mot « Dieu »[1].

C'est alors que nos actes nous appartiennent vraiment, totalement, sans aucune entrave extérieure ; nous pouvons faire ce que nous désirons le plus profondément et où nous trouvons le plus de plaisir, et qui est aussi le plus totalement l'action de Dieu car tout ce que je fais surgit de Dieu. Il n'y a pas de compétition.

La liberté de donner sa vie.

À la dernière Cène, Jésus accomplit l'acte le plus libre de toute l'histoire humaine. Il donne sa vie : « Ceci est mon corps, livré pour vous. » Il semble bien imprudent de se remettre entre les mains de ses disciples, ceux-là mêmes qui vont le trahir et le renier, avant de fuir. Cela ressemble même à la perte de la liberté. Les différents niveaux de liberté dont j'ai parlé forment comme le trajet d'un boomerang qui tourne autour de la liberté de choix et revient en arrière. Car la liberté de choix est la forme de liberté la plus évidente, le modèle que nous comprenons immédiatement. La spontanéité ressemble à une absence de choix : c'est la liberté de faire ce qu'il *faut* faire. « Et il commença de leur enseigner : "Le Fils de l'homme *doit* beaucoup souffrir, être rejeté par les anciens, les grands prêtres et les scribes, être tué et, après trois jours, ressusciter" » (Mc 8, 31). Mais sa plus totale liberté eucharistique, le don de son corps, nous ramène à Judas et à sa trahison qui est acceptée et assumée généreusement.

Comment pouvons-nous oser donner notre vie ? Ne va-t-elle pas être gâchée pour quelque cause idiote ou gaspillée comme si elle n'avait aucune valeur ? Et même l'Église, respecte-t-elle

1. *These Black Stars*, Dublin, 2003, p. 52.

toujours le don de nous-mêmes que nous lui faisons ? Le signe que ce don de nous-mêmes est libre est qu'il rende les autres libres. Est-ce qu'il édifie la communauté de ceux qui ont été libérés ? Jésus donne sa vie pour nous rendre libres : « C'est pour que nous restions libres que le Christ nous a libérés » (Ga 5, 1). La liberté n'est jamais seulement individuelle – celle du consommateur hésitant entre deux produits. La liberté est l'espace où nous pouvons éclore ensemble ; la liberté de la spontanéité est fondée sur la communion entre Dieu et l'humanité, sur laquelle repose notre existence. La liberté de donner notre vie aspire à la communion de toute l'humanité dans le Royaume.

James Mawdsley est un jeune homme tout à fait remarquable qui partit pour la Birmanie, afin de protester contre son gouvernement tyrannique. Il s'enchaîna à un bâtiment, à Rangoon, distribua des tracts et mit en marche un magnétophone où étaient enregistrés des messages contre le régime. Il fut emprisonné un bref moment, le temps que l'ambassadeur de Grande-Bretagne négocie sa libération avant de le remettre dans un avion pour qu'il rentre chez lui, en lui disant de ne pas faire l'idiot. Mais il est revenu, encore et encore, passant chaque fois plus longtemps en prison, à l'isolement. Il a écrit : « L'humanité est une. Nous ne pouvons avancer qu'ensemble ; nous ne pouvons laisser des parties de nous-mêmes en arrière. Personne n'est libre tant que tous ne sont pas libres[1]. »

Nelson Mandela est un homme qui a donné sa vie. Il a renoncé à une vie normale d'homme marié par amour pour son peuple. Personne ne peut être réellement libre si quelqu'un reste prisonnier. S'il voulait, lui, être libre, il fallait qu'il œuvre à la libération de tous les Sud-Africains, blancs et noirs. Il a écrit dans *The Long Walk to Freedom* (« La longue route vers la liberté ») : « De cette manière, mon engagement envers mon peuple, les millions de Sud-Africains

1. *The Heart Must Break. The Fight for Democracy and Truth in Burma*, Londres, 2001, p. 116.

que je ne connaîtrai et ne verrai jamais, se faisait aux dépens des gens que je connaissais le mieux et aimais le plus. C'était aussi simple et aussi incompréhensible que la question d'un enfant à son père : "Pourquoi est-ce que tu ne peux pas rester avec nous ?" Et le père doit répondre avec ces mots terribles : "Il y a d'autres enfants comme toi, un tas d'autres enfants..." et sa voix faiblit. J'ai découvert que je ne pouvais profiter de la pauvre liberté limitée qu'on m'octroyait tant que je savais que mon peuple n'était pas libre. La liberté ne se divise pas ; les chaînes d'un seul membre de mon peuple étaient les chaînes de tout mon peuple, et les chaînes de mon peuple étaient mes propres chaînes[1]. »

Cette sorte de liberté est coûteuse. Dietrich Bonhoeffer, le grand théologien luthérien qui fut pendu par les nazis, écrivait dans l'introduction à son *Éthique* : « La liberté ne réside pas dans les idées qu'on lance, mais dans l'action. Décidez-vous et sortez dans la tempête de la vie. Liberté, nous t'avons cherchée longtemps dans la discipline, en agissant et en souffrant. Maintenant que nous sommes à la mort, nous te connaissons et, enfin, nous te voyons en face[2]. » Se livrer entre les mains des autres suppose qu'on « sort[e] dans la tempête de la vie ». Cela suppose qu'on s'investisse dans les problèmes et les questions qui préoccupent nos contemporains et qu'on les accompagne dans leur lutte pour faire ce qui est bien. Cela revient à renoncer à la sécurité de l'arrière, à prendre le risque de patauger en eau profonde et de se sentir dépassé. C'est dangereux : à Bonhoeffer, cela a coûté la vie ; cela nous coûtera au minimum quelques nuits de sommeil. Si nous sommes libres, de cette liberté-là, les gens demanderont quel est son secret.

1. *Long Walk to Freedom*, Londres, 1994, p. 750.

2. *Ethics*, Eberhard BETHGEN (éd.), Londres, 1955 (trad. fse, *Éthique*, Genève, 1989).

3

Une mer paisible

La liberté montre à quoi sert le christianisme parce qu'elle révèle le but ultime de notre vie, qui est de partager l'indicible liberté de Dieu. La joie est une autre façon de montrer à quoi nous sommes destinés.

François de Bondy avait vingt et un ans et menait une vie plutôt dissolue quand il reçut la visite de son cousin Charles de Foucauld qui vivait au Sahara et se trouvait à Paris pour un bref séjour. Il explique comment sa vie en fut bouleversée. « Il est entré et la paix est entrée avec lui. La lueur qui brillait dans ses yeux et surtout ce sourire très humble s'étaient emparés de toute sa personne […] il émanait de lui une joie incroyable […]. J'avais goûté aux "plaisirs de la vie" et je pouvais espérer ne pas avoir à quitter la table avant quelque temps, mais je vis que toute la satisfaction que je pourrais en tirer était de bien peu de poids en regard du total bonheur de cet ascète ; je sentis alors surgir en moi un sentiment étrange, non d'envie mais de respect[1]. » Il est tout à fait normal d'être frappé par la joie qui se dégage de saintes gens. Je dois moi-même en grande partie ma vocation religieuse à la joie d'un grand-oncle bénédictin. Il avait été gravement blessé pendant la Première Guerre mondiale, qu'il

1. Fergus FLEMING, *The Sword and the Cross*, Londres, 2003, p. 235 s.

avait faite comme aumônier, mais il rayonnait d'un bonheur profond, sauf quand ma mère oubliait de lui verser son généreux whisky du soir.

Cela n'a rien à voir avec la morne résolution d'être heureux qu'on rencontre chez certains chrétiens qui pensent que sourire en tout temps est une obligation morale, parce que Jésus nous aime. C'est ce que Seamus Heany appelle « le sourire figé de celui qui a sa place retenue au Paradis[1] » ; rien n'est plus déprimant. C'est tout aussi peu convaincant que les instructions répétées avant le décollage de s'asseoir confortablement, de se détendre et de faire bon voyage. La joie des saints vient du fond d'eux-mêmes – en fait, elle est eux-mêmes.

Chaque culture a son idéal de bonheur. Il y a un proverbe chinois qui dit que pour être heureux une semaine, un homme doit prendre femme ; pour être heureux un mois, il doit tuer le cochon ; et pour être heureux toujours, il doit planter un jardin. Au XVIe siècle, un Français qui visitait l'Angleterre fut frappé par la qualité de sa cuisine, notamment par notre pudding. Les moments de réjouissances et de festivités particulières étaient appelés des « temps de pudding » ! Est-ce que le christianisme promet un bonheur particulier ?

Il y a, dans le christianisme d'aujourd'hui, tout une tendance qui rejetterait sans hésiter une telle idée. Dans son livre immensément influent, *Agape and Eros*[2], Anders Nygren affirme qu'au cœur du christianisme, il y a agapè – un amour désintéressé qui ne cherche aucune récompense : Jésus nous commande d'aimer notre prochain pour lui-même, sans rien en retirer. C'est l'opposé d'éros, qui est égoïste, possessif, et aime pour l'avantage qu'il en tire. Ce serait trahir la religion, dit Nygren, que de croire qu'elle a pour objectif de nous rendre heureux ; notre religion serait utilitaire et tournée vers elle-même. Hilary Armstrong, qui est

1. *The Redress of Poetry*, New York, 1995, p. 153.
2. *Agape and Eros*, trad. par Philip S. Watson, Londres, 1982.

membre du gouvernement travailliste et chrétienne convaincue, affirme que « nous n'avons pas été mis sur terre pour nous amuser ». Et il y a certaines traditions chrétiennes qui semblent faire du malheur une vertu. H. L. Mencken, l'éditeur de presse américain, définit le puritanisme comme « la crainte obstinée que quelqu'un, quelque part, soit heureux[1] ».

Un Père du désert, irrité de voir passer un groupe de jeunes gens qui plaisantaient et riaient, leur cria : « Le jugement dernier nous attend, et vous, vous riez ! » Mais pendant les quinze premiers siècles de son existence, le christianisme dans son ensemble était convaincu que le bonheur était la première raison d'être du chrétien – ou d'ailleurs de n'importe qui. Saint Augustin[2] pensait que la *delectatio*, le plaisir, était le ressort fondamental de toute action humaine ; « Car nous devons accomplir nos actions en accord avec ce qui nous apporte le plus de plaisir », disait-il. « Qui peut consciemment entreprendre quelque chose qui ne lui apporte aucun plaisir ? » Le mouvement profond de notre vie nous entraîne vers la « joie pure ». Toute la vie morale est une marche vers la liberté et le bonheur.

Pour saint Thomas, le bonheur n'est pas une émotion que nous devrions entretenir mais une activité, la pleine réalisation de notre être. C'est « être à fond[3] » ; ce n'est pas plus égoïste que d'être pleinement vivant, ou que, pour un oiseau, de voler, ou pour un poisson, de nager. D. H. Lawrence se réjouit de voir un lézard pleinement lézard : « Le juste mouvement d'une mâchoire, le battement d'une queue. Ah si seulement les hommes étaient aussi hommes que les lézards sont lézards, cela vaudrait la peine de les regarder[4] ! »

1. Diarmaid MacCulloch, *Reformation : Europe's House Divided, 1490-1700*, p. 600.

2. Citations tirées de V. J. Bourke, *Joy in Augustine Ethics*, Villanova, 1979, p. 145.

3. Herbert McCabe, *The Good Life*, Londres, 2005, p. 50.

4. *The Rattle Bag*, Seamus Heany et Ted Hughes (éd.), Londres, 1982, p. 248.

Nous sommes pleinement nous-mêmes lorsque nous sommes heureux. Mais, à la différence des lézards, notre bonheur ne se trouve pas en restant en nous-mêmes ; il nous fait nous ouvrir à l'amour des autres : c'est en étant tournés vers l'extérieur que nous nous épanouissons. Tout au fond, notre bonheur réside en ce que nous pouvons seulement recevoir comme un don, la vie même de Dieu. Nous sommes faits pour ce qui nous est plus que naturel ; les êtres humains sont faits pour ne s'épanouir qu'en recevant un bonheur qui est au-delà de notre nature. Rechercher le bonheur n'est pas de l'égoïsme, mais cela vous transforme. Thomas a raison d'affirmer que nous ne pouvons pas vouloir le malheur[1], mais que nous pouvons nous détourner de l'immense bonheur auquel nous sommes appelés, car il suppose la mort et la résurrection, ce qui est effrayant.

Le christianisme, c'est la bonne nouvelle que Dieu nous a créés pour le bonheur et, en fin de compte, pour le bonheur qui est que Dieu soit Dieu ; mais nous ne pouvons en être des témoins crédibles si nous, chrétiens, sommes misérables et complexés. On connaît la parole de Nietzsche qui voulait que les disciples du Christ « aient l'air plus sauvés[2] ». Autrement, nous ne serons pas plus convaincants qu'un molasson suggérant le sport pour rester en forme.

Dans *The Glass Palace*[3], Amitav Ghosh décrit quelqu'un qui va écouter Aung San Suu Kyi s'adresser à la foule. Elle est le chef de l'opposition au gouvernement de Birmanie et a passé de nombreuses années assignée à résidence chez elle : « Aung San Suu Kyi salua la foule d'un geste et se mit à parler. Elle parlait en birman et Jaya ne comprenait pas ce qu'elle disait. Mais la façon de parler était absolument différente de tout ce qu'elle avait jamais entendu : elle riait souvent et il se dégageait d'elle une sorte de courant

1. *Somme théologique*, Ia IIæ, 13, 6.

2. Cité par Paul MURRAY, o. p., « Dominicans and Happiness », *Dominican Ashram*, septembre 2000, p. 120-142.

3. Londres, 2001, p. 542.

électrique. Le rire est son charisme propre, songea Jaya, qui entendait des échos de ce rire dans la foule qui l'entourait. En dépit des membres des forces secrètes omniprésents, l'atmosphère n'était pas lourde ni assombrie par la peur ; il y avait une bonne humeur qui semblait en contradiction avec la ville morte, un peu plus loin. Jaya comprenait que tant de gens aient mis tout leur espoir en Aung San Suu Kyi ; elle savait qu'elle-même aurait été prête à faire tout ce que cette femme pourrait lui demander : il était impossible de l'entendre sans en tomber à moitié amoureux. »

Cela nous fait entr'apercevoir ce qu'était l'autorité de Jésus. Il prononçait des paroles qui avaient de l'autorité, à la différence des scribes et des pharisiens, et cette autorité était certainement sa joie indicible dans le Père. C'est la joie nécessaire du prédicateur : il ne peut y avoir d'annonce de la bonne nouvelle si celle-ci ne naît pas de la joie. Tous les témoins s'accordent pour dire que saint Dominique et les premiers frères étaient démesurément heureux. On raconte qu'une fois, un groupe de novices fut pris de fou rire pendant l'office de complies ; un frère plus ancien les réprimanda, mais Jourdain de Saxe, le successeur de saint Dominique, le remit à sa place et dit aux novices : « Riez tant que vous voudrez, et ne vous arrêtez pas à cause de cet homme. Vous avez mon entière permission ; il est juste que vous riiez après avoir brisé l'emprise du diable [...]. Continuez donc à rire et soyez aussi joyeux que vous le voulez[1]. »

Comment l'Église pourra-t-elle être le berceau d'une telle joie ? La célébration de la Pâque était pleine de la joie de la libération de l'esclavage en Égypte. Cette nuit-là, Jésus a rassemblé ses disciples pour célébrer la joie, plus grande encore, de la libération de tout ce qui opprime l'humanité. On peut penser qu'il aurait obéi à la tradition et conclu le repas en chantant les psaumes du *Hallel*, nos psaumes 114 à 118 qui célèbrent notre liberté : « Rendez grâces au

1. *Vitae Fratrum* III, 42, cité par S. TUGWELL, o. p., *The Way of the Preacher*, Londres, 1979, p. 62.

Seigneur car il est bon, car éternel est son amour ! » Et pourtant la joie n'a pas pu être sans mélange ; il avait annoncé : « l'un de vous me trahira » et tous savaient que le moment fatidique approchait. C'est peut-être justement un moment de joie suprême, parce que c'est à ce moment que Jésus assume et fait siennes toutes nos souffrances, toute notre désolation et notre misère. C'est pourquoi le jeudi saint est le jour doux-amer entre tous dans le calendrier chrétien.

La dernière Cène est le nœud de l'histoire, quand Jésus commence sa marche vers le Père. Comme le dit Jean, au début de son récit de cette dernière soirée, « Jésus, sachant que son heure était venue de passer de ce monde vers le Père, ayant aimé les siens qui étaient dans le monde, les aima jusqu'à la fin » (13, 1). Être joyeux signifie nous trouver à l'intérieur de toute l'histoire qui va de la naissance à la mort et à la résurrection. Nous appartenons à cette histoire, car c'est la nôtre et elle nous emporte, par-delà les complications, la souffrance et la mort, vers la résurrection.

Dans *Old School*[1], Tobias Wolf nous raconte l'histoire d'un jeune homme qui gagne un prix pour une nouvelle qu'il n'a pas écrite : il l'a reprise d'un magazine ; il est découvert et le scandale éclate. Cependant, on n'a pas l'impression qu'il ait fait quoi que ce soit de mal : l'histoire est si exactement *son* histoire – une histoire qui donne un sens à sa vie, à tout ce qu'il est et veut être – que, bien sûr, elle lui appartient. De la même manière, nous, les chrétiens, nous nous retrouvons dans une histoire qui parle de quelqu'un d'autre. C'est notre récit ; nous sommes morts et nous avons ressuscité avec le Christ.

Chaque année, nous rejouons cette histoire dans notre marche de l'avent à la Pentecôte. Notre joie, c'est en partie de nous laisser porter par cette histoire, sachant qu'elle nous entraîne vers la béatitude finale, quand nous verrons Dieu face à face. Aujourd'hui, nous sommes peut-être tristes et insatisfaits, mais nous pouvons déjà nous réjouir en entre-

1. New York, 2003.

voyant le terme. Comme le disait Augustin : « Chantons Alléluia ici-bas, tandis que nous sommes dans l'inquiétude, de sorte que nous le chantions un jour, là-haut, libérés de tout souci [...]. Chantons Alléluia, non dans le plaisir du repos céleste, mais pour adoucir notre labeur. Chantons comme le font les voyageurs sur le chemin, en continuant à marcher. [...] Chantons – et continuons à marcher[1]. » C'est un peu comme quand on fait de la marche dans la région des lacs : gelé, fatigué et trempé jusqu'aux os, on peut déjà se réjouir en pensant d'avance au bain chaud et à la bonne bière qui vous attend. En réalité, c'est plus que cela, car la vie éternelle nous a déjà atteints. Trois jours avant de ressusciter, le Christ dit au bon larron : « Aujourd'hui, tu seras avec moi dans le Paradis. »

J. R. R. Tolkien justifie ce qu'il définit comme « la consolation de ce qui finit bien ». Ce n'est pas pour fermer les yeux sur la peine et la souffrance actuelles, « c'est le refus (malgré bien des signes contraires, je vous l'accorde) de l'échec universel ultime et dans cette mesure, c'est un *evangelium*, qui donne un avant-goût de joie, une joie hors de ce monde, aussi poignante qu'une souffrance [...]. La qualité particulière de la "joie", dans une œuvre d'imagination réussie, est qu'elle permet d'entrevoir tout d'un coup l'arrière-fond de réalité ou de vérité[2]. » Le triomphe final de la joie sur la souffrance est une vérité fondamentale de notre foi. Les évangiles nous offrent des récits qui nous entraînent en avant, et en vivant à leur rythme, nous découvrons que nous sommes faits pour le bonheur.

Quelques moments clés dans l'évangile de Marc nous aideront à montrer comment le fait de vivre dans l'histoire de Jésus peut nous rendre aptes au bonheur. La majorité des exégètes s'accordent pour dire que l'évangile de Marc est le plus ancien, remontant au début des années 70. Il est né en

1. Sermon 256.
2. « On fairy stories », dans *The Tolkien Reader*, New York, 1966, p. 70.

pleine crise, alors que les chrétiens de Rome perdaient espoir après le martyre de Pierre et de Paul et en voyant tant de chrétiens trahir leurs frères. L'histoire qu'il raconte assume la souffrance de ces premiers chrétiens et les entraîne au-delà. Il sort du creuset de cette deuxième perte d'un avenir, alors qu'on attendait en vain le retour glorieux de Jésus. Si donc nous pouvons entrer dans la dynamique de ce récit, il n'est pas de souffrance ou de peine qui ne puisse être assumée et transcendée.

Baptême.

« Et il advint qu'en ces jours-là Jésus vint de Nazareth de Galilée, et il fut baptisé dans le Jourdain par Jean. Et aussitôt, remontant de l'eau, il vit les cieux se déchirer et l'Esprit comme une colombe descendre vers lui, et une voix vint des cieux : "Tu es mon Fils bien-aimé, tu as toute ma faveur" » (Mc 1, 9-11).

L'histoire commence avec le plaisir que le Père prend dans le Fils. Ce plaisir est l'Esprit saint. Maître Eckhart, ce dominicain allemand du XIVe siècle, disait : « Le Père rit au Fils et le Fils rit au Père et le rire fait naître le plaisir, et le plaisir fait naître la joie et la joie fait naître l'amour[1]. » Et il compare la joie divine à l'exubérance d'un cheval au galop, gambadant dans la campagne. L'Évangile raconte l'histoire de notre retour à la maison avec cette joie.

Parmi les images que sainte Catherine utilisait pour parler du Christ, il y a celle du « lit sur lequel nous pouvons nous reposer[2] ». En 1375, elle se rendit à Pise et prit un bateau pour l'île de Gorgone[3] ; c'était la première fois qu'elle voyait la mer. Elle écrivit à un ami dominicain, le père Bartolomeo, qu'enfin, elle avait une idée de ce que cela signifiait de dire

1. Sermon 18, cité par P. MURRAY, *ibid.*, p. 132.

2. Mary O'DRISCOLL, o. p., *St Catherine of Siena : Passion for the Truth, Compassion for Humanity*, New York, 1993, p. 33.

3. Giuliana CAVALLINI, o. p., *Catherine of Siena*, Londres, 1998, p. 29.

que Dieu est amour : l'amour de Dieu est une vaste mer dans laquelle nous flottons ; et son image favorite pour parler de Dieu devint « la mer paisible », une sorte de Jacuzzi divin. L'histoire que raconte l'Évangile nous entraîne vers cette mer paisible.

La joie n'est pas une émotion de Dieu, une sorte de sentiment divin sublime. C'est l'être de Dieu. C'est le « Je suis » du Buisson ardent que Moïse a rencontré dans le désert. Pour Thomas d'Aquin, bonheur était l'un des noms de Dieu[1]. Comme ce plaisir est l'être même de Dieu, nous ne savons pas le définir ni ne pouvons le comprendre car, comme le dit Thomas, nous ne pouvons comprendre ce que c'est pour Dieu que d'être Dieu. Ainsi, être touché par la joie de Dieu, c'est être habité par quelque chose d'indéfinissable – ce que G. K. Chesterton appelait l'immense secret du christianisme : « Il y avait quelque chose que Jésus a caché à tous quand il s'en allait prier en haut d'une montagne. Il y avait quelque chose qu'Il recouvrait toujours d'un silence abrupt ou qu'il taisait en s'isolant tout à coup. Il y avait quelque chose qui était trop immense pour que Dieu le révèle, alors qu'il foulait notre terre ; je me suis parfois plu à penser que c'était Son rire[2]. »

Jésus ne peut décrire cette joie, il peut seulement l'incarner ; il était cette joie faite chair. Au musée d'Israël, à Jérusalem, on peut voir un petit bout de cuir, vieux de deux mille cinq cents ans[3]. Il porte le plus ancien morceau de texte biblique, écrit dans une écriture hébraïque déjà dépassée à l'époque de Jésus. Ce sont les mots par lesquels Aaron a béni le peuple d'Israël : « Que le Seigneur te bénisse et te garde ! Que le Seigneur fasse pour toi rayonner son visage et te fasse grâce ! Que le Seigneur te découvre sa face et t'apporte la paix » (Nb 6, 24-26). Adam et Ève

1. *Somme théologique*, 1, 26.
2. Ce sont les derniers mots d'*Orthodoxy* (Londres, 1999).
3. Jonathan SAKS, *Celebrating Life : Finding Happiness in Unexpected Places*, Londres, 2000, p. 148.

se sont enfuis, pleins de honte, loin de ce sourire. Le retour à la maison commence lorsque « Noé trouva grâce aux yeux du Seigneur » (Gn 6, 8). Ce sourire s'est fait chair et sang avec le visage de Jésus. Nous non plus ne pouvons parler de façon convaincante de la joie qu'est Dieu, mais elle pourrait pénétrer notre vie, s'incarner dans notre visage.

« Quelle est la femme qui, si elle a dix drachmes et vient à en perdre une, n'allume une lampe, ne balaie la maison et ne cherche avec soin, jusqu'à ce qu'elle l'ait retrouvée ? Et quand elle l'a retrouvée, elle assemble amies et voisines et leur dit : "Réjouissez-vous avec moi, car je l'ai retrouvée, la drachme que j'avais perdue !" » (Lc 15, 8-9).

L'Église a pour rôle de réunir les gens, pour qu'ils puissent se réjouir ensemble. Comme l'écrit Herbert McCabe, « nous exprimons notre joie par des signes extérieurs, en dansant, en chantant, en riant. Nous crions de joie, nous nous étreignons, ou nous gambadons. La façon dont nous exprimons que nous sommes heureux dépend, bien sûr, du pays où nous vivons et des coutumes et traditions locales. Dans certains coins d'Afrique, on l'exprime par des danses compliquées, hautement formalisées. Dans certaines banlieues anglaises, je crois que cela se fait par un léger mouvement de la lèvre supérieure[1] ». Peut-être que, si tant de jeunes ont la foi mais ne veulent appartenir à aucune Église, c'est parce qu'ils ne trouvent pas cette joie commune au cœur de nos célébrations chrétiennes ; ou quand ils la trouvent, souvent, elle est forcée, sonne creux et devient plutôt gênante. Cette joie ne peut être une simple sensation intérieure, purement mentale, elle doit s'extérioriser, même pour un Anglais. Raymond Lulle, mystique catalan du XIIIe siècle, écrivait : « Seigneur, tu m'as mis une immense joie au cœur, étends-la, je t'en prie, à tout mon corps, pour que mon visage, mon cœur, mes lèvres, mes mains et tous mes membres ressentent ta joie. La mer n'est pas aussi remplie d'eau que je le suis de joie. »

1. *God, Christ and Us*, Londres, 2004, p. 109.

Un soir, à Jérusalem, alors que je marchais dans les rues de la vieille ville, je passai devant une porte ouverte. À l'intérieur, des juifs hassidiques dansaient de manière échevelée. Je voyais leur foi, faite chair et sang, dans l'expression de leur bonheur. J'ai vu un bonheur de cette sorte dans des églises en Afrique, où personne ne regarde sa montre pour voir combien de temps il va encore falloir rester. J'ai affirmé qu'il nous faut trouver une musique nouvelle pour exprimer notre espérance ; elle devra aussi exprimer une joie qui dépasse les mots. Récemment, je me suis trouvé aux Philippines, pour une rencontre des sœurs et des frères chargés de la formation de ceux qui entrent dans l'Ordre en Asie. Un soir, les dominicains indiens et pakistanais ont organisé une soirée où l'on devait manger avec eux, boire et danser. Ce fut exubérant. Mais le plus grand moment fut une vidéo d'un chanteur soufi accompagné de ses disciples. Il était peu séduisant, avec une silhouette androgyne épaisse, mais quand il se fut mis à chanter, nous avons tous été muets d'admiration : il y avait là quelqu'un qui s'efforçait d'exprimer une joie au-delà des mots, une joie au-delà du plaisir et de la peine.

Cela m'a fait penser au chant dans la jubilation dont parle saint Augustin : « Qu'est-ce donc que chanter dans la jubilation ? C'est comprendre que les paroles ne sauraient exprimer ce que chante le cœur. En effet, ceux qui chantent, soit pendant la moisson, soit pendant la vendange, soit pendant un autre travail qui les anime, après avoir commencé par faire éclater leur joie dans les paroles de leurs chansons, tout à coup, se trouvent comme tellement remplis par l'excès de cette joie, qu'ils ne peuvent plus l'exprimer par des paroles ; ils ne prononcent plus ni mots ni syllabes, et ils s'épanchent en cris inarticulés de jubilation. Ces sons de jubilation signifient que le cœur produit des sentiments que la parole ne peut exprimer. Et envers qui, mieux qu'envers le Dieu ineffable, convient la jubilation[1] ? »

1. SAINT AUGUSTIN, Deuxième discours sur Ps 32, 1, 8 ; *Œuvres complètes*, Vivès (éd.), t. XII, Paris, 1870.

L'évangile de Marc commence donc par la fin du voyage, le plaisir que le Père trouve dans le Fils. L'Évangile, c'est l'histoire de la façon dont nous pouvons trouver notre place dans ce plaisir de l'un par l'autre. Après son baptême, Jésus part droit au désert, pour lutter contre Satan, celui qui cherche à nous enfermer dans son malheur. C'est alors que commencent les célébrations.

Célébration.

« Alors qu'il était à table dans sa maison, beaucoup de publicains et de pécheurs se trouvaient à table avec Jésus et ses disciples : car il y en avait beaucoup qui le suivaient. Les scribes des pharisiens, le voyant manger avec les pécheurs et les publicains, disaient à ses disciples : "Quoi ? Il mange avec les publicains et les pécheurs ?" Jésus, qui avait entendu, leur dit : "Ce ne sont pas les gens bien portants qui ont besoin de médecin, mais les malades. Je ne suis pas venu appeler les justes mais les pécheurs." Les disciples de Jean et les pharisiens étaient en train de jeûner et on vint lui dire : "Pourquoi les disciples de Jean et les disciples des pharisiens jeûnent-ils et tes disciples ne jeûnent-ils pas ? "Jésus leur dit : "Les compagnons de l'époux peuvent-ils jeûner pendant que l'époux est avec eux ?" » (Mc 2, 15-19).

Dans tous les évangiles, nous entrons dans la joie qui est Dieu en commençant par une célébration, en mangeant et en buvant. Dans l'évangile de Matthieu, Jésus est accusé d'être « un glouton et un ivrogne » (11, 19). Il scandalise en faisant la fête. Dans l'évangile de Jean, le premier signe qu'accomplit Jésus est de changer l'eau en vin, à Cana. Comme l'a écrit Dostoïevski, « ce n'est pas à la peine des gens que le Christ a rendu visite, mais à leur joie. Il a fait son premier miracle pour venir au secours du bonheur humain[1] ». Il ne

1. *The Brothers Karamazov*, trad. par A. H. Mac Andrew, New York, 1972, p. 436 ; voir en édition française, *Les Frères Karamazov*, trad. Henri Mongault, Lucie Desormonts, Boris de Schloezer et Sylvie Luneau, Paris, 1994.

faisait pas cela par devoir, comme les hommes politiques qui embrassent les bébés ; il avait plaisir à être en compagnie de pécheurs. Ce n'était pas un « amour » de commande ; il aimait être avec eux.

Paul Murray, o. p., a souligné que les premiers dominicains trouvaient souvent des occasions de célébrations. Ce n'est pas un hasard si le lieu de naissance de l'ordre des Prêcheurs est un pub, où Dominique passait toute la nuit à discuter avec le patron. On parle étonnamment souvent de vin, autant en racontant leur vie qu'à titre de métaphore toute naturelle de l'Évangile[1]. L'image d'un Dominique, ascète forcené, sort de la mythologie anticatholique ; elle est aussi fausse que la description de Jésus par Swinburne comme le « Galiléen pâle ». Un jour, Dominique arriva tard dans un couvent de sœurs et la cloche les appela toutes à venir le rencontrer. « Quand il eut fini de parler, il leur dit : "Mes filles, ce serait bien d'avoir quelque chose à boire" [...]. Il demanda au frère Roger, le cellérier, d'apporter du vin et une coupe [...]. Il la bénit et y but lui-même [...]. Quand les frères eurent tous bu, saint Dominique dit : "je veux que toutes mes filles aient à boire", alors toutes les sœurs y burent [...] et elles en eurent autant qu'elles voulaient, encouragées par saint Dominique qui disait "Buvez, mes filles". Il y avait alors 104 sœurs, et toutes eurent à boire autant de vin qu'elles voulaient[2]. » Quelques-uns des premiers frères montrèrent pour l'exemple de leur fondateur un enthousiasme exagéré et, en 1251, la province romaine décréta que les frères devraient dire complies de nouveau, après avoir bu du vin, au cours de la soirée[3].

Boire du vin jusqu'à l'ivresse était la métaphore la plus évidente de la joie de l'Évangile et les dominicains s'y

1. *A Drink called Happiness : The New Wine of Dominican Spirituality*, Londres, Continuum, 2005. J'y ai trouvé bon nombre de textes que je cite ici.

2. Simon TUGWELL, o. p., *Early Dominicans*, New York, 1982 p. 391.

3. S. TUGWELL, *The Way of the Preacher*, p. 57.

sentaient attirés. Murray écrit : « Parce que cela correspondait si bien à leur sens de l'Évangile. Leur spiritualité n'était pas quelque chose de tendu ou d'introverti ou de préoccupé de soi-même, mais elle était joyeuse et extravertie. Ainsi l'image d'un groupe d'amis ou de compagnons buvant ensemble ne pouvait que les satisfaire. Le vin ou la boisson est une image de la bonté de la vie, de sa douceur. Quand saint Dominique était encore vivant, bien des ascètes de son époque – et je pense particulièrement aux Albigeois – regardaient cela comme ils regardaient la nourriture et le sexe, c'est-à-dire comme quelque chose de mauvais. Mais saint Dominique, avec sa façon de comprendre en profondeur la bonté de toute la création, l'acceptait comme un bienfait. »

Et Jourdain, son successeur, était particulièrement attiré par l'image du vin. Il écrit qu'à la fête des noces de l'agneau « celui-ci donnera du vin doux à ceux dont l'âme, assoiffée d'amour, souffre d'amertume ; il essuiera l'eau de cette vie triste et insipide et la remplacera par un vin capiteux et saint, ce vin noble, ce vin qui réjouit le cœur de l'homme, ce vin dont la douceur enivre les bien-aimés de Dieu, je veux dire le vin de la vie éternelle : le vin précieux, le vin nouveau que le Fils de Dieu a béni pour toujours et qu'il verse à profusion pour ses élus, à la table dressée dans les cieux[1] ». Ce n'était d'ailleurs pas seulement les frères qui parlaient ainsi : sainte Catherine de Sienne use fréquemment de la métaphore de l'ivresse pour dire qu'on participe à la joie de Dieu. Dans une lettre au père Bartolomeo, elle écrit : « Comporte-toi comme quelqu'un qui boit beaucoup, qui s'enivre et se perd, et ne se voit plus lui-même[2]. » Et aussi : « Comportons-nous comme l'ivrogne qui ne pense plus à

1. Lettre 35, trad. Kathleen Pound, *Love Among the Saints*, Londres, 1958, p. 17.

2. Lettre 208 dans *Lettere di santa Caterina da Siena*, vol. III, P. Misciattelli (éd.), Florence, 1940, p. 212.

lui-même mais seulement au vin qu'il a bu et au vin qu'il lui reste à boire[1]. »

Pour Jésus, les célébrations étaient plus que de simples occasions festives ; elles exprimaient le plaisir qu'il prenait à l'existence des autres. Si la joie est l'être de Dieu, elle prend corps en Jésus, dans le plaisir qu'il tire de ceux à qui Dieu a donné d'exister. Lulle disait qu'il tire sa joie de l'existence de Dieu et de sa propre existence. L'Église ne peut rien dire de la moralité si ceux à qui elle parle n'ont pas une idée du plaisir que prend Dieu à leur existence. Les gens viennent souvent à nous, portant de lourds fardeaux, avec une vie menée en dehors des règles de l'Église à cause d'histoires compliquées. Nous n'avons rien à leur dire tant qu'ils n'ont pas compris que Dieu se réjouit de ce qu'ils existent, que c'est pour cela qu'ils existent. Jésus est l'incarnation du plaisir que Dieu prend en nous, en tout ce que nous sommes, corps, esprit et âme. Dans le film *Les Chariots de feu*, qui raconte l'histoire de deux coureurs qui s'entraînent pour les jeux Olympiques, Eric Liddell, presbytérien écossais, dit : « Dieu m'a fait rapide et, quand je cours, j'ai conscience qu'il se réjouit de ma vitesse. »

Dans son roman, *Gilead*[2], Marilynne Robinson décrit un vieux pasteur protestant proche de la mort, qui écrit à son fils de sept ans tout ce qu'il ne pourra pas lui dire plus tard. Il fait remarquer qu'on nous commande d'honorer nos parents, mais qu'il ne devrait pas être utile de préciser aux parents qu'ils doivent honorer leurs enfants ; c'est le réflexe profond de tout parent. Ils se réjouissent de notre existence, comme le fait Dieu. Le vieux prédicateur se complaît dans la personne de son jeune fils. « Il y a un reflet au soleil dans les cheveux d'un enfant ; on y voit les couleurs de l'arc-en-ciel, des petits rayons de la même couleur que les perles de rosée. On peut les voir quelquefois sur les pétales des fleurs, comme sur la peau d'un enfant. Tes cheveux sont

1. Lettre 29, *ibid.*, p. 108.
2. New York, 2004, voir p. 52, p. 136 et p. 237.

bruns et raides et ta peau très blanche. Tu n'es sans doute pas plus beau que n'importe quel enfant. Tu es juste un enfant bien portant, un peu mince, propre et bien élevé. Tout cela est très bien, mais c'est d'abord parce que tu existes que je t'aime. » Et, à propos de la mère : « Elle a veillé presque sur chaque instant de ta vie, et elle t'aime à la manière de Dieu, sans réserve. C'est donc cela honorer son enfant, tu vois comme c'est conforme à Dieu que d'aimer l'*être* de quelqu'un. Nous sommes heureux que tu *existes* [...]. Jamais je ne pourrai assez rendre grâce à Dieu pour la splendeur qu'il a cachée au monde entier – à l'exception de ta mère, bien sûr – et qu'il m'a révélée dans ton visage merveilleusement ordinaire. »

Avant l'élection du présent maître de l'Ordre, il y a eu, comme toujours, un service de réconciliation pour tous les frères qui allaient voter. Des frères se tenaient tout autour de la chapelle pour entendre les confessions en différentes langues. L'un d'eux était un jeune Argentin, connu pour la largeur de son sourire. J'ai observé les frères qui venaient se confesser à lui, l'air souvent contrit, abattu et hésitant ; et j'ai vu qu'ils repartaient avec le sourire. Son sourire transformait leur visage.

Se réjouir est autre chose qu'approuver. Le Père n'approuve pas le Fils, pas plus que le Fils n'approuve le Père. La Trinité n'est pas une société d'admiration mutuelle. L'approbation suppose qu'il y a un supérieur ; pour être approuvé, on peut être tenté de mettre un masque et de prétendre qu'on est tel que l'on mérite l'approbation du supérieur. Dans *Le Roi Lear*, Gonerille et Régane recherchent l'approbation de leur père pour obtenir le pouvoir. Cordelia refuse obstinément de dire ce que voudrait son père, et ne dit que ce qu'elle pense. Finalement, c'est avec elle qu'il est heureux.

Toutes les institutions humaines ont des systèmes d'approbation ; des signaux subtils indiquent qui y a droit et qui n'y a pas droit. Les gens apprennent à se montrer de telle manière qu'ils pourront gagner des faveurs. Cela se passe ainsi dans l'Église, ce qui n'est pas étonnant puisqu'elle aussi, bien sûr, est une institution humaine. Donald Cozzens, qui a longtemps dirigé un séminaire à Cleveland, affirme dans *The Changing Face of the Priesthood*[1], qu'il y a ce qu'il appelle un « complexe d'Œdipe presbytéral », c'est-à-dire que les prêtres développent une profonde dépendance par rapport aux signes d'approbation, surtout de la part de leur évêque. Quand Yves Congar était soumis à l'enquête du Saint-Office, il ressentait cette insistance pour qu'on dise ce qui ferait bon effet. Il écrit à sa mère, en 1956, que « les causes [des mesures prises contre moi], on ne me les a jamais dites, mais je crois les connaître [...]. Ce n'est pas ce que j'ai pu dire de faux (à leurs yeux) qui m'a fait mal voir, c'est d'avoir dit des choses qu'ils n'aiment pas qu'on dise[2] ». J'ai peut-être moi-même utilisé ce genre de pression, quand j'étais maître de l'Ordre. L'un de mes prédécesseurs était connu pour être capable d'encourager ou d'écraser un frère d'un simple regard. Quand on voulait le voir, on demandait un bulletin météo au secrétaire général : « On prévoit des orages dans la matinée, mais on peut espérer des éclaircies l'après-midi, après la sieste. »

Le mécanisme de l'approbation nous enseigne à dissimuler, tandis que le plaisir nous invite à nous montrer ouvertement tels que nous sommes. À la fin de *King Lear*, Lear et Cordelia vivent en paix ensemble et peuvent se moquer de ce genre de choses :

> [...] ainsi vivrons-nous, priant, chantant, contant de vieilles histoires, riant aux papillons dorés, écoutant de pauvres diables parler des nouvelles de la cour ; et nous débattrons avec eux qui perd et qui gagne, qui est en haut et qui en bas ; nous nous arrogerons le mystère des choses comme si nous étions les espions

1. *The Changing Face of the Priesthood : Reflections on the Priest's Crisis of Soul*, Collegeville, 2000, voir le chap. IV : « Facing the Unconscious ».

2. *Journal d'un théologien, 1946-1956*, Paris, 2000, p. 425.

de Dieu ; et nous épuiserons dans les murs d'une geôle ces ligues et ces factions des grands qui fluent et refluent avec la lune[1].

De même les histoires des évangiles nous font-elles aller au-delà des tentations et des séductions de l'approbation, accordée ou refusée par les pharisiens, jusqu'à ce plaisir que la Trinité trouve en elle-même et qui est la vie de Dieu et notre demeure. Nous oublions tout souci de promotion, de tendance ou de mode. L'Église sera le lieu qui nous forme à la vie dans la Trinité, dans la mesure où nous y rencontrerons ce plaisir libérateur.

Le regard de Jésus n'est pas simplement une vague et chaleureuse mais aveugle bienveillance. Il voit les gens tels qu'ils sont. Être regardé par Jésus est une expérience de vérité. En témoigne, la Samaritaine au puits : « Il m'a dit tout ce que j'ai fait » (Jn 4, 39). Pour saint Augustin, le bonheur est *« gaudium de veritate*[2] », « joie née de la vérité ». Le plaisir que Jésus trouve en nous n'est pas une vaine affirmation ; c'est la joie douloureuse que nous ressentons à être dépouillés de toute prétention, à nous avancer en pleine lumière. En présence de ce visage, nous découvrons qui nous sommes, le regard de Jésus nous dépouille de nos masques et nous arrache le visage trompeur que nous présentons au monde.

Cyprien disait aux femmes de Carthage qu'elles ne devraient pas se maquiller, car Dieu pourrait ne pas les reconnaître quand elles viendraient demander qu'on les fasse entrer au Ciel. Le regard de Jésus nous dépouille de tout maquillage ! Il y a un splendide poème de John Donne dans lequel il chevauche vers l'ouest, le dos tourné au soleil levant qu'il compare au visage du Seigneur ressuscité. La conversion, c'est d'oser se retourner et faire face à Jésus, c'est

1. W. SHAKESPEARE, *Le Roi Lear*, acte V, scène 3, trad. Pierre Leyris et Elizabeth Holland, Paris, 1959.

2. *Les Confessions*, X, 23, éd. fse, *Œuvres de saint Augustin*, Bibliothèque augustinienne, vol. 13 et 14, Paris, 1962.

affronter son regard : « Restaure en moi ton image de sorte que, par ta grâce, / Tu puisses me connaître et je tournerai vers toi mon visage[1]. »

Être regardé par Jésus c'est être libéré de la honte. Au début de la Bible, on voit Adam et Ève, nus et honteux, qui fuient devant Dieu en se cachant derrière des buissons quand ils l'entendent venir. La nudité au baptême, dans l'Église primitive, était le signe que le temps de la honte était passé. Dieu nous regarde avec joie. Comme l'écrit Grégoire de Nysse « en rejetant ces feuilles fanées qui recouvrent notre vie, nous devrions nous présenter de nouveau au regard de notre Créateur[2] ». Et selon les mots d'une ancienne prière de l'Église d'Orient : « Ouvre nos yeux, rends-nous confiance, ne nous laisse pas avoir honte, être humiliés ou nous mépriser nous-mêmes[3]. » La vérité de Dieu est miséricordieuse. On peut appliquer à Dieu ce que Walt Whitman dit du poète : « Il ne juge pas comme juge un juge, mais comme le soleil qui tombe sur un objet impuissant[4]. »

La culture contemporaine peut avoir du mal à comprendre cette mise à nu de qui nous sommes, car elle part souvent du principe que nous avons le droit de décider seuls qui nous sommes. L'identité n'est pas à découvrir; on peut la choisir. Il y a un coiffeur, près de notre couvent à Londres, qui s'appelle « Identité ». On choisit son identité d'aujourd'hui. Elle est un style de vie au choix et ce serait empiéter sur mes droits fondamentaux que de ne pas accepter l'identité que j'ai choisie. Mais le sourire de Jésus m'appelle à une identité qui est donnée et non construite. Car mon être profond est pur don et c'est là que je peux trouver la joie.

1. *« Restore thine Image, so much, by thy grace, / That thou may'st know mee, and I'll turne my face. » (Complete Poetry and Selected Verse,* John HAYWARD (éd.), Londres, 1949, p. 293).

2. « De Virginitate » XIII, 1, 15 s. Cité par Simon TUGWELL, o. p., *The Way of the Preacher*, Londres, 1979, p. 92.

3. « Euchologion Serapionis », 12, 4, *ibid.*

4. Cité par Martha NUSSBAUM, *Upheavals of Thought : The Intelligence of Emotions*, Cambridge (Mass.), 2001, p. 671.

Il y a le labeur, la tâche de devenir celui qu'il m'est donné d'être. Acquérir mon visage, celui que je puis offrir aux autres, est le fruit de toute une histoire, avec ses choix difficiles. C'est le long travail qui me fait devenir la personne qu'il m'a été donné d'être, un travail d'invention et de découverte ; l'étape suivante de ce voyage est la montée à Jérusalem, vers l'arrestation et la mort.

La montée vers Jérusalem et vers la croix.

Et il commença de leur enseigner : « Le Fils de l'homme doit beaucoup souffrir, être rejeté par les anciens, les grands prêtres et les scribes, être tué et, après trois jours, ressusciter ; et c'est ouvertement qu'il disait ces choses » (Mc 8, 31).

C'est le moment où le pèlerinage de Jésus arrive à son terme, Jérusalem. Lui aussi prend le chemin du retour à la maison, vers le Père. On pourrait croire que Jésus sait que les moments joyeux sont derrière lui, alors qu'il marche vers la mort. Mais cette seconde moitié des évangiles nous montre la nouvelle étape sur la voie de la joie trinitaire. Jésus va à Jérusalem pour avoir part à la souffrance des êtres mortels que nous sommes. Nous ne pouvons avoir part à la joie qui est Dieu qu'en suivant le même chemin, en osant nous laisser toucher par la souffrance des autres hommes. Dieu demande à Israël de ne pas « se dérober devant celui qui est [sa] propre chair » (Is 58, 7). Nous pourrions essayer de protéger notre fragile bonheur en nous coupant de toute la souffrance qui nous entoure et qui risque de nous submerger. Parfois, j'ose à peine regarder le visage des gens qui mendient dans la rue, et ils sont « ma propre chair ».

Une année, j'ai traversé en voiture tout le Nigeria. Par moments, nous traversions des régions où des milliers de gens souffrent de la lèpre ; ils vivent dans des colonies de lépreux, mais n'y sont pas nourris. Ils se construisent donc de petites huttes de palmes et campent le long des routes. Ils portent d'étranges chapeaux de paille, signe qu'ils sont lépreux. Ils sont une foule, qu'on met plusieurs heures à traverser ; comme les routes sont semées de nids-de-poule, on roule très lentement et ils se collent aux fenêtres, mendiant en montrant leurs membres blessés. Le pire est de voir les yeux des enfants, emplis d'espoir et de souffrance ; leur vie entière va se passer à mendier le long de la route : ils n'ont pas d'autre avenir. Qui ose les regarder dans les yeux ? Qui ose se laisser toucher par leur espoir et leur souffrance ? Je me suis surpris à avoir envie de demander au chauffeur de conduire plus vite, car je ne supportais pas l'intolérable souffrance de leurs regards. Mais un bonheur qui s'édifie sur l'insensibilité, en faisant l'économie de la compassion, ne tient pas, en fin de compte, car cela reviendrait à refuser le bonheur de gens qui sont en réalité une partie de moi-même. Ce serait comme de vouloir être en forme avec une rage de dents.

Le contraire de la joie n'est pas la peine, mais l'engourdissement du cœur qui nous rend insensibles. La souffrance peut endurcir le cœur. Simone Weil décrit comment le travail en usine vous détruit l'âme : « Il faut, en se mettant devant sa machine, tuer son âme pour 8 heures par jour, sa pensée, ses sentiments, tout. Est-on irrité, triste ou dégoûté, il faut ravaler, refouler tout au fond de soi, irritation, tristesse ou dégoût : ils ralentiraient la cadence. Et la joie de même[1]. » Mais la peine peut creuser en nous une place pour une joie plus profonde. Elle peut briser notre cœur de pierre pour nous donner un cœur de chair. Comme il faut battre la viande pour l'attendrir, Dieu semble faire de même avec notre cœur.

Les saints les plus joyeux sont aussi les plus affligés. Saint Dominique riait le jour avec ses frères, mais il pleurait la nuit avec Dieu. Saint François d'Assise faisait preuve d'une joie exubérante, mais il portait les stigmates. Les *Fioretti* établissent clairement le lien, en disant combien, lorsqu'il entendit le séraphin, sur le mont Alverne, « il fut rempli d'une douceur et d'une souffrance, mêlées à un grand éton-

1. *La Condition ouvrière*, Paris, 1951, p. 28.

nement. Sa joie était immense, mais il était pénétré d'une peine et d'une compassion indicibles[1] ». Si nous voulons avoir part à la joie de Dieu, nous devons avoir part à sa peine, la souffrance du monde. Si nous nous fermons à la douleur du monde, nous ne pourrons jamais être vraiment dans la joie. William Blake écrivait :

> L'homme est fait pour malheur et joies
> Et quand nous savons cela,
> Tranquilles nous sommes, ici-bas
> Joies et peines, étroitement tissées,
> Revêtent l'âme divinisée.
> Derrière chaque peine ardente
> Perce une joie rutilante[2].

J'ai eu souvent l'occasion de voir, en Afrique, comment la souffrance défait l'optimisme superficiel et met au jour une capacité de joie éclatante et profonde. Il faut ou bien avoir une espérance puissante ou bien désespérer. Je me trouvais à Kinshasa, en République démocratique du Congo, quand les rebelles ont assiégé la ville qui semblait devoir tomber d'une minute à l'autre. Une explosion directement au-dessus du couvent interrompit mon dialogue avec un des frères et nous nous sommes retrouvés tous les deux sous la table. Tout le monde était tendu, dans l'attente d'une explosion de violence. Puis nous avons été à l'église pour célébrer l'eucharistie : je ne peux pas décrire la joie dont elle était emplie; déjà dans la sacristie, avant la procession d'entrée, l'envie de danser était contagieuse.

1 Voir *The Little Flowers* (*Fioretti*), New York, 1910, p. 114.

2. « *Man was made for Joys and Woe / And when this we rightly know / Thro the World we safely go / Joy and Woe are woven fine / A clothing for the Soul divine / Under every grief and pine / Runs a joy with silken twine* » (BLAKE, « Auguries of Innocence », *Complete Works*, Geoffrey Keynes (éd.), Oxford, 1969, p. 432).

Mort.

« Or Jésus, jetant un grand cri, expira. Et le voile du Sanctuaire se déchira en deux, du haut en bas. Voyant qu'il avait ainsi expiré, le centurion qui se tenait en face de lui s'écria : “Vraiment, cet homme était fils de Dieu!” » (Mc 15, 37-39).

La montée à Jérusalem culmine dans la nudité de Jésus, quand on lui arrache ses vêtements. Nous avons vu que la joie commence quand nous nous laissons regarder par Jésus. Nous devons oser être exposé à son regard, en sachant qu'il trouvera en nous son plaisir. « Fais luire sur nous ta face et nous serons sauvés. » Mais le moment culminant est celui où nous voyons Jésus offert à nos regards dans sa nudité. C'est l'image centrale de notre foi.

En 1999, une statue de l'« Ecce homo », le Christ nu, fut installée sur un socle, à Trafalgar Square, à Londres. C'était la statue d'un jeune homme mince qui semblait incroyablement vulnérable. À la différence de toutes les statues de personnages célèbres qui l'entouraient, et même de celles des lions, il avait juste notre taille. On raconte qu'on a entendu un passant s'écrier : « Si c'est ça, Jésus-Christ, c'est un foutu miracle. On ne peut pas mettre sa foi en quelqu'un comme ça; il n'a pas plus de force qu'une mouche[1]. » Les iconoclastes avaient raison de s'inquiéter : cela fait scandale de montrer le visage de Dieu.

Le comble, c'est la vue du visage de Jésus mort. C'est un visage qu'on peut regarder en passant, mais qui ne retourne pas de regard. C'est un renversement de ce qu'était la relation à Dieu, car Dieu était celui qui nous regardait et que nous n'osions pas regarder. Voir Dieu, c'était mourir. Ici, sur la croix, c'est Dieu qu'on peut voir et qui ne nous voit pas car Dieu est mort. Il a fallu quatre cents ans pour que l'Église ose représenter le Christ sur la croix, comme on le voit à la

1. Neil MacGregor et Eriak Langmuir, *Seeing Salvation : Images of Christ in Art*, Londres, 2000, p. 115.

porte de la basilique Sainte-Sabine ; et encore cinq cents ans, avant qu'on ose le montrer mort[1].

Nous sommes partis de l'exclamation du Père au baptême du Fils : « Tu es mon Fils bien-aimé, tu as toute ma faveur. » C'est le plaisir mutuel qui est au cœur de la Trinité ; c'est une façon de se réjouir que connaissent seulement des égaux, et qui est l'Esprit saint : « Trois en Un qui est Joie », pour le dire avec les mots de Harry Williams[2]. Il n'y a pas d'amour chrétien sans égalité. Cet évangile nous mène à la croix, où Jésus est dénudé devant notre regard autant que nous le sommes devant le sien ; nous entrons dans un amour mutuel et réciproque. Cela ouvre la porte au scandale de l'égalité avec Dieu dans le Fils : il n'est pas d'amour qui n'aille jusqu'à l'égalité.

Cela signifie que nous aussi, chrétiens, nous devons oser nous laisser voir tels que nous sommes, et croire que les gens apprendront à se réjouir en nous. Nous qui sommes prêtres ou religieux, nous devons aussi oser avancer en pleine lumière pour qu'on voie combien nous sommes fragiles et hésitants, des gens qui perdent leur sang-froid, qui ont du mal à prier, qui ont du mal à faire face. Je ne suggère pas que nous devrions nous lancer dans de grandes confidences du haut de la chaire ni mettre notre âme à nu ; simplement il n'est pas besoin de porter un masque. Si nous n'osons pas affronter la nudité du vendredi saint, nous ne pouvons pas non plus demander aux autres de suivre le Christ.

Résurrection.

« Étant entrées dans le tombeau, elles virent un jeune homme assis à droite, vêtu d'une robe blanche, et elles furent saisies de stupeur. Mais il leur dit : “Ne vous effrayez pas.

1. Voir David F. FORD, *Self and Salvation : Being Transformed*, Cambridge, 1999, surtout le chap. VIII, « The face on the cross and the worship of God ».

2. *The Joy of God*, Londres, 1979, p. 47.

C'est Jésus le Nazarénien que vous cherchez, le Crucifié : il est ressuscité, il n'est pas ici. Voici le lieu où on l'avait mis. Mais allez dire à ses disciples et à Pierre qu'il vous précède en Galilée; c'est là que vous le verrez comme il vous l'a dit." Elles sortirent et s'enfuirent du tombeau parce qu'elles étaient toutes tremblantes et hors d'elles-mêmes. Et elles ne dirent rien à personne, car elles avaient peur... » (Mc 16, 5-8)

Après qu'il nous eut entraîné dans la profonde souffrance de la mort du Christ, on aurait pu s'attendre à ce que Marc conclue son évangile sur une explosion de joie, à la Résurrection. Mais, dans sa version originale, ce n'était pas le cas. La majorité des exégètes s'accorde à dire qu'il se terminait sur le silence des femmes, qui se taisent parce qu'elles ont peur. Marc nous laisse en suspens. Un commentateur a comparé cela à ce qui se passe quand on entend tomber une chaussure et qu'on attend la seconde qui ne vient pas ! L'évangile tout entier est tendu vers la joie de la Résurrection, mais il ne la décrit pas.

C'est une conclusion remarquable. L'évangéliste voulait que ses lecteurs, à Rome dans les années 70, soient perplexes; qu'ils demandent : « Pourquoi ces femmes ne se réjouissent-elles pas? Est-ce qu'elles ne peuvent pas comprendre que, si Jésus n'est pas là, c'est qu'il est ressuscité ? Est-ce qu'elles ne voient pas que ce tombeau vide est une bonne nouvelle ? » Marc voulait sûrement que ses lecteurs comprennent qu'ils sont eux-mêmes ces femmes. La communauté romaine primitive était déçue et pleine de méfiance. Pendant la persécution, ils avaient attendu que le Seigneur revienne et il n'y avait toujours aucun signe de son retour. Ils se sentaient trahis. Marc voulait que ses lecteurs vivent cette absence de Jésus dans la joie : nous ne le voyons pas parmi nous, mais comme l'ange vient de le dire aux femmes : « il vous précède en Galilée; c'est là que vous le verrez comme il vous l'a dit. » Son absence n'est pas celle de l'échec et de la mort; s'il n'est pas là, c'est parce qu'il est arrivé avant nous au terme du voyage et là, il nous attend.

Ainsi la joie chrétienne n'est-elle pas une bonne humeur obstinée, la résolution de regarder le bon côté des choses. Ce n'est pas la volonté optimiste de voir le verre à moitié plein plutôt qu'à moitié vide – ou n'importe quelle autre de ces platitudes par lesquelles on se protège de la crainte et du vide. C'est une joie pascale, dans laquelle on ne peut entrer pleinement qu'en ayant traversé la souffrance et la mort pour aller jusqu'à la résurrection. Nous devons nous confier à la dynamique de l'histoire dans laquelle nous avons été baptisés et que nous revivons au fil de l'année liturgique. Elle nous emporte vers la joie finale. Mais même quand nous parvenons au triomphe de Pâques, il se peut encore que, comme les femmes, nous soyons paralysés, enfermés dans notre malheur, aveuglés par la peur. La peur peut nous faire croire que l'absence de Jésus est un échec plutôt qu'une promesse.

Si l'Église veut être le témoin de la joie de la Résurrection, il nous faut nous libérer de la peur. Il y a trop de peur dans l'Église – peur de la modernité, peur de la complexité de l'expérience humaine, peur de dire ce qu'on pense, peur les uns des autres, peur de faire des erreurs, de n'être pas approuvé. C'est cette peur qui risque d'éteindre notre joie – une joie qui devrait rendre les gens perplexes et leur faire se demander quel est notre secret. Nous devons donc maintenant parler de la vertu dont l'Église a le plus urgent besoin pour être témoin de l'Évangile, le courage. Le récit de l'évangile se clôt sur l'invitation de l'ange à poursuivre le voyage. La fin de l'évangile n'est pas la fin de notre histoire ; nous devons continuer à marcher et c'est cela, comme nous allons le voir, l'essentiel du courage.

4

« N'ayez pas peur »

Est-ce que cela fait une différence d'être chrétien ? Nous avons vu qu'il nous invite à un style de vie qui devrait étonner. Dans un monde qui a perdu ses utopies, nous devrions être signe d'espérance ; nous sommes invités à faire nôtre la radicale liberté du Christ et nous devrions déjà avoir quelque avant-goût du bonheur pour lequel nous sommes faits. Si on ne trouve pas ces qualités chez nous, c'est que nous avons peur. Nous avons peur de nous laisser entraîner dans ce pèlerinage vers Dieu. Dans le *Pilgrim's Progress*, Découragement explique que c'est la « peur servile » qui l'a empêché, lui et sa fille Grand'Peur de partir. « Car, pour vous dire ce qui est, il y a des fantômes, qui ont été nos hôtes quand nous avons entrepris le pèlerinage et dont nous n'avons jamais pu nous débarrasser ensuite. Ils errent et recherchent l'hospitalité des pèlerins, mais, pour l'amour de nous, gardez porte close[1]. » C'est la peur qui peut nous empêcher de jouir de la liberté totale, qui est celle de donner notre vie, tout en sachant que nous risquons de souffrir. L'ange apparaît aux femmes près du tombeau vide et leur dit : « N'ayez pas peur », mais c'est la peur qui a rendu les

1. John BUNYAN, *The Pilgrim's Progress*, Oxford, 1966, p. 258.

femmes incapables de comprendre le sens du tombeau vide ; c'est pour cela qu'elles ne disent rien.

Nous ne pourrons être des témoins crédibles de l'Évangile que si nous sommes habités par un courage incompréhensible. Les premiers siècles chrétiens furent une époque d'incertitude et d'angoisse. On a dit que l'Empire romain avait été converti par le courage des martyrs. L'enseignement de l'Église paraissait peut-être bizarre et grossier – un seul Dieu qui était trois personnes et cette idée étrange de corps qui ressuscitent – mais le courage des martyrs montrait que le christianisme était une énigme qui ne se laissait pas ignorer ; il témoignait de l'espérance chrétienne. Quand saint Ignace d'Antioche fut emmené à Rome pour y subir le martyre en 107, il demanda aux chrétiens romains de ne rien faire pour tenter de le sauver, afin qu'en mourant il soit « une parole intelligible de Dieu[1] ».

Le courage est une vertu universellement attrayante, à la différence d'autres vertus chrétiennes comme la tempérance ; elle parle donc même à ceux qui ne partagent pas notre foi. Screwtape, le vieux diable de C. S. Lewis qui instruit un apprenti-diable, se plaignait que la lâcheté est le seul vice totalement sans attrait – « horrible à l'avance, horrible au moment même, horrible dans le souvenir » – et que le courage « prend tant d'importance et d'attrait, même aux yeux des hommes, que notre labeur est anéanti : un vice dont ils ont tous honte résiste ainsi, en permanence, à toutes nos entreprises[2] ». Il y a un conte africain, qui raconte l'histoire d'une tortue qui va se battre avec un léopard. Avant le combat, la tortue se rend sur le terrain et y fait de nombreuses marques évoquant une chaude bataille. Quand on lui demande ce qu'elle fait, elle répond : « Même quand je serai morte, je veux que les gens qui passeront se disent "Deux adversaires de même taille se sont battus ici." » Comment n'aurait-on pas de la sympathie pour cette tortue ?

1. *Lettre aux Romains*, 2, 1.
2. *Screwtape Letters*, trad. fse : *Tactique du Diable*, Paris, 1967, p. 108.

Nous aussi, en ce début du XXIe siècle, nous vivons une époque d'anxiété. Dans *Anil's Ghost*, on voit une femme chirurgien, sri lankaise, fascinée par l'amygdale du cerveau, ce petit nœud de nerfs dans le cerveau qui commande la peur. « Elle se souvient de ce nœud en amande. Au cours des autopsies, elle a pris l'habitude de regarder l'amygdale, ce paquet de nerfs qui est le siège de la peur – et donc qui commande tout : la façon de nous conduire et les décisions que nous prenons; la façon de nous marier, de construire des maisons, de chercher la sécurité [...]. Je voulais trouver une loi qui régirait toute la vie, j'ai trouvé : c'est la peur[1]. »

Sur bien des points, nous connaissons une plus grande sécurité que nos ancêtres. En tout cas, en Occident, nous sommes largement protégés contre la maladie, la violence et la misère. Et pourtant, nous avons peur : nous sommes angoissés devant des dangers que nous avons créés : un désastre écologique, la vache folle, la puissance nucléaire, les cultures génétiquement modifiées. Je me suis trouvé en Afrique, dans des pays où les gens avaient supporté, jour après jour, de terribles dangers, dans le calme et la confiance, alors qu'en Occident, le moindre risque provoque souvent la panique. Ce climat d'angoisse est utilisé par les politiciens qui pratiquent une « politique de la peur ». J'écris cela le jour même où se tiennent en Angleterre les élections générales de 2005. Certains hommes politiques essaient de nous pousser à voter en jouant sur la peur de l'arrivée d'immigrés en masse, de la violence dans nos villes, de l'effondrement du système de santé, des maladies nosocomiales. Si aucun idéal ne peut nous persuader de voter pour un parti, ils espèrent que l'angoisse nous y poussera. Les slogans vont bon train, mais c'est toujours la même tactique. C'est la peur qui a justifié la limitation des droits de l'homme depuis le 11 Septembre, et qui rend possible le scandale de Guantanamo. Mais tout tend à prouver que la peur ne pousse pas les gens à voter, elle les encourage plutôt à rester chez

1. Michel ONDAATJE, *Anil's Ghost*, Londres, 2001, p. 135.

eux, bien à l'abri ; la peur mine la société et sape l'esprit citoyen.

Nous avons donc besoin, aujourd'hui, d'une bonne dose de courage chrétien, mais ce n'est pas toujours dans l'Église que nous allons le trouver. Jean-Paul II était certainement un homme courageux ; il n'avait peur de rien ni de personne et dans *Novo millenio ineunte*, il nous invite à être courageux. Le refrain est « Avance en eau profonde ». Je pense que j'ai vu, en Afrique, en Amérique latine et en Asie, des chrétiens extraordinairement courageux qui vivent dans un danger quotidien avec une endurance héroïque, acceptant de rester quand tout le monde a fui. Mais je ne crois pas qu'on puisse dire que l'Église en Occident nous enseigne à être braves.

Dans mon enfance, à la confirmation, on recevait encore une gifle de l'évêque ; c'était censé être le sacrement du courage qui vous préparait à souffrir pour votre foi. J'ai grandi, bercé par les histoires de martyrs anglais et gallois, qui avaient enduré d'héroïques souffrances, et, dans ma tête d'enfant, j'imaginais des parachutistes russes descendant tout autour de mon école. Tous les enfants seraient alignés et on leur demanderait s'ils préféraient renier leur foi ou mourir. Le jeune Radcliffe, bien sûr, se voyait s'écrouler, criblé de balles, aimé, regretté et admiré. Mais le sacrement de la confirmation devrait certainement nous préparer à l'héroïsme en nous introduisant dans une communauté dans laquelle nous apprendrions d'abord à être courageux les uns avec les autres. Cela signifie une communauté où l'on ose se dire la vérité et s'écouter mutuellement, où l'on ose être vulnérable et ne pas avoir peur les uns des autres. S'il n'y a pas ce courage dans l'Église, il n'y aura pas de martyre pour le monde, pas de « parole intelligible de Dieu », et nous ne serons pas des témoins crédibles. Comment pouvons-nous comprendre cela ? Et de quel genre de martyre avons-nous besoin ? Il y a de plus en plus de gens qui prétendent au statut de martyr, qui s'entourent d'explosifs et se font sauter pour tuer des innocents. Est-ce le martyre ? Peut-on même parler de courage ? À quoi peut bien ressembler le courage proprement chrétien ?

Vulnérabilité.

Le mot « courage » vient du latin « cor », qui signifie « cœur ». Et on pense souvent que le courage est une qualité du cœur. On a peur ou on a « du cœur au ventre ». Mais Aristote et Thomas après lui y voyaient d'abord une qualité de l'esprit. *Fortitudo mentis*, c'est le courage de voir les choses comme elles sont, de regarder le danger bien en face[1]. Celui qui est brave est celui qui domine sa vulnérabilité. Joseph Pieper, commentant Thomas d'Aquin, écrivait : « Le courage suppose la vulnérabilité ; sans elle, il n'est pas de courage. Un ange ne peut être brave, parce qu'il n'est pas vulnérable. Être brave suppose qu'on peut être blessé[2]. » Il est donc facile à un ange de dire « N'ayez pas peur », il ne sait pas au juste ce que c'est qu'avoir peur.

Il n'y a pas de courage sans lucidité. Si l'on se précipite dans une maison en flammes pour sauver un enfant, on risque d'être brûlé ou même d'y laisser sa vie. Si j'étais persuadé d'être invulnérable, avec une peau en amiante, je ne serais pas brave mais stupide. Il est normal d'avoir peur d'être brûlé, mais les gens courageux n'obéissent pas à la peur. La peur peut faire de nous des esclaves tandis que le courage affirme notre liberté de faire ce qui est bien, en dépit du danger. C'est ainsi qu'Aristote peut soutenir que les guerriers celtes étaient sans peur, mais non pas courageux, car ils n'avaient pas conscience du danger. Le brave reconnaît qu'il a peur. Un jour, Oscar Romero était assis sur la plage en compagnie d'un ami ; il demanda à cet ami s'il avait peur de la mort. L'ami lui répondit que non et Romero dit : « Moi si ! J'ai peur de la mort », et pourtant, il a donné sa vie.

1. *Somme théologique*, IIa IIae, 123, 1.
2. *The Four Cardinal Virtues*, Notre Dame, 1966, p. 117.

Le courage peut me pousser à renoncer à quelque chose de bon pour quelque chose de meilleur. Je perdrai peut-être ma réputation pour avoir dit la vérité, ou bien ma santé, pour pouvoir annoncer l'Évangile. Je peux même avoir à perdre ce que je possède de plus précieux, ma vie, pour ce qui vaut mieux que tout, la vie éternelle. D'après Anthony Ross, o. p., « l'homme vraiment brave n'est pas celui qui "n'a jamais connu la peur", ou la tête brûlée qui va de l'avant, pas même le soldat bien entraîné, sûr de ses capacités, et à qui on a peut-être appris à combattre sans penser au danger. C'est plutôt celui qui jauge la difficulté et mesure le danger de façon réaliste, qui comprend autant que possible ce qui est en jeu et qui, en connaissance de cause, garde le contrôle de ses réactions naturelles, que ce soit la peur, la griserie, une confiance excessive ou une prudence excessive[1] ».

Tout cela fait que le courage est la vertu la plus difficile à discerner chez les autres, car nous ne pouvons connaître la façon dont ils perçoivent les risques. Le soldat courageux doit décider quand il doit combattre et quand il doit se rendre, même si un autre peut juger lâche une décision courageuse. Par exemple, il est extrêmement difficile de juger si Pie XII a été brave ou s'il a été lâche en s'abstenant de condamner la persécution des juifs pendant la Seconde Guerre mondiale ? Nous pouvons regretter profondément qu'il ne l'ait pas fait, nous pouvons avoir honte de son silence, mais il reste que, selon sa perception de tous les facteurs en jeu, cela a pu être pour lui une décision courageuse. Screwtape a raison, le courage est sans aucun doute une vertu attrayante et personne n'admire la lâcheté ; pour autant, il n'est pas toujours facile de distinguer qui est qui. La vertu de tempérance, au contraire, peut sembler n'être qu'une crainte timorée de célébrer la vie. Un bon nombre de ces dominicains qui buvaient du vin, et pas seulement « le vin nouveau de l'Évangile », semblent l'avoir pensé ! Cependant, être ivre mort ne peut

1. Introduction à saint Thomas d'Aquin, *Summa theologiae*, Thomas GILBY, o. p. (éd.), vol. 42 (IIa IIæ, 123-140), Londres, 1966, p. XXIII.

jamais être un exemple de tempérance, alors que se déclarer vaincu peut être un exemple de courage. Ainsi n'est-il jamais facile de reconnaître le vrai courage, mais quand on y arrive, c'est vrai qu'on ne peut qu'admirer. Et le courage est d'autant plus difficile qu'on ne peut estimer exactement les risques. Il faut quelquefois se lancer sans être sûr du résultat. Chesterton écrit : « Il devrait y avoir une plaque commémorative partout où un homme courageux a osé manger du fromage de Stilton et a survécu[1]. »

La première étape sur le chemin de la bravoure est de se libérer de peurs illusoires, de la peur de choses qui ne sont pas vraiment dangereuses. Nous sommes presque tous habités par des peurs irréelles, des peurs infondées ou névrotiques. Par exemple, la plupart des membres de ma famille sont arachnophobiques : mettez quelques araignées dans une pièce pleine de Radcliffe et vous serez édifiés ! Nous savons tous très bien que cela n'a aucun rapport avec le danger que représente une araignée en Angleterre ; c'est une phobie qui projette sur les araignées un danger illusoire. Au début, j'avais peur quand je voyageais dans certaines régions d'Afrique où d'Asie, où je me retrouvais régulièrement face à d'horribles araignées : mygales, tarentules, veuves noires, que sais-je encore ? Je peux témoigner que c'est une cure efficace quoique déplaisante : on est obligé de se rendre compte que les araignées ne sont rien d'autre que des araignées.

Les prisonniers de Robben Island, en Afrique du Sud, qui avaient lutté contre l'apartheid, s'encourageaient mutuellement en se citant leurs passages préférés de Shakespeare. Pour Nelson Mandela, c'était un extrait de Jules César : « Le couard meurt plusieurs fois avant que de mourir[2]. » La lâcheté peut nous enfermer dans un monde imaginaire, plein de menaces sur notre vie ; le courage

1. « The Poet and the Cheese », dans *A Miscellany of Men*, eBook ≠ 2015, projet Gutenberg, 1999.

2. Acte II, scène 2, trad. Edmond Fleg, Paris, 1959.

commence par une quête de l'objectivité devant le danger. Il y a des chrétiens qui courent sans cesse de réels dangers. Le 12 février 2005, des tireurs ont abattu sœur Dorothée Stang, une sœur de la congrégation de Notre-Dame qui défendait les droits de paysans pauvres contre de riches propriétaires en Amazonie. Le suivant sur la liste est un dominicain français, Henri Burin des Roziers, qui a tenté de faire passer en jugement des propriétaires terriens qui ont emprisonné ou tué certains de leurs ouvriers. Ils ont mis sa tête à prix – 30000 $ – et Henri prétend qu'on exagère le danger ; il ajoute : « je n'ai pas peur de mourir ; j'ai soixante quinze ans, j'ai une longue vie derrière moi. » Quand je lui ai rendu visite, il m'a donné sa chambre pour la nuit ; il n'a pas pu dormir car il a pensé tout à coup que si on essayait de l'abattre cette nuit-là, ce serait moi qui serais tué, ce qui serait gênant ! Heureusement pour moi, la même idée ne m'a pas traversé l'esprit. Comment apprendre à être aussi courageux, aussi libre de l'esclavage de la peur ?

Au cœur de notre foi, il y a la croix, l'image de quelqu'un de totalement vulnérable, blessé à mort. Mais quand Jésus ressuscite, les blessures ne sont pas effacées. Dans l'évangile de Luc, Jésus dit : « Voyez mes mains et mes pieds ; c'est bien moi ! » (24, 39). Et dans le récit de la Résurrection que fait Jean, « Jésus vint et se tint au milieu [des disciples] et il leur dit “Paix à vous !”. Ayant dit cela, il leur montra ses mains et son côté » (20, 19-20). Quand Thomas, qui n'était pas là, revient, tout ce qu'il demande, c'est de voir et de toucher les plaies de Jésus. Le Christ ressuscité est encore blessé ; sa passion et sa mort ne sont pas juste des choses du passé, laissées derrière lui, comme notre enfance quand nous avons grandi. James Alison le dit bien : « Quand Jésus ressuscite, ce qui lui est rendu gratuitement, c'est la vie et la mort qui ont pris fin le Vendredi saint – toute l'humanité de Jésus, y compris sa mort. Cela signifie que le Seigneur ressuscité est en même temps le Seigneur mort – et – ressuscité. Le Jésus qui apparaît à ses disciples n'est pas comme le champion qui a pris sa douche, après le match[1]. »

La troisième Préface de Pâques nous dit que Jésus est éternellement notre avocat auprès du Père ; le Christ est la victime qui ne meurt plus, « immolé, il a vaincu la mort, mis à mort, il est toujours vivant ». L'original latin est encore plus paradoxal : Jésus est *« agnus qui vivit semper occisus »*, « l'agneau qui vit en étant toujours immolé ». Si le Seigneur ressuscité n'avait plus ses plaies, il n'aurait pas grand-chose à voir avec nous. La Résurrection pourrait bien nous promettre une guérison future et une vie éternelle, elle nous laisserait seuls avec notre souffrance présente. Mais à cause du dimanche de Pâques, nous avons déjà part à la victoire. Nous sommes morts et ressuscités avec le Christ, nous aussi, nous avons été blessés et sommes guéris. Quand Brian Pierce, o. p., s'est rendu dans les Andes du Pérou, il a été surpris de voir partout des images du Christ crucifié, couvert de sang. C'était comme si la foi de ces gens s'était arrêtée avant la Résurrection et qu'ils n'avaient que des images de défaite. Mais il se rendit compte qu'il avait tort : ces croix signifiaient pour eux que le Christ ressuscité prend part aujourd'hui à leur propre crucifixion. Nous pouvons donc être courageux et prendre le risque d'être blessés.

Charles Péguy raconte l'histoire d'un homme qui meurt et monte au ciel. L'ange qui garde la porte lui dit : « Montre-moi tes blessures. » L'homme répond : « Mes blessures ? Je n'ai pas de blessures ! » Alors l'ange lui demande : « Tu n'as jamais rien trouvé qui vaille la peine de se battre ? »

Attente.

Pour Aristote, le courage était avant tout la vertu du guerrier qui prend le risque d'être blessé au combat. Pour Thomas d'Aquin, c'est plutôt l'endurance. C'est tenir dans les difficultés, obstinément et patiemment. G. K. Chesterton nous

1. *Knowing Jesus*, Londres, 1993, p. 20.

rappelle que nous devons tous notre existence au courage de notre mère, qui a supporté neuf mois de grossesse et le dur travail de l'accouchement. Il ne faut pas oublier le courage des parents, qui ont supporté les nuits sans sommeil quand ils élevaient leurs enfants. Le courage des enseignants dans leurs écoles, qui s'efforcent, sans se lasser, de communiquer ce qu'ils savent, en dépit de l'ennui et des violences. Il y a le courage des infirmières et des médecins dans certaines régions d'Afrique, eux qui continuent à soigner les malades du Sida même quand ils n'ont plus de médicaments et que l'épidémie semble plus puissante qu'eux. Il y a la patience de ceux qui tiennent bon, même quand la relation est difficile. Le courage nous rend tenaces.

Notre société s'efforce d'éliminer l'attente : « L'attente a été supprimée du désir[1] », c'est symptomatique d'une société qui a perdu sa longue histoire et pour qui il n'existe plus que l'instant. En octobre 2004, un avion s'est écrasé au Canada. Les pilotes volaient depuis presque vingt-quatre heures, ils transportaient des légumes frais entre l'Afrique et les marchés occidentaux ; les consommateurs comptent trouver toute l'année des haricots verts, des asperges et des petits pois dans leurs supermarchés. Ils ne veulent pas attendre que ce soit la saison, ils en veulent maintenant. Pour pouvoir offrir des fruits et des légumes frais à des prix compétitifs, les supermarchés les achètent à des compagnies qui les acheminent dans de vieux avions, insuffisamment entretenus, enregistrés dans des pays où les règles de sécurité ne sont pas très rigoureuses – dans le cas présent, le Ghana –, et les pilotes ont des horaires dangereusement allongés. Cet accident est le quatrième pour la même compagnie, depuis 1992 ; le responsable de la compagnie dit que ce n'est pas la faute des supermarchés, ils répondent tout simplement à la demande qui ne tolère pas d'attendre.

Mais les pauvres doivent attendre. Ils doivent attendre que la terre produise son fruit. Ils doivent attendre dans d'inter-

1. BAUMAN, *Liquid Modernity*, p. 76.

minables queues pour acheter ce qu'on trouve et, s'il y a des restrictions, ils auront peut-être attendu pour rien. Ils doivent attendre du travail. Tous ceux qui ont voyagé en Afrique ou en Inde ont été témoins de l'immense patience qu'on exige des pauvres. Un jour que j'attendais mon avion, en Côte-d'Ivoire, on vint me prévenir qu'il serait un peu en retard. De combien ? – De trois jours. » Par-dessus tout, les pauvres attendent la justice ; les années passent et rien ne s'améliore. Alors, il nous faut de l'endurance pour tenir, pour continuer à lutter, pour ne pas baisser les bras, pour rester fidèles à la promesse d'un monde meilleur que le Seigneur nous a faite. Le dialogue avec l'islam exige, lui aussi, que nous soyons fidèles dans la durée, prêts à l'amitié et à la discussion, même si elle n'est pas, initialement, la bienvenue. George Anawati, o. p., un dominicain égyptien qui avait consacré sa vie au dialogue avec l'islam, disait qu'il y faut « une patience géologique ». C'est ce que l'ancien maître de l'Ordre, Vincent de Couesnongle appelait « le courage du futur[1] », un courage qui, en concernant l'avenir, montre très clairement qu'être chrétien, c'est être orienté vers ce qui n'est pas encore, vers une promesse pour le futur.

Dans l'Église aussi, il faut faire preuve de courage. Les laïcs ont besoin de courage s'ils doivent supporter avec ténacité une paroisse desséchée et morte et des prêtres qui ne leur apportent pas grand-chose, alors qu'il serait si facile de renoncer. Les femmes, qui ont le sentiment que leur dignité n'est pas reconnue dans l'Église, doivent beaucoup supporter, comme elles le font depuis des siècles, et ne pas se désespérer. Les prêtres et les religieux doivent rester loyaux quand leur vocation leur semble futile et que la joie des débuts est passée. Avant Vatican II, bien des théologiens ont réclamé une réforme de l'Église, un retour aux racines qu'est la Parole de Dieu. Des théologiens comme Marie-Dominique Chenu et Yves Congar ont subi des années de mise à l'écart. Mais ils ont tenu. Congar a écrit : « Supporter dans l'obscurité,

1. *Le Courage du futur*, Paris, 1980.

dans l'ignorance du temps que durera l'épreuve, sans perdre cœur si elle se prolonge, surmonter la fatigue et l'usure : c'est cela qui témoigne le mieux de la vertu de force, et qui montre comment elle apparaît généralement comme une valeur de l'existence morale[1]. » Il devait avoir confiance qu'un jour, quand Dieu le voudrait, la vérité triompherait ; il disait toujours que, dans les ténèbres, on doit continuer à penser que ce qu'on a cru en pleine lumière trouvera sa justification.

Certains catholiques sont profondément déçus parce que ce qu'ils attendaient du concile n'a pas porté les fruits espérés. Ils affirment même que l'Église va à reculons et devient de plus en plus cléricale. Eux aussi ont besoin de courage et de ténacité pour continuer à espérer qu'en temps voulu, ce que nous souhaitons nous sera donné, même si c'est autrement que nous l'attendions. Sainte Catherine de Sienne combinait l'idéal païen de courage avec la vertu chrétienne quand elle se représentait le Christ comme un soldat vulnérable et patient : il mène une bataille sur la croix, persévérant jusqu'au bout. Être chrétien, c'est partager cette endurance. Elle écrit à un frère dominicain : « Nous sommes placés en cette vie comme en un champ de bataille, et nous devons combattre courageusement, sans fuir et tourner la tête en arrière ; mais il faut regarder notre capitaine, Jésus qui persévère toujours [...] il persévère, ne cesse pas d'accomplir les ordres de son Père et notre salut[2]. » Il en est mort !

Quand ce que nous attendons n'arrive pas, nous avons tendance à nous montrer impatients. Et puis nous nous disons que le temps est venu de laisser tomber, et de s'occuper d'autre chose. Mais les Pères du désert croyaient que la voie royale vers la sainteté était de rester où on était, à attendre

1. « Le traité de la force dans la "Somme théologique" de S. Thomas d'Aquin », *Angelicum* 51, 1974, p. 331-348.

2. Lettre de Catherine de Sienne au frère Rainier, du couvent de Pise, citée par Suzanne NOFFKE, o. p., dans sa conférence *(pro manuscripto)*, « Praising, Blessing, Preaching : Catherine throws down the Gauntlet », donnée au Molloy College, New York, le 22 avril 2005.

Dieu. « Si tu vis dans une communauté monastique, écrivait Amma Syncletica, ne t'en va pas ailleurs, cela te ferait grand mal. Si une oiselle abandonne sa couvée, les œufs ne pourront éclore, de même si un moine ou une moniale va d'un endroit à l'autre, sa foi se refroidira et se dissoudra[1]. »

Le cardinal Newman disait que « le chrétien est celui qui veille pour attendre le Christ[2] ». L'année liturgique fait de nous un peuple qui a le courage d'attendre la venue du Seigneur. L'avent nous forme à la patience, nous fait résister à la tentation de célébrer la naissance du Christ avant qu'il soit venu, même si les magasins sont pleins de signes qui clament « Joyeux Noël », résister à l'envie d'ouvrir les cadeaux avant l'heure. Le Christ est un don et l'on respecte le don en attendant le moment où il nous est fait. L'attente n'est pas passive. Le terme latin d'où vient le mot « attendre », *attendere*, signifie « se tendre en avant ». Nous sommes attentifs, nous nous ouvrons à ce qui va venir, comme une mère qui se prépare à donner naissance. Toute l'année est ainsi marquée par des moments d'attente : le samedi saint marque une pause entre la mort et la Résurrection, dans l'attente du triomphe ; de même, entre l'Ascension et la Pentecôte, attendons-nous le don de l'Esprit.

L'année chrétienne nous enseigne la patience. Pourquoi l'attente est-elle si fortement liée au fait d'être chrétien ? Pourquoi Dieu ne peut-il simplement nous donner maintenant ce que nous souhaitons, la justice pour les pauvres et le parfait bonheur pour nous tous ? Presque deux mille ans se sont écoulés depuis la Résurrection et nous attendons toujours le Royaume. Pourquoi ? Si Dieu prend son temps, une des raisons est qu'il n'est pas une divinité. Notre Dieu n'est pas quelque puissant Superman céleste, une sorte de président Bush invisible à l'échelle cosmique, qui pourrait

1. Syncletica 6, citée par Rowan WILLIAMS, *Silence and Honey Cakes : the Wisdom of the Desert*, p. 82.

2. *Parochial and Plain Sermons* (« Sermons paroissiaux, Paris, 1996 ») IV, 22, Londres, 1882, p. 319 s.

faire irruption dans notre univers. La venue de Dieu n'est pas comme l'arrivée de la cavalerie dans un western. Dieu vient de l'intérieur, du plus profond de nous-mêmes. Il est, comme le disait saint Augustin, plus proche de nous que nous-mêmes et, comme le dit le Coran, plus proche de nous que notre veine jugulaire.

Dieu vient à nous comme un enfant vient près de sa mère, touche son être profond et la transforme peu à peu. Sinon, ce serait une violence, un viol. Nous sommes des corps et les corps vivent dans le temps. De même qu'une grossesse a besoin de neuf mois et qu'un os cassé met du temps à se refaire, il faut du temps pour guérir et grandir. Nous devons être patients, parce que Dieu ne vient jamais comme un agent extérieur, mais dans l'intimité de notre être corporel, qui vit dans le temps. Les êtres humains sont différents des autres, en cela qu'ils prennent si longtemps à devenir des êtres mûrs, au contraire d'autres animaux, par exemple les mouches ; et nous avons mis notre espérance en celui qui se fait humain et respecte notre rythme.

Pendant l'avent, nous sommes comme des gens, réunis autour du lit, attendant la naissance. Mais la venue de Dieu n'était pas seulement la naissance d'un enfant ; c'était la venue d'une parole. On pourrait presque dire que c'était l'avènement d'un langage. Il a fallu des centaines d'années pour que l'anglais évolue jusqu'à permettre à Shakespeare d'écrire *Hamlet*. Avant d'être formé, avant d'être prêt pour une création, le langage a eu besoin d'hommes et de femmes innombrables, de poètes, de juristes, de prédicateurs, de philosophes ; la société anglaise a dû subir une mutation profonde avant que sa langue puisse être fertilisée par les mots de Shakespeare.

De la même façon, il a fallu des milliers d'années avant qu'il y ait un langage dans lequel Dieu puisse se dire en Jésus. Il nous fallait toutes ces expériences de libération et d'exil, d'établissement et d'effondrement de royaumes ; il nous fallait des prophètes et des scribes, des poètes et des parents cherchant desespérément leurs mots avant que Jésus puisse naître en étant la Parole. La Parole de Dieu ne descend pas du ciel comme quelque esperanto céleste ; elle surgit du langage humain. Les douleurs de l'enfantement de la Parole ont commencé quand le premier homme a prononcé son premier mot.

Quand nous prions pour que vienne le Règne de Dieu – ou peut-être quand je prie tout simplement pour que cesse ma migraine, ou que je trouve du travail – Dieu vient, non pas comme un magicien venu d'en haut avec, dans sa poche, une solution immédiate. Souvent, Dieu vient en secret, sans se faire voir, avec un infini respect pour les rythmes de la vie humaine. « Veillez, car vous ne savez ni le jour, ni l'heure. » Veiller, c'est une façon active de se préparer à la venue de Dieu, comme le fait un jardinier qui bêche et met de l'engrais pour que le sol soit prêt à accueillir la graine quand elle sera semée.

L'endurance patiente peut sembler morne et austère : il faudrait serrer les dents et bander ses forces. Je pense au prêtre français, l'abbé Sieyès, à qui l'on demandait ce qu'il avait fait pendant les trente dernières années – ces trente longues années de la Révolution et de l'Empire. « J'ai survécu », a-t-il répondu. Il ne suffit pas de survivre. Thomas d'Aquin nous dit que la patience consiste à ne pas laisser l'adversité détruire sa joie ; il écrit : « On appelle patient non pas celui qui ne fuit pas, mais celui qui a une conduite digne d'éloges en souffrant ce qui nuit de telle sorte qu'il n'en ressent pas une tristesse désordonnée[1]. » Comme disait Augustin, nous chantons en marchant pour garder cœur. Quand James Mawdsley était en prison en Birmanie, il chantait pour se donner du courage : « Après le départ [du gardien], incapable de dormir, je me mis à chanter "How Great Thou Art" ("Ô comme tu es grand"). Ma voix se faisait de plus en plus forte, jusqu'à chanter à tue-tête et je sentais mes forces me revenir : je n'étais pas encore prêt à céder. Un troupeau de gardiens arriva au galop pour me dire de me

1. *Somme théologique*, IIa IIæ, 136, 4 ad 2.

taire. Ils étaient excités et effrayés. J'allai jusqu'au bout de mon chant, en me félicitant intérieurement de ma force de caractère, puis je retombai dans mon trou[1]. »

La colère a soutenu le courage de James et lui a fait secouer les barreaux de sa cellule. Dans l'Église, le plus souvent, nous savons mal utiliser notre colère. Ou bien nous l'ignorons et elle s'envenime à l'intérieur, ou bien elle explose en provoquant discorde et destruction. Mais selon saint Thomas, le courage nous enseigne comment être en colère de manière féconde. La colère nous donne la force de nous opposer à ce qui est mal : « Il revient à la colère de bondir sur ce qui fait souffrir et ainsi elle coopère directement avec le courage dans ses attaques[2]. » Bede Jarrett, o. p., affirmait que « le monde a besoin de colère ; le monde tolère souvent le mal parce qu'il n'est pas assez en colère ».

C'est une caractéristique de l'amitié que de pouvoir supporter la colère et même de grandir grâce à elle.

> J'étais en colère contre mon ami :
> J'ai dit ma colère, ma colère a pris fin.
> J'étais en colère contre mon ennemi :
> Je n'ai rien dit, ma colère a grandi[3].

L'Église est la communauté de ceux qui ont accepté l'appel de Jésus à l'amitié et nous devrions donc être capables d'affronter la colère sans en avoir peur. Elle n'est pas un signe de déloyauté ; elle n'est pas la rupture de la solidarité. Ce devrait même être l'une des fonctions de ceux qui exercent des responsabilités dans l'Église que d'encourager ceux qui sont en colère – y compris contre eux – à oser l'exprimer, confiants que cela renforcera la communion de l'Église. Elle devrait être un lieu où l'on apprend à être en colère non pas aveuglément mais avec délicatesse et de manière positive. Il

1. *The Heart Must Break...*, p. 153.
2. *Somme théologique*, IIa IIæ, 123, 10 ad 3.
3. William BLAKE, *Complete Works*, p. 165.

y a une différence entre une colère positive, qui croit que les choses n'ont pas à être comme elles sont et qui va lutter pour s'en assurer, et le fait de râler. Rabi'a, un musulman qui vivait à Bagdad il y a un millier d'années, disait à quelqu'un qui lui demandait comment acquérir la vertu de patience : « Arrêtez de vous plaindre. »

Nous nous tenons debout quand nous chantons certains versets de l'Écriture, le *Benedictus* à laudes, le *Notre Père* à la messe, le *Magnificat* aux vêpres et le *Nunc dimittis* à complies. Nous nous tenons debout en signe de respect parce que ces textes sont tirés des évangiles. Nous nous mettons debout aussi pour signifier notre dignité et notre espérance. Nous nous mettons debout pour montrer que nous sommes fermes. Nous sommes des citoyens du Royaume, quoique nous ayons à supporter. Nous nous mettons debout pour nous donner du courage, quand nous nous sentons abattus. Nous nous mettons debout pour montrer que nous avons confiance, Jésus est ressuscité des morts. Saint Étienne, au moment de mourir, disait : « Ah ! je vois les cieux ouverts et le Fils de l'homme debout à la droite de Dieu » (Ac 7, 56).

« Le Seigneur soit avec vous ».

« Les femmes sortirent et s'enfuirent du tombeau, parce qu'elles étaient toutes tremblantes et hors d'elles-mêmes. Et elles ne dirent rien à personne, car elles avaient peur » (Mc 16, 8). La peur a réduit les femmes au silence. La peur a enfermé les disciples dans la chambre haute. La peur nous isole et nous enferme dans la solitude. Le courage prononce le mot qui rend la communion possible et surmonte le silence. Comme le disait sainte Catherine, « seuls ont peur, ceux qui se croient seuls[1] ».

1. Mary O'DRISCOLL, O. P., *Catherine of Siena : Passion for the Truth, Compassion for Humanity*, Dialogue 119, p. 97.

Au cours de l'eucharistie, le prêtre s'adresse souvent aux fidèles en disant : « Le Seigneur soit avec vous », et les fidèles répondent : « et avec votre esprit ». Ce sont des mots qui donnent courage car ils disent que, tout au fond, nous ne sommes pas seuls : le Seigneur est avec nous car il est ressuscité des morts.

Sheila Provencher, dominicaine laïque américaine, a passé des mois en Irak pendant la guerre ; elle appartient à la Christian Peace Team (« Association chrétienne de la paix ») qui voulait témoigner de sa solidarité avec les Irakiens en ces temps difficiles pour eux. Un e-mail qu'elle a envoyé montre comment la communion domine la peur : « Nous sommes TOUS environnés par la peur, ici et aux États- Unis. Je la sens dans l'air que nous respirons et sur les ondes ; nous sommes enfermés dans une prison de mots et de peurs. Mais ici, en Irak, nous sommes aussi environnés d'amis ; mon voisin, Abu Zayman, tient absolument à nous conduire à l'église, bien qu'elle soit juste à quelques pâtés de maisons : "Laissez-moi faire ça pour vous, s'il vous plaît", dit-il. Le propriétaire d'une boutique me dit : "N'ayez pas peur ! Si quelqu'un essaie de vous faire du mal, je vous protégerai" et un autre voisin : "Vous êtes ici chez vous, vous pouvez venir à n'importe quelle heure, même au milieu de la nuit !" Il y a des gens haut placés et des petites gens, des habitants de villas somptueuses et des gens sans abri, des sunnites, des chiites, des chrétiens et des sabéens, jeunes et vieux, hommes et femmes. Ils disent tous la même chose : "S'il y a QUOI QUE CE SOIT que je puisse faire pour vous, dites-le, je suis prêt à le faire." Ils nous entourent de soins. Qu'est-ce qui nous entoure encore, nous tous ? Nous sommes environnés par la grâce ; nous sommes environnés par une famille ; nous sommes environnés par le souffle de la vie. La grâce est infinie, ils sont tous de notre famille et chaque souffle est le souffle de Dieu. Quand et comment allons-nous ouvrir enfin les yeux ? Et que ferons-nous quand nous y verrons ? »

Nous combattons la peur en refusant l'isolement, en construisant une communion. Sur Robben Island, Nelson

Mandela et ses compagnons gardaient courage en s'envoyant des messages les uns aux autres ; ils cachaient ces messages dans le double fond de boîtes d'allumettes qu'ils laissaient tomber par terre ; ils les cachaient au fond de leur brouet qu'ils laissaient sous la cuvette des cabinets. Le courage refuse l'isolement ; il ne peut pas être égoïste ou solitaire, il ne peut pas chercher la gloire personnelle ou vouloir simplement trouver un raccourci pour le paradis. Les plus braves soldats sont ceux qui affrontent la mort pour que d'autres vivent, non par désir de tuer. Les gens comme Henri Burin des Roziers, qui risquent de se faire tuer, sont courageux parce que ce qu'ils font, ils le font pour ceux qu'on a réduits en esclavage. Les prétendus martyrs qui se donnent la mort pour tuer autant de gens innocents que possible et aller droit au ciel ne sont pas courageux, au vrai sens du mot, ils sont seulement la proie d'une illusion.

L'Église devrait donc nous donner du courage en favorisant la communication, en nous donnant assez d'assurance pour parler. Lacordaire a refondé l'Ordre dominicain en France, après l'interdiction des ordres religieux, au XIXe siècle et il se réjouissait de pouvoir prêcher en toute liberté : « Je n'ai jamais mieux compris la liberté que le jour où, en même temps que je bénissais les saintes huiles, j'ai eu le droit de parler de Dieu. L'univers s'ouvrait devant moi et je me rendis compte qu'il y a quelque chose d'inaliénable dans l'homme, quelque chose de divin et d'éternellement libre – la Parole ! La parole m'avait été confiée, parce que je suis prêtre, et je devais la porter jusqu'aux confins de la terre ; personne n'avait le droit de sceller mes lèvres un seul jour de ma vie[1]. » Mais ce courage de parler appartient à tous les chrétiens, par la vertu de leur baptême, pas seulement aux prêtres.

Souvent, nous ressemblons plus aux femmes du tombeau, incapables d'ouvrir la bouche parce que nous avons peur. Il

1. *Le Père Lacordaire* par Ch. DE MONTALEMBERT, cité par Y. CONGAR dans « La liberté dans la vie de Lacordaire », *Les Voies du Dieu vivant : théologie et vie spirituelle*, Paris, 1962, p. 337.

arrive que des évêques, qui ont atteint le terme de leur mandat et savent qu'ils n'auront pas d'autre évêché, parlent plus librement parce qu'ils « n'ont rien à perdre ». Mais que pouvaient-ils avoir de plus à perdre que leur liberté de parole ? Nous devrions nous encourager mutuellement, et encourager surtout ceux avec qui nous ne sommes pas d'accord ; autrement, la joie, la liberté et le bonheur que nous donne d'avoir part à la vie de Dieu vont se flétrir et nous ne serons plus capables d'être les témoins de la Résurrection du Verbe. Le courage est la vertu qui permet à toutes les autres vertus de fleurir. Dans mon chapitre X, « Du temps pour les pandas », je dirai que, pour moi, l'origine de ce silence remonte très loin, et j'évoquerai la façon possible de le briser.

Le silence le plus profond que nous ayons à affronter est celui de la mort : « Non, les morts ne louent point le Seigneur, ni tous ceux qui descendent au Silence », dit un psaume (115, 7), et c'est la mort qui nous montre le plus clairement ce qu'est le courage. Le courage nous met en face de notre vulnérabilité, et notre vulnérabilité ultime est d'être mortels. Si le courage est la force qui nous permet d'être lucides sur ce qu'il nous faudra supporter, alors nous devons essayer de comprendre ce que signifie devoir mourir. Est-ce qu'être chrétiens en fait quelque chose de différent ? La mort des martyrs a converti l'Empire romain. Avons-nous un témoignage à donner aujourd'hui quand nous affrontons notre propre mort ?

G. K. Chesterton écrivait que « le courage est presque une contradiction dans les termes ; il signifie un puissant désir de vivre qui se traduit en une acceptation de la mort[1] ». Cette contradiction, ou du moins cette tension apparaît dans la façon dont nous affrontons la mort. Il y a au moins deux façons d'en parler : la fin ou la libération. Et les deux sont indispensables. Tout d'abord, la mort est terrible : nous sommes corporels et donc la mort, ce n'est pas juste l'abandon d'un bagage facultatif permettant à l'âme de se

1. *Orthodoxy*, Londres, 1966, p. 134.

glisser jusqu'au ciel. C'est notre fin, la destruction de ce que nous sommes et aimons être. Nous aimons le corps de ceux que nous aimons ; souvenez-vous de ce que disait le vieux pasteur à son fils : « Jamais je ne pourrai assez rendre grâce à Dieu pour la splendeur qu'il a cachée au monde entier – à l'exception de ta mère, bien sûr – et qu'il m'a révélée dans ton visage merveilleusement ordinaire[1]. » La mort, sa propre mort ou celle des autres, est donc une chose terrible.

Herbert McCabe écrit : « La mort d'un être humain est un scandale [...]. La plupart des gens s'accordent à dire que la mort d'un enfant, qui n'a pas eu droit à la durée normale d'une vie humaine, a quelque chose de scandaleux ; mais je pense que, d'une certaine manière, toute mort met fin à une histoire qui avait encore d'infinies possibilités [...]. Nous avons de bonnes raisons d'être en colère à cause de la mort et la colère fait partie du deuil. Et nous avons de bonnes raisons d'être en colère contre Dieu[2]. » Si nous ne supportons pas la peine et même la colère, nous ne serons pas capable de vivre le deuil. Devant la mort, la désolation est normale. Il y a une prière pour les morts, attribuée souvent mais à tort à Bede Jarrett, o. p., qui affirme que « la mort n'est qu'un horizon et l'horizon n'est rien d'autre que la limite de notre vision ». On a envie de protester car cela semble réduire l'importance de la mort, comme si elle n'était pas plus dramatique qu'une excursion à la ville voisine. Henry Scott Holland pensait qu'il allait encore moins loin : « La mort n'est rien du tout. Je me glisse simplement dans la pièce à côté[3]. »

Mais on peut raconter une tout autre histoire, qui fait de la mort notre passage vers Dieu. On raconte souvent cela des saints. Saint François d'Assise s'est réjoui en accueillant la mort et, peu de temps avant, il a ajouté un dernier verset à son *Cantique du Frère Soleil* : « Loué sois-tu Seigneur,

1. Voir chap. III, p. 87 n. 2.
2. *Hope*, « Catholic Truth Society », Londres, 1987, p. 24 s.
3. « All is well », *Facts of the Faith*, Londres, 1919.

pour notre sœur la mort corporelle, à qui nul être vivant ne peut échapper[1]. » Il s'est couché par terre, couvert de terre et de cendre pour signifier que lui aussi retournait à la terre et il est mort avec une louange sur les lèvres : « Fais sortir de prison mon âme que je rende grâce à ton nom ! Autour de moi, les justes feront cercle, à cause du bien que tu m'as fait » (Ps 142, 8). Quand Dominique fut près de mourir, il dit à ses frères : « Je vous serai plus utile après ma mort que je ne l'ai été durant ma vie. » Et les deux sœurs qui ont élevé Enzo Bianchi lui ont dit que, chaque soir, avant d'aller au lit, il devait baiser la terre car « on doit ressentir de la solidarité avec la terre qui recevra notre corps, quand nous retournerons à la poussière : la terre, notre mère[2] ».

On peut donc raconter la mort comme deux histoires différentes : celle de quelque chose de terrible et celle de notre retour à la maison ; celle de notre destruction finale et celle de notre libération à la fin de notre histoire et au début de la longue histoire de l'éternité. Pour voir le rapport entre ces deux histoires, revenons à la mort du Christ[3]. D'abord, il y a le fait brutal de la mort. Un homme a été horriblement torturé et assassiné. Cela, nous l'évoquons tous les ans, le vendredi saint. Geoffrey Preston, o. p., nous rappelle la façon dont l'évoquaient les Mystères du Moyen Âge : « Quand le centurion entend différents bruits tandis que ses soldats tapent sur les clous qui s'enfoncent dans les mains de Jésus. Au premier coup, il dit “Chair”, au deuxième, “Os”, et enfin “Bois” en entendant le bruit du clou qui résonne dans la croix. C'est cela qu'on nous montre le Vendredi saint : “Voici le bois de la croix !” Que nous sommes brutaux et vulgaires, ce jour-là ! Mais nous savons que, depuis au moins six cents ans, les chrétiens ont fait exactement cela, ils ont vénéré un morceau de bois, très matériel, vulgaire et brutal,

1. Michael ROBSON, *St Francis of Assisi*, Londres, 1997, p. 260.
2. *Ricominciare. Nell'anima, nella Chiesa, nel mondo*, p. 68.
3. Voir mon livre, *Seven Last Words*, Londres, 2004, trad. fse, *Les Sept Dernières Paroles du Christ*, Paris, 2004.

mais qui est le fondement sans lequel nous ne pouvons rien dire de plus. Il y a un côté terre à terre fondamental dans le Vendredi saint, qui vient de la mort une fois pour toutes de Jésus, de la chair et du sang, des os, de la sueur et du bois[1]. »

C'est le point de départ, le simple fait brutal de la mort de Jésus. Mais tous les récits qu'on en fait, même le film de Mel Gibson retraçant la Passion, sont des interprétations. Il n'existe pas de témoignage neutre. Chacun des quatre évangiles essaie à sa façon de comprendre la mort de Jésus et nous avons besoin des quatre récits. Il nous suffira ici de dire que tous les quatre se concentrent sur deux mêmes points : il y a d'abord le fait que sa mort est horrible. À Gethsémani, il prie le Père de lui épargner ce moment : « Abba, Père, tout t'est possible : éloigne de moi cette coupe ; pourtant, pas ce que je veux mais ce que tu veux ! » (Mc 14, 36) et, au moment de mourir, il s'écrie : « Mon Dieu, mon Dieu, pourquoi m'as-tu abandonné ? » (Mc 15, 34.) Sa mort est une fin ignominieuse, honteuse, un échec, un abandon par Dieu et par les siens.

Mais les évangiles racontent en même temps une autre histoire. Dans l'évangile de Luc, Jésus promet au bon larron : « Aujourd'hui, tu seras avec moi dans le Paradis » (23, 43) et avec son dernier souffle, il se remet au Père : « Père, en tes mains, je remets mon esprit » (23, 46). La tension entre ces deux façons de raconter l'histoire est la plus aiguë dans l'évangile de Jean. Quand Judas sort, « c'était la nuit » (13, 30). Et pourtant la mort de Jésus est en même temps une heure de gloire, quand le Fils de l'homme est élevé et attire tout à lui (voir 12, 32). La mort de Jésus est bien à la fois nuit noire et aube lumineuse.

Devant ces deux façons de raconter l'histoire, notre réaction naturelle est de demander laquelle est vraie. Qu'aurions-nous vu si nous avions été présents ? Est-ce que ç'aurait été comme dans le film de Mel Gibson ? Quels ont été réelle-

1. *Hallowing the Time*, Londres, 1980, p. 106.

ment les derniers mots de Jésus sur la croix ? Qui, de Marc ou de Luc, nous donne le compte rendu le plus exact ? Nous n'en savons rien et cela n'a aucune importance. Le courage nous invite à la lucidité et nous avons besoin des deux histoires pour comprendre la mort de Jésus et notre propre mort. Il nous faut ces deux perspectives pour situer le Golgotha dans l'histoire du salut. Le récit de la vie de Jésus qui s'achève avec l'échec sur la croix est vrai. On peut raconter une histoire de Jésus qui évoque les trente ans de la vie de cet homme et sa défaite finale, avec ce terrible cri de désolation sur la croix. Mais le dimanche de Pâques, toute l'histoire est assumée dans la vie de Dieu. Et nous pouvons donc aussi parler de cette mort comme d'une victoire. La Résurrection n'est pas juste quelque chose qui s'est passé après, l'événement suivant de l'histoire de Jésus. Dans la Résurrection, le Père embrasse tout ce que Jésus a été, toute l'histoire qui va de la naissance à la croix, et lui donne son sens. Jésus est notre Seigneur blessé, à jamais tué et vivant. Il est donc également juste de parler de la crucifixion en des termes qui évoquent le triomphe et le don de la vie. Il nous faut les deux histoires pour trouver courage et espérance ; car si nous ne pouvons raconter, comme Marc, l'histoire d'un Jésus privé de la présence du Père, qu'est-ce que tout cela à affaire avec nous, quand nous nous sentons seuls et abandonnés ? Mais si nous ne pouvons raconter l'histoire de la victoire et du salut, à quoi nous sert la mort de Jésus ?

Quand nous mourons, en un sens, tout est fini. L'histoire qu'on peut raconter à notre propos est terminée. La mort est notre terme, la destruction de notre chère corporéité. Comme l'a dit Qohélet, « un chien vivant vaut mieux qu'un lion mort » (9, 4). Un jour, je l'espère bien, il y aura une pierre tombale où sera inscrit : Timothy Radcliffe, o. p., 1945-20?? Nous devons tous mourir, mortels que nous sommes, et il est normal de nous désoler de la disparition de ceux que nous aimons et même de ressentir une certaine inquiétude à l'idée de la nôtre. À la fin de *The Riders to the Sea*, de J. M. Synge, on lit : « Certainement, Bartle aura un beau cercueil de bois clair et une tombe creusée profond. Que peut-on souhaiter de plus ? Aucun homme ne vit éternellement et nous devons nous en contenter[1]. »

Cette fin n'est pas qu'une nécessité biologique ; nous en avons besoin si nous sommes devenus quelqu'un ; car, pour que l'histoire d'une vie ait un sens, elle doit avoir un commencement, un milieu et une fin. Cette fin, c'est la mort. Quand les gens sont morts, nous pouvons discerner l'histoire de leur vie et rédiger leur biographie. Si mon histoire ne se terminait pas, mais restait ouverte à une infinité de possibilités, je n'atteindrais jamais le statut de personne, d'individu avec une histoire complète qui montre qui je suis. Quand nous vieillissons, le dessin se fixe et les autres éventualités s'excluent. Je sais maintenant que je ne réaliserai jamais certains rêves. Je sais bien que je n'arriverai jamais à savoir l'hébreu assez couramment pour lire l'Ancien Testament dans le texte original, malgré plusieurs tentatives. J'apprendrai peut-être à jouer du violoncelle, mais jamais je ne défendrai les couleurs de l'Angleterre au cricket. La mort met finalement un terme à toutes les autres possibilités.

C'est pour cela que les histoires de repentir sur le lit de mort sont importantes ; les derniers instants d'une histoire cristallisent tout ce qui s'est passé avant ; la fin de l'histoire jette sa lumière et donne un sens à tout ce qui précède. Quand Bède le Vénérable était sur son lit de mort, il devait terminer sa dernière œuvre. « Alors le garçon dont je parle, et qui s'appelle Wilbhert dit encore une fois : "Il reste encore une phrase, cher maître, que nous n'avons pas écrite". "Écris-la", dit Bède. Après quelques instants le garçon dit : "Voilà, c'est écrit." Et Bède : "Bon ! C'est fini[2]." » Bède était écrivain, et sa propre histoire se termine quand il finit d'écrire. Ses mots font écho à ceux du Christ en croix : « C'est accompli. » Notre espoir, c'est qu'à notre mort nous ayons

1. Cité par Roy HATTERSLEY, *The Edwardians*, Londres, 2004, p. 285.

2. « Lettre de Cuthbert sur la mort de Bède le Vénérable » traduite dans le Bréviaire.

terminé ce que nous avions à faire ou à être : nous pourrons ainsi inscrire le point final à notre vie. Clément de Rome, à la fin du Ier siècle, compare la mort à la cuisson d'un vase d'argile, c'est ce qui nous donne notre forme définitive : « Si un potier tourne un pot et le manque ou que le pot se défait entre ses mains, il remodèle l'argile ; mais quand il en est arrivé au moment de le mettre dans le four chauffé, il ne peut plus rien y changer… De même ne pouvons-nous plus nous repentir ou confesser nos fautes quand nous avons quitté ce monde[1]. »

Il existe donc un sens selon lequel tout ce que nous pouvons dire de quelqu'un, c'est l'histoire qui s'étend de sa naissance à sa mort. Ce n'est pas que nous perdions de vue les épisodes suivants, après la mort, comme si ce quelqu'un avait émigré vers un pays inconnu. C'est que c'est sa vie. Mais il y a autre chose : dans le Christ, la totalité de l'histoire de notre vie, de la naissance à la mort, est assumée dans la vie de Dieu. Cette brève vie humaine, dans sa particularité, est embrassée par Dieu et ouverte à l'infini. Tout ce que nous avons fait, tout ce que nous avons été, sera rassemblé en Dieu. Julienne de Norwich assure que « rien de ce qui arrive dans le temps, aucune des peines que nous avons prises, aucune des souffrances que nous avons subies dans ce monde ne sera perdue ; *tout* servira à rendre un culte à Dieu et tournera à notre joie éternelle. *Tout* sera bien[2] ». C'est comme si une suite de notes discordantes prenaient sens et formaient un tout harmonieux. Rien n'est supprimé, mais tout est inclus.

Une des façons étonnamment différente qu'ont les chrétiens de regarder la vie du corps est qu'ils la considèrent comme infiniment précieuse, depuis la conception jusqu'à la mort, et qu'en même temps, ils l'envisagent face à l'espérance du Royaume. Le juge américain Scalia a dit exactement le

1. 2 *Clément* 8, 1-3, cité par Simon TUGWELL, o. p., *Human Immortality and the Redemption of Death*, Londres, 1990, p. 88.
2. S. TUGWELL, p. 87.

contraire de ce qu'il en est quand il a prétendu que si l'Amérique peut accepter la peine de mort, c'est parce qu'elle est un pays chrétien, tandis que l'Europe postchrétienne s'y oppose : « J'attribue cela au fait que, pour un chrétien croyant, la mort n'est pas une affaire [...]. Vous voulez une peine de mort juste ? Vous tuez, vous mourez. C'est juste[1]. » Les chrétiens s'opposent totalement à la peine de mort à cause de leur sens profond de la valeur de la vie corporelle ; c'est en la chérissant que nous nous préparons à la vie éternelle.

L'espérance nous pousse vers ce que nos yeux ne peuvent voir. En un sens, elle est aveugle et nous fait tendre vers plus que nous ne pouvons imaginer. Le courage voit clair. Nous ouvrons bravement les yeux et voyons combien nous sommes vulnérables et à quel point nous risquons d'être blessés sur le chemin du bonheur. Comme le dit Lear à Edgar, un être humain n'est qu'« un pauvre animal nu et fourchu[2] ». Et à moins d'oser affronter notre fragilité et notre mortalité, nous ne serons jamais courageux, seulement téméraires, comme les Celtes selon Aristote. Mais le Christ fait participer ce pauvre animal nu à sa victoire sur la mort et à sa gloire, de sorte que, comme l'écrit Hopkins, « ce clown, cette plaisanterie, ce malheureux tesson, cette tache, cette allumette, ce diamant indestructible est un diamant indestructible[3] ». Si nous ne sommes pas pénétrés de cette conviction, nous ne saurons peut-être pas être courageux, pour la raison inverse, parce que le cœur nous manquera. Si nous vivons avec ce courage, alors nous ne serons ni silencieux ni effrayés, comme les femmes au tombeau, et quelquefois, comme des éclairs, la joie et la liberté du Royaume illumineront notre vie.

1. Cité par Cherie BOOTH, q. c., « A challenge to Justice », *Tablet* 11, juin 2005.

2. William SHAKESPEARE, *Le Roi Lear*, acte III, scène 4, trad. Pierre Leyris et Elizabeth Holland, Paris, 1959.

3. *« This Jack, joke, poor potsherd, patch, matchwood, immortal diamond, is immortal diamond »*, (Gerard Manley HOPKINS, « That nature is a Heraclitean fire », *Poems and Prose*, Introduction par W. G. GARDNER, Londres, 1953, p. 66).

5

Le corps électrique

Ces réflexions nous ont, à maintes reprises, ramenés au corps. La liberté suprême de Jésus s'est exprimée dans le don de son corps. Le bonheur d'avoir part à la vie de Dieu n'est pas un état purement intérieur et mental ; pour être vraiment humain, il a besoin de s'exprimer physiquement. C'est le plaisir qu'on prend dans la personne particulière d'un autre, dans son visage « merveilleusement ordinaire ». Le courage exige que nous affrontions la mort de notre corps. Le corps est un élément central de toutes les grandes doctrines chrétiennes. Nous croyons que Dieu a créé notre corps et qu'il s'est approché de nous en Jésus-Christ. Notre principal sacrement est le partage de son corps. Nous croyons qu'il a ressuscité des morts corporellement et qu'il en ira de même pour nous. Nous ne ferons aucun progrès dans l'élucidation de ce que c'est qu'être chrétien, si nous ne réfléchissons pas sur ce que signifie pour nous d'avoir un corps.

L'enseignement chrétien part de notre conviction qu'avoir un corps est fondamentalement une bonne chose. Cela dit, il est curieux de voir comme les chrétiens sont souvent mal à l'aise dans leur corps, et le traitent comme si c'était un bagage encombrant, un poids mort qui nous alourdit jusqu'au moment de la libération de notre âme, à la mort. Il faut honnêtement reconnaître que bien des théologiens ont écrit comme si c'était le cas. Cela s'explique parce que, pendant la plus grande partie de son histoire, le christianisme a dû lutter contre le dualisme qui faisait une séparation nette entre le matériel et le spirituel. L'Église primitive a bataillé contre le gnosticisme qui affirmait souvent que le monde avait été créé par un dieu mauvais. Le salut devenait une fuite hors du corps. Pendant un certain temps, saint Augustin a été manichéen, avant que sa vie soit transformée par l'affirmation scandaleuse que le Verbe s'est fait chair. Saint Dominique a initialement fondé notre ordre pour combattre le dualisme des albigeois. Descartes a injecté dans la culture occidentale une forte teinture de dualisme, séparant l'esprit du corps ; nous n'en sommes pas encore totalement libérés aujourd'hui. La société contemporaine est obsédée par le corps, particulièrement s'il est jeune et beau, mais la banalisation de la sexualité fait penser qu'en fin de compte nous ne prenons pas notre corps au sérieux.

Nous ne sommes pas des esprits pris au piège d'un sac de chair, mais des êtres corporels dont la communion est toujours établie sur des fondations corporelles. Notre enracinement, notre sentiment de lieu et d'espace, est profondément corporel. À un séminariste qui lui demandait ce qu'il retenait principalement du concile Vatican II, le cardinal Peter McKeefry, archevêque de Wellington (qui mesurait près de deux mètres), répondit que les sièges étaient trop petits. Dans *Root Shock*, Midy Thompson Fullilove décrit comment la planification urbaine a détruit des quartiers noirs à travers tous les États-Unis. On a détruit des maisons et dispersé des communautés. Elle décrit la désolation et la colère qu'a provoquées ce « choc radical ». Ce n'est pas seulement qu'on avait perdu des voisins et des amis, ce qui était perdu, c'était ce lieu familier où s'orientait le corps, où les êtres corporels que nous sommes pouvaient s'épanouir. « Ce deuil n'est pas seulement affaire de l'esprit, mais aussi du corps. Nos muscles et nos os ont intégré la connaissance des lieux : le soleil au jour le plus long de l'été, la distance jusqu'à la boutique du coin, l'emplacement de l'arbre qui donne les plus beaux marrons. Nous parcourions ces espaces dans la chaleur de notre communauté, dans le filet protecteur de la gentillesse. Ces espaces n'existent plus. En été comme en hiver, notre corps nous rappelle qu'ils ne sont plus là pour répondre à nos désirs et nous satisfaire[1]. »

Le christianisme comme le judaïsme insistent sur le lien entre l'amour de Dieu qui nous a créés corps et âmes et le souci du corps de notre prochain, le souci de vêtir ceux qui sont nus, de nourrir les affamés, de soigner les malades. Nous ne pouvons nous résigner à la souffrance humaine comme si elle était la conséquence de péchés commis dans une autre vie. C'est ce profond respect pour la vie corporelle qui a conduit à une conscience de plus en plus vive du fait que la peine capitale est absolument contraire au christianisme.

C'est dans notre corps que nous rencontrons Dieu. Jean écrit, parlant du Verbe de vie : « Ce que nous avons entendu, ce que nous avons vu de nos yeux, ce que nous avons contemplé, ce que nos mains ont touché » (1 Jn 1, 1). La première fois que j'ai rendu visite à un couvent dominicain, j'ai été bouleversé quand l'un des frères a expliqué que les sacrements sont tous enracinés dans la vie de notre corps : la naissance et la mort, le sexe et la nourriture, le péché et la maladie. C'est à travers ces réalités tout à fait physiques que la grâce de Dieu nous trouve et nous guérit – la grâce qui complète la nature. « Avec mon corps, je t'épouse. » Comme toujours, Rowan Williams exprime cela avec bonheur : « Il n'y a que le corps qui sauve l'âme. Dit comme cela, c'est plutôt choquant, mais l'idée est que, laissée à elle-même, l'âme (quoi qu'on désigne ainsi), la vie intérieure, ou quelque nom que vous vouliez lui donner, ne peut se transformer elle-même. Il lui faut les dons que seule la vie extérieure peut lui apporter : les événements de l'action de Dieu dans l'histoire, dont ont entendu parler des oreilles

1. *« Root Shock : How tearing up a city neighborhoods hurts America, and what we can do about it »*, New York, 2004, p. 226.

physiques ; le fait matériel de croyants qui se rencontrent pour partager le pain et le vin ; les êtres humains, merveilleux et odieux, impossibles et imprévisibles, que nous rencontrons dans nos églises ou au-dehors. Ce n'est que dans cet environnement que nous pouvons nous sanctifier, chacun absolument à sa manière[1]. »

Selon Luther, le péché d'Adam et d'Ève a courbé nos corps, de sorte que nous sommes mentalement et physiquement déformés, *incurvatus in se*[2], repliés sur nous-mêmes. La grâce est ce qui nous permet de nous redresser, de nous tenir droit et de nous ouvrir vers l'extérieur. Dans toutes les traditions religieuses, la prière est étroitement liée au fait que le corps retrouve une position naturelle et bonne. Dans le christianisme, nous avons souvent oublié ce caractère physique de la prière. Je me rappelle le moment où j'étais assis sur le toit du séminaire dominicain de Nagpur, en Inde, avec des frères et sœurs en saint Dominique venus de toute l'Asie. Une sœur du Sacré-Cœur, Vanda Mataji, convertie de l'hindouisme, essayait de nous faire prendre conscience que se sentir bien dans son corps et prier n'étaient pas étrangers l'un à l'autre. Nous passions une heure à apprendre à respirer et à faire du yoga tous les matins, au lever du soleil, à la stupéfaction des singes qui se rassemblaient dans les arbres pour nous observer, le festival de musique de Durgha fournissant l'accompagnement sonore. Et cependant, il y en avait parmi nous qui étaient embarrassés et se tenaient comme des sacs de pommes de terre, ne sachant ni comment s'asseoir ni comment respirer.

Le vieux diable Screwtape explique à son jeune apprenti comment rendre inefficace la prière de sa victime : « Le meilleur moyen est de lui rappeler ou de lui faire croire qu'il se souvient des prières de perroquet de son enfance. On pourra le convaincre de viser par réaction à quelque chose

1. *Silence and Honey Cakes : the Wisdom of the Desert*, p. 94.
2. Diarmaid MacCulloch, *Reformation : Europe's House Divided, 1490-1700*, p. 118.

d'entièrement spontané, d'intérieur, de peu conventionnel [...]. Coleridge, l'un de leurs poètes, a rapporté qu'il ne priait pas à genoux, en remuant les lèvres, mais qu'il "se composait un esprit d'amour et s'abandonnait à la supplication". Voilà exactement ce que nous recherchons; [...]. Quoi qu'il en soit, il faut les persuader que la position agenouillée n'agit pas sur la prière, car ils oublient toujours ce dont tu dois te souvenir constamment : à savoir qu'ils sont des animaux et que tout ce que fait leur corps affecte leur âme[1]. »

Le corps d'un animal est adapté à un environnement particulier. Le corps d'un poisson a évolué pour vivre dans l'eau, le corps d'un oiseau, pour vivre dans l'air. Il est plus que probable que le corps humain exprime, d'une certaine manière, que notre identité profonde est d'être faits pour Dieu. Le Psalmiste ressent dans tout son être, âme et corps, la nostalgie de Dieu : « Mon âme a soif de toi, après toi languit ma chair, terre aride, altérée, sans eau » (Ps 63, 1).

Etty Hillesum était une jeune juive hollandaise qui est morte à Auschwitz en 1943. Elle a passé une partie de son temps à apprendre à prier avec son corps : « Le désir de m'agenouiller s'empare quelquefois de mon corps; ou plutôt c'est comme si mon corps était fait pour s'agenouiller[2]. » C'est en priant avec notre corps que nous comprenons quel genre d'animal nous sommes. Tout comme les poissons mènent leur vie de poissons en nageant ou les kangourous, leur vie de kangourous en bondissant, nous sommes orientés vers le terme de notre pèlerinage, dans la prière. Saint Dominique avait neuf façons de prier, étendu par terre, debout, les bras levés en l'air, assis, etc. Les différentes positions du corps donnaient chacune toute une formation spirituelle. Un frère qui avait quitté l'Ordre subit un grave accroc de santé. Pour lui, c'était la conséquence directe du fait qu'il ne chan-

1. *Screwtape Letters*, trad. fse : *Tactique du Diable*, Paris, 1967, p. 20.

2. *An Interrupted Life. The Diaries of Etty Hillesum, 1941-1943*; trad. fse par A. J. Pomerans, Londres, 1996, p. 129; trad. fse par Philippe Noble, *Une vie bouleversée, Journal 1941-1943*, Paris, 1985.

tait plus tous les jours l'office quotidien avec les frères : son corps ne supportait pas de ne plus chanter les psaumes !

Si l'on en croit l'Ancien Testament, l'idolâtrie fait de nous des êtres inertes, à la manière des idoles que nous adorons :

> Leurs idoles, or et argent,
> une œuvre de main d'homme !
> Elles ont une bouche et ne parlent pas,
> elles ont des yeux et ne voient pas,
> elles ont des oreilles et n'entendent pas,
> elles ont un nez et ne sentent pas,
> leurs mains, mais elles ne touchent point,
> leurs pieds, mais ils ne marchent point,
> de leur gosier, pas un murmure !
> Que leurs auteurs leur ressemblent,
> tous ceux qui comptent sur elles ! (Ps 115, 4-8.)

Une fausse religiosité nous rend insensibles et paralyse notre corps. Quand nous adorons le vrai Dieu, notre corps est bien vivant, avec le toucher, le goût et l'odorat, la vue et l'ouïe. Quand l'être donné par Dieu est florissant, nous aspirons à toute la vitalité de nos sens. Dans *Billy Elliot*, ce film qui raconte l'histoire d'un garçon de la classe ouvrière qui veut devenir danseur, on demande à Billy ce qu'il ressent quand il danse ; et il répond : « De l'électricité ! » On pourrait dire qu'on est électrisé par la grâce de Dieu.

La grâce nous rend gracieux. Certains chrétiens orientaux affirment même que la grâce peut nous rendre plus beaux. Ce pourrait être une nouvelle publicité pour le christianisme ! La grâce façonne notre visage en le faisant sourire.

Enzo Bianchi, prieur du monastère de Bose, écrit : « Je suis personnellement convaincu que la vie spirituelle influe profondément sur l'aspect physique, sur le visage. La tradition grecque parle des moines spirituellement mûrs comme de *kalógeroi* (de "beaux anciens"). Oui, la beauté est une des dimensions de la synergie entre grâce et nature[1]. » Cette

1. *Ricominciare : nell'anima, nella Chiesa, nel mondo*, Gênes, 1999, p. 58.

idée de beaux anciens me fait sourire : je dois reconnaître que je n'ai jamais été frappé par la beauté de mes frères. Il faut que j'y regarde de plus près !

Il est donc parfaitement beau et juste que la prière chrétienne fondamentale soit le partage d'un corps. Jésus fait don de son corps aux disciples ; ou plutôt son corps est, par sa nature même, un don. L'acte central de la dernière Cène nous révèle tout ce que signifie être corporel. Je suis mon corps, à qui ont donné naissance mes parents, mes grands-parents et, au bout du compte, Dieu. Être une créature, c'est avoir reçu la vie, pas juste à la conception mais de façon permanente. Une des façons de remercier Dieu et nos parents pour notre vie, c'est de prendre soin de notre corps. Comme le dit Jean-Louis Bruguès, o. p., l'évêque d'Angers, « celui qui n'aime ni son père ni sa mère ne peut aimer son corps ni celui des autres[1] ». On honore son père et sa mère en honorant le corps qu'ils ont conçu et engendré et qui est soi. Soigner son corps, se maintenir en forme, est une façon d'accueillir le don d'un corps qui nous a été fait et de marquer de la gratitude pour notre vie.

Si le don d'un corps est le sacrement qui forme le cœur de notre prière, il n'est pas surprenant que la façon la plus profonde d'exprimer qui nous sommes soit le don de notre corps ; chacun dit à l'autre : « Voici mon corps, il t'appartient. » C'est, tout au fond, un acte eucharistique. Cela peut sembler blasphématoire, mais le lien entre la sexualité et l'eucharistie est profondément traditionnel. La première lettre de Paul aux Corinthiens traite principalement de l'eucharistie et de la sexualité. Il va et vient d'un sujet à l'autre. Nous ne pouvons comprendre notre sexualité qu'à la lumière de l'eucharistie et vice versa. On s'attendrait donc à ce que les chrétiens aient une intelligence de la sexualité radicalement différente des autres gens. Et là encore, l'*Épître à Diognète* considère que c'est une des façons qu'ont les chrétiens d'être complètement différents : « Ils se marient, comme tout le

1. *L'Éternité si proche*, Paris, 1955, p. 102.

monde ; ils ont des enfants ; mais ils ne détruisent pas leur progéniture. Ils font table commune mais non pas lit commun. Ils sont de chair, mais ne vivent pas selon la chair. »

Il y a deux raisons qui font qu'il est difficile pour notre société de comprendre le sens eucharistique de la sexualité. La première est la banalisation du corps. Notre tendance à regarder le sexe comme une espèce de récréation ou comme quelque chose qu'il vaut mieux ignorer en est symptomatique. On peut trouver des T-shirts avec l'inscription « Heureux d'être A » : des gens s'affirment bien haut « asexués ». Cela va d'un rejet de la sexualité au simple désir de ne pas s'en soucier. On lit dans un article du Times[1] : « C'est plus du désintérêt que du dégoût. À l'occasion, quand j'observe tout ce qu'implique l'acte sexuel, je me dis : "Beuh ! pourquoi accepterais-je tout ça ?" C'est juste que je ne ressens pas le besoin d'en faire l'expérience. » Zoe O'Reilly écrit, dans un essai intitulé *Ma vie d'amibe* : « Il me semble que le fait de ne pas avoir de sexualité me rend la vie plus facile. En omettant cet aspect de ma vie, j'ai plus de temps libre pour d'autres activités, faire des autels, mémoriser des chants de guérison, étudier la psychologie médico-légale. » Michèle Kirsch, un autre auteur, commente : « Avec des sujets d'intérêt comme ceux-là, on pourrait se dire qu'elle ferait mieux d'avoir des relations sexuelles. »

Le point de vue chrétien sur la sexualité devrait être totalement différent ; nous la considérons comme précieuse, car c'est une dimension fondamentale de notre humanité. Un jour, alors que saint Jean Chrysostome prêchait sur la sexualité, il remarqua des gens qui rougissaient et s'indigna : « Pourquoi rougissez-vous ? Est-ce impur ? Vous vous conduisez comme des hérétiques[2] ! » Penser que le sexe est repoussant, c'est manquer à la vraie chasteté et c'est une

1. Michèle KIRSCH dans *The Times*, 17 mars 2005.
2. 12e homélie sur l'épître aux Colossiens.

déficience morale, si l'on en croit le grand Thomas d'Aquin[1].

La deuxième raison qui explique que nous ayons du mal à comprendre cela est que nous avons tendance à considérer notre corps comme un objet que nous possédons. Dans le métro de Londres, j'ai vu une publicité pour un livre sur le corps humain qui s'appelait, si j'ai bonne mémoire, *Man : from 1200 BC until today. All models, shapes, sizes and colours. Haynes Owners Workshop Manual* (« L'Homme, de 1 200 av. J.-C. à nos jours. Modèles, formes, tailles et couleurs. Manuel Haynes »). C'était une sorte de manuel de l'usager comme celui qu'on trouve avec une voiture neuve ou une nouvelle machine à laver. Si l'on considère son corps comme cela, une possession assez précieuse, parmi d'autres, l'acte sexuel n'a pas de signification particulière. Je fais ce qui me plaît de ma machine à laver, si je veux, je peux m'en servir pour gâcher du plâtre, ou faire de la pâtisserie ou y prendre un bain si elle est assez grande pour cela. Dans ces conditions, pourquoi ne pourrais-je pas faire ce que je veux de mon corps ? C'est ainsi que nous pensons tout naturellement depuis qu'au XVIIe siècle nous avons virtuellement rendu absolu le droit de propriété. Et en effet, John Locke a établi sa théorie de la personne humaine sur la notion de « possession personnelle » « une possession de sa propre personne[2] ». On croit souvent que l'éthique sexuelle de l'Église est plus restrictive que celle de la société laïque, mais c'est pour elle une question de relation vivante de don mutuel plutôt qu'un échange de possessions.

L'Église a un enseignement sans ambiguïté sur la sexualité : nous ne pouvons avoir des relations sexuelles qu'avec celui ou celle avec qui nous sommes mariés, qui doit être de l'autre sexe et accepter d'avoir des enfants. C'est un idéal simple, mais il est éloigné de la vie de nombreux catho-

1. *Somme théologique*, IIa IIae, 142, 1.
2. Roger RUSTON, *Human Rights and the Image of God*, Londres, 2004, p. 245.

liques. Ils sont nombreux à être divorcés et remariés, ou non mariés, ou à vivre avec un partenaire, parfois du même sexe, ou à pratiquer la contraception. Il y a un abîme entre ce qu'enseigne l'Église et la façon dont vivent nombre de ses membres. En ce qui concerne le sexe, la plupart des catholiques ne se conduisent pas de façon bien différente des autres membres de la société.

Que doit faire l'Église en réponse à cette situation ? Une façon de faire est d'insister fortement sur l'enseignement reçu. En ce cas, nous risquons d'être de plus en plus déphasés par rapport à la vie d'un grand nombre de membres de notre Église. L'Église risque de devenir une secte étroite isolée par sa morale sexuelle et rendue incapable de partager la Bonne Nouvelle avec d'autres. Déjà, bien des catholiques ne demeurent dans l'Église qu'en ignorant volontairement son enseignement sur la sexualité, lequel affaiblit son autorité en d'autres domaines. Si l'on peut fermer les yeux sur ce qu'enseigne l'Église dans le domaine de la sexualité, alors pourquoi pas aussi dans les autres domaines ? D'autres demeurent catholiques, mais sont accablés par la culpabilité ou ont l'impression d'être des citoyens de seconde classe, exclus des sacrements parce qu'ils sont en « situation irrégulière ».

Si l'Église acceptait tout simplement de se conformer aux mœurs modernes, le danger serait tout aussi grand. Nous aurions l'air de nous assimiler aux usages modernes par faiblesse, faute d'avoir assez de cran pour défendre ce que nous croyons. Si l'enseignement de l'Église est juste, ne devons-nous pas le proclamer ? Ce qui se passe souvent, c'est qu'on redit cet enseignement, peut-être *sotto voce*, tout en laissant subtilement entendre qu'en réalité on accueille tout le monde. C'est ce qu'on appelle la « solution pastorale ». C'est peut-être la façon la plus humaine de procéder mais cela risque d'apparaître comme de l'hypocrisie et de la lâcheté.

Je n'ai pas la solution, mais le meilleur point de départ si nous voulons comprendre notre sexualité est la dernière

Cène. Quand Jésus livre son corps aux disciples, il est vulnérable ; il s'est remis entre leurs mains pour qu'ils fassent ce qu'ils veulent de lui. L'un d'eux l'a déjà vendu, un autre va le renier et la plupart des autres vont l'abandonner. Le don de son corps révèle que la sexualité est inséparable de la vulnérabilité. Elle incarne une tendresse qui signifie qu'on peut être blessé ; c'est un don de soi qui peut rencontrer refus et moquerie, et dans lequel on peut se sentir utilisé. La dernière Cène témoigne de façon très réaliste du danger de se donner. On est loin du romantique souper aux chandelles dans une vieille auberge. L'éthique sexuelle chrétienne nous invite à assumer cette vulnérabilité, à courir le risque de l'intimité, à perdre toutes ses défenses.

La dernière Cène est l'histoire du risque de se donner. C'est pour cela que Jésus est mort, parce qu'il a aimé. Mais il est plus dangereux encore de ne pas prendre ce risque : c'est un danger mortel. Écoutez ce que dit C. S. Lewis : « Tout amour rend vulnérable. Aimez quoi que ce soit, et votre cœur connaîtra certainement la peine et sera peut-être brisé. Si vous voulez être sûrs que votre cœur demeure intact, ne le donnez à personne, pas même à un animal. Emballez-le soigneusement dans d'innocents passe-temps et des petits luxes ; évitez tout lien étroit. Enfermez-le à l'abri dans le coffre ou le cercueil de votre égoïsme. Mais dans ce coffre, sûr, sombre, immobile et sans air, il va se transformer ; il ne sera pas brisé mais il deviendra dur, impénétrable, inatteignable. Face à la tragédie ou au risque de tragédie, il n'y a que la damnation. Hors du Paradis, le seul endroit où l'on soit parfaitement à l'abri de toutes les perturbations, de tous les dangers de l'amour, c'est l'Enfer[1]. » Pour Mark Patrick Hederman, o. s. b., « L'amour est la seule force suffisamment irrépressible pour nous obliger à quitter l'abri confortable de notre individualité bien gardée, à rejeter l'épaisse carapace de notre autosuffisance et à nous avancer sans

1. *The Four Loves*, Londres, 1960, p. 111.

protection dans la zone dangereuse, le *melting pot* où l'individu purifié se change en personne[1] ».

La dernière Cène fut un moment critique dans la relation entre Jésus et ses disciples. La communauté s'effondre, les liens de fraternité sont niés et défaits. Jésus assume la crise et la rend féconde. Il se peut que presque toute relation intime connaisse un moment de crise. Si nous nous donnons totalement à quelqu'un, inévitablement il peut se produire un désastre. La dernière Cène nous invite à ne pas fuir les crises mais à les assumer, en ayant confiance dans la possibilité qu'une crise porte du fruit. C'est vrai, même pour les prêtres et les religieux. La plupart d'entre nous traversent une crise, généralement peu après notre ordination ou notre profession solennelle. Quand un jeune moine dit au père Byrne, abbé d'Ampleforth, qu'il ressentait le besoin d'aller vers « de plus vastes horizons », il lui répondit : « Comment s'appelle-t-elle ? »

De manière typique, lorsque j'ai pris conscience, pour la première fois, après mon ordination, qu'il y avait quelqu'un à qui j'aurais pu donner ma vie, je me suis trouvé jeté dans un grand trouble. Je m'étais librement engagé dans l'Ordre, jusqu'au jour de ma mort ; j'aimais mes frères et la mission qui était la nôtre, et je croyais toujours que c'était ma vocation. Ce fut le commencement d'un retour au réel, et un moment fécond. Quand j'avais fait profession, j'étais comme dans une petite bulle d'irréalité : « Désormais, je n'aurai plus le droit de me marier. Au fond… sait-on jamais ? » Et maintenant, avec cette crise, je devais retomber sur terre et accepter le chemin que j'avais choisi ou, plus exactement, sur lequel je croyais que Dieu m'avait appelé. C'est seulement ainsi, avec la vie et les engagements de la personne que j'étais, que je pouvais apprendre à aimer et à être aimé. Les êtres humains sont très doués pour se réfugier dans l'illusion ; j'espère avoir repris pied sur la terre ferme avant de devoir y être couché pour toujours.

1. Hederman, *Manikon Eros : Mad Crazy Love*, Dublin, 2000, p. 66.

La chasteté est une vertu assez peu à la mode. Cela a un petit air prude et guindé, mais c'est une vertu à laquelle nous sommes appelés, que nous soyons marié, célibataire ou religieux. Herbert McCabe, o. p., a écrit que « la chasteté qui n'est pas une manifestation de l'amour n'est que le cadavre de la véritable chasteté[1] ». Le cadavre d'un chien ressemble à un chien. On pourrait même s'y tromper et croire que c'est un chien qui fait tranquillement la sieste. Mais, d'après saint Thomas, ce n'est pas un chien, ce n'est qu'un ex-chien. De même un célibataire qui n'aime pas peut bien sembler chaste, il ne l'est pas.

La chasteté guérit notre amour en le libérant de l'illusion. Nous apprenons à vivre dans le corps que nous sommes, à mener l'existence que nous avons choisie avec les engagements que nous avons pris. On entre dans le réel. L'illusion est autre chose que l'imagination ; l'imagination est le pouvoir de donner une forme nouvelle à la réalité, de trouver l'espérance là où il semble n'y avoir que désespoir. L'imagination crée des signes qui parlent de l'avenir et le rendent plus proche. L'illusion, d'une certaine manière, est l'inverse. C'est une forme de désespoir, qui fuit la réalité au lieu de lui donner une autre forme. W. B. Yeats écrivait : « Nous nous sommes nourris le cœur d'illusions, ce régime a durci notre cœur[2]. » La chasteté nous libère de l'illusion et rend ainsi notre cœur plus tendre, elle fait d'un cœur de pierre un cœur de chair.

La personne chaste essaie de donner à sa vie une forme qui permette de raconter une histoire cohérente. Dieu s'est incarné en Jésus-Christ et nous sommes appelés à être incarnés en notre corps. La chasteté n'est pas d'abord une question de suppression du désir, au moins dans la tradition thomiste. Saint Thomas disait – et souvent, on l'interprète mal – que vivre dans la chasteté, c'est vivre selon l'*ordo rationis*, l'ordre de la raison[3]. Cela paraît froid et cérébral,

1. *Law, Love and Language*, p. 22.
2. *Complete Poems*, Augustine MARTIN (éd.), Londres, 1990, p. 211.
3. *Somme théologique*, IIa IIae, 151, 1.

comme si être chaste, c'était donner à son esprit le pouvoir de dominer les passions désordonnées. Mais pour Thomas, la *ratio*, c'est le monde réel « en accord avec la vérité des choses[1] ». Cela signifie vivre dans la réalité de qui je suis et qui sont ceux que j'aime. La passion et le désir peuvent nous entraîner à vivre dans l'illusion. La chasteté nous ramène sur terre. Elle nous fait dépasser cette dangereuse illusion que nous sommes des êtres angéliques, éthérés. Cela ressemble à la chasteté, mais n'en est que la perversion. Nous sommes chair et sang. Thomas nous a appris que personne ne peut vivre en privant ses sens de tout plaisir, et que « celui-là même qui enseigne que le plaisir est mauvais sera inévitablement surpris à prendre du plaisir[2] ». Cela me rappelle un de mes frères qui allait un jour dire la messe dans un couvent; la sœur qui ouvrit la porte s'écria en le voyant : « Ah, c'est vous mon père ; j'attendais un homme ! » Ou ce colloque, à Dublin, où il y avait trois séries de toilettes : « hommes », « femmes » et « prêtres ».

Si vraiment la sexualité est chose précieuse, pour le christianisme, il doit accepter l'érotisme et s'en réjouir. E. F. Rogers va jusqu'à dire qu'il est au cœur de notre relation à Dieu : « L'amour que Dieu a pour l'humanité est éros, si éros est un amour qui soupire après l'union avec l'autre, qui veut l'autre dans sa chair, qui est vulnérable et passionné. La *philanthropia* de Dieu est l'amour d'un amant en même temps que l'amour d'un père [...]. Éros ne nous révèle pas Dieu, mais Dieu dévoile éros. Dieu fait qu'éros veut dire quelque chose et signifie ce qu'il veut dire; Dieu fait qu'éros veut dire alliance; Dieu fait d'éros l'énergie de la vertu. La conséquence n'est pas la satisfaction, sauf occasionnellement, mais la sanctification. C'est la vie avec Dieu[3]. »

1. Joseph PIEPER, *The Four Cardinal Virtues*, p. 156.
2. *Somme théologique*, Ia IIae, 34, 1.
3. Eugene F. ROGERS junior, *Sexuality and the Christian Body*, Oxford, 1999.

Comment pouvons-nous vivre tranquillement avec l'immense pouvoir de l'érotisme, que nous soyons mariés ou célibataires ? J'ai bien conscience que nous autres clercs célibataires, nous sommes souvent ridicules quand nous abordons ce domaine. Je vais essayer de ne pas imiter cet évêque irlandais qui avait prêché un superbe sermon sur les bienfaits de la sexualité et était très satisfait en sortant de l'église d'entendre deux femmes qui louaient sa prédication, jusqu'à ce que l'une dise : « Dommage qu'il en sache moins sur le sexe que n'importe laquelle d'entre nous ! » Je suis également conscient que, comme l'évêque en question, je suis un homme, ce qui, sans aucun doute, me donne une perspective limitée sur la sexualité.

Il y a au moins deux types d'illusion qui risquent de déformer l'érotisme et de le rendre malsain : le fait d'être aveuglément amoureux et d'être la proie de la convoitise. L'un est l'inverse de l'autre ; la vertu réside au milieu. La plupart d'entre nous ont été un jour cet amoureux aveugle, ont connu ce moment où quelqu'un devient l'objet unique de tous nos désirs, le symbole de tout ce que nous avons toujours voulu, la réponse à tous nos appels. Il nous faut ne faire plus qu'un avec celui ou celle-là, sinon notre vie est vide et dépourvue de sens. La personne aimée devient celle qui seule peut combler ce grand vide que nous découvrons en nous. Nous pensons à elle sans cesse.

> Et mes membres le jour, la nuit mon esprit,
> De mon fait ou du tien ne trouvent de répit[1].

Pour parler un langage d'aujourd'hui, on pourrait dire que l'être aimé est comme l'économiseur d'écran de nos ordinateurs : dès qu'on arrête de penser à autre chose, il est là. C'est comme un esclavage, une prison, mais une prison dont

1. *« Lo thus by day my limbs, by night my mind, / For thee and for myself no quiet find »*, (W. SHAKESPEARE, sonnet XXVII, trad. Jean Fuzier, Paris, 1959) ; voir Paul MURRAY, o. p., « God's spy, Shakespeare and religion ».

nous n'avons aucun désir de sortir. Nous sommes impuissants ; nous avons divinisé l'être aimé et l'avons mis à la place de Dieu. Mais bien sûr, nous adorons notre propre création ; c'est une projection. Il se peut que presque tout véritable amour traverse cette étape de folle obsession. Il n'y a qu'un remède, c'est de vivre jour après jour avec cette personne et de se rendre compte qu'elle n'est pas Dieu, juste son enfant. L'amour mûrit quand nous guérissons de cette illusion, quand nous nous retrouvons face à une personne réelle et non plus à une projection de nos désirs. C'est ce que dit Octavio Paz : « L'amour révèle la réalité au désir[1]. »

Quel que soit l'amour que nous portions à une personne, elle ne peut être tout ce que l'on recherche. Nul ne peut offrir cette totale satisfaction, l'apaisement de tout désir. Nous sommes *capax Dei* – faits pour Dieu – et comme le dit si bien Augustin « notre cœur est inquiet tant qu'il ne repose pas en toi[2] ». Sur notre route de pèlerinage, nous avons besoin non seulement de celui ou celle que nous aimons le plus, mais aussi de notre famille, d'amis, de tout un réseau de relations qui nous aide. Et nous restons, en un sens, solitaires, incomplets, jusqu'à notre arrivée dans le Royaume. Rilke avait compris qu'il ne peut y avoir de véritable intimité dans un couple tant qu'on n'a pas compris que, d'une certaine manière, chacun demeure seul. Chaque être humain garde une mesure de solitude, un espace qui ne peut être aboli. « Un bon mariage est celui dans lequel chacun fait de l'autre le gardien de sa solitude et lui témoigne cette confiance, la plus grande qu'il ait le pouvoir de montrer [...]. Quand on a accepté l'idée que même entre les êtres qui sont les plus proches, il y a toujours une distance infinie, une magnifique vie côte à côte peut se développer ; à condition que chacun réussisse à aimer la distance qui le sépare de

1. Cité par HEDERMAN, *ibid.*, p. 87.
2. *Confessions*, Livre 1, 1, 3.

l'autre et permet de le voir en entier, avec pour arrière-fond un vaste ciel[1]. »

Ceux qui ont fait vœu de célibat peuvent se faire une idée romantique de la totale intimité possible à ceux qui sont mariés et ressentir de la colère à l'égard de l'Église qui les exclut de ce qui leur semble un besoin fondamental. Ceux qui sont mariés peuvent ressentir de la colère à l'égard de leur conjoint, parce qu'il n'est pas Dieu, finalement. La déception peut nous rendre amers. Rowan Williams, l'archevêque de Cantorbéry qui est marié, écrit : « La personne devient adulte et vraie quand il est confronté au caractère à jamais insatisfait de ses désirs : le monde est tel que rien ne donne à la personne une identité parfaite et accomplie[2]. » Quand deux personnes se marient, elles échangent leur promesse, s'engageant à vivre dans la vérité mutuelle. Et cette vérité ne peut mieux s'exprimer que dans le pèlerinage commun vers le seul en qui nous trouverons tout ce que nous cherchons.

Le piège opposé à l'amour aveugle consiste à faire de l'autre un simple objet, quelque chose qui satisfera mon besoin sexuel. La convoitise rend aveugle à la personnalité de l'autre, à sa fragilité et à sa bonté. Écrivant sur la chasteté, saint Thomas nous dit que le lion voit le cerf comme un repas ; le désir nous transforme en chasseurs, en prédateurs cherchant quelque chose à dévorer. Nous cherchons juste un morceau de viande, quelque chose à engloutir. Saint Augustin disait : « Il n'est pas possible d'aimer quelqu'un de la même manière que le gourmet pourra dire "j'aime la soupe". » C'est la même intuition qui empêche la Reine Rouge d'*Alice à travers le miroir* de laisser Alice manger un morceau du mouton dont elle a fait connaissance : « C'est contraire à l'étiquette de découper quelqu'un à qui

1. John MOOD, *Rilke on Love and Other Difficulties, Translations and Considerations of Rainer Maria Rilke*, New York, 1993, p. 27 s., cité par HEDERMAN, *ibid.*, p. 81.

2. *Lost Icons*, Édimbourg, 2000, p. 153.

vous avez été présenté[1]. » Le désir purement physique dépersonnalise l'autre qui devient objet de consommation. Le consumérisme est une rencontre vorace avec le réel, il n'est donc pas surprenant que le désir soit une caractéristique de la société de consommation.

Quand nous mangeons la viande d'un animal, nous le coupons en morceaux et la convoitise peut nous faire démembrer aussi les humains, pour nous concentrer sur une partie de leur corps. Quand Jésus parle d'un regard de convoitise jeté sur quelqu'un, il dit : « Si ton œil droit t'est une occasion de péché, arrache-le et jette-le loin de toi […]. Et si ta main droite est pour toi une occasion de péché, coupe-la et jette-la loin de toi » (Mt 5, 29-30). Si nous obéissions littéralement, je doute qu'il reste beaucoup de chrétiens avec deux yeux sur notre planète – on verrait alors que les chrétiens sont étonnamment différents ! Mais sûrement la rhétorique de Jésus est une invitation à voir ce que nous faisons aux autres. Une fois encore, la chasteté nous remet dans le monde réel. La chasteté nous ouvre les yeux pour nous permettre de voir la beauté du corps qui est devant nous, mais ce corps est quelqu'un.

Dans « I Sing the Body Electric », Walt Whitman célèbre toutes les parties du corps qui est l'âme rendue visible.

Tête, cou, cheveux, oreilles, lobe et pavillon de l'oreille,
Œil, cils, prunelle de l'œil, sourcils, paupière levée ou baissée,
Bouche, langue, lèvres, dents, palais, joues et mâchoires…
Cuisses bien musclées qui supportent le tronc,
Jambes, genoux, creux du genou, mollets et chevilles…
Oh, ce ne sont pas seulement les parties du corps, le poème du corps
Mais aussi de l'âme, je dis que c'est l'âme[2] !

1. Lewis CARROLL, *Alice's Adventures in Wonderland and Through the Looking-Glass*, Oxford, 1971, p. 234. Édition française, *Alice au pays des merveilles* et *Alice à travers le miroir.*

2. Repris de « I Sing the Body Electric », cité par Martha C. NUSSBAUM, *Upheavals of Thought : The Intelligence of Emotions*, Cambridge, 2001, p. 660.

Ce corps n'est pas un objet mais bien un sujet, elle me regarde autant que je la regarde. La pornographie réclame toujours l'immunité du voyeurisme, la sécurité de l'invisibilité. On distingue l'art érotique de la pornographie car dans le premier, le corps, dans toute sa beauté, est celui d'une personne qui a un visage et qui représente une subjectivité. La *Vénus d'Urbino* du Titien est belle, ce n'est pas une image pornographique car nos yeux sont attirés par son visage. « Le visage fait du corps une personnalité, il le possède dans la liberté et condamne tout regard possessif comme un viol. Le nu peint par le Titien ne cherche ni à provoquer ni à exciter, il garde un certain détachement, une sérénité, – la sérénité de quelqu'un dont les pensées et les désirs sont siens et non pas nôtres [...]. Chez le Titien, le visage veille sur la forme, affirmant tranquillement qu'il en est le maître et nous en interdisant la possession. C'est de l'art érotique, mais ce n'est jamais un art qui pousse à la concupiscence : Vénus ne nous est pas montrée comme un objet possible de désir. Elle est tenue à distance; elle est la personnalité qui nous regarde tranquillement par ces yeux, et qui est occupée de ses propres pensées et de ses propres désirs[1]. »

Le désir de convoitise peut ressembler à la folle passion d'une sexualité incontrôlée, mais saint Augustin, qui connaissait bien la sexualité, y voyait plutôt la recherche de domination que celle du plaisir sexuel. Ce qui est en jeu ici, c'est la *libido dominandi*, c'est ce qui pousse à prendre le contrôle et à se faire Dieu. C'est bien ce dont parlait Sebastien Moore, o. s. b., « Non pas une passion sexuelle qui échappe au contrôle de la volonté, mais une passion sexuelle qui sert de masque à la volonté d'être Dieu [...]. Notre tâche est alors non pas de soumettre la passion sexuelle à la volonté, mais de la rendre au désir dont Dieu est l'origine et la fin, dont

1. Roger SCRUTON, « Flesh from the Butcher – How to distinguish eroticism from pornography », *The Times Literary Supplement*, 15 avril 2005, p. 11.

la libération est la grâce de Dieu manifestée dans la vie, l'enseignement, la crucifixion et la résurrection de Jésus-Christ[1]. »

Le premier pas de la reconquête du désir sexuel n'est pas de l'abolir mais de le restaurer, de le libérer, de découvrir qu'il va vers une personne et non vers un objet. Ces deux extrêmes, l'amour fou et la convoitise, peuvent sembler différents, mais ils sont l'image en reflet l'un de l'autre : dans le premier cas, on fait de l'autre Dieu, dans le second, on prétend être Dieu. Dans le premier cas, on se dépouille de tout pouvoir, dans le second, on s'attribue un pouvoir absolu. Comme l'écrit Rowan Williams, l'amour « hésite entre égoïsme et négation de soi[2] ». Il donne le sentiment intense d'être soi-même et en même temps dissout complètement la personnalité. La chasteté, c'est le maintien de l'équilibre ; sinon, si l'égoïsme prend le dessus, on tombe dans la prison de la convoitise et si l'amour aveugle prend le dessus, on se renie soi-même au point de perdre son identité. Dans le film *Les Liaisons dangereuses*, on voit deux aristocrates français qui s'entendent pour obtenir de leurs victimes qu'elles se prêtent à des relations sexuelles. Mais le moment fort est celui où le vicomte de Valmont tombe si éperdument amoureux qu'il perd le contrôle sur lui-même et sur l'autre : « En ce qui concerne cette grande passion présente, elle ne durera pas mais, pour aujourd'hui, elle échappe à ma volonté. » La domination se transforme en soumission et le désir de possession devient amour aveugle, sans faire halte à ce délicat point d'équilibre où pourrait fleurir un véritable amour.

L'éthique chrétienne devrait donc nous aider à vivre notre sexualité à la lumière de l'eucharistie : me voici, je me donne sans réserve, maintenant et pour toujours. Notre enseignement n'est pas le permis et le défendu. Souvent, les gens espèrent que l'Église va assouplir les règles, comme on pourrait espérer que le gouvernement allonge les heures d'ouver-

1. *Jesus, the Liberator of Desire*, New York, 1989, p. 105.
2. *Lost Icons*, p. 156.

ture autorisée pour les pubs. Mais l'éthique ne concerne pas ce qui est permis ou défendu, elle cherche à exprimer le sens de ce qu'on fait. Ce que dit le christianisme, c'est que l'acte de donner son corps à quelqu'un a un sens profond et que si nous couchons avec n'importe qui nous sommes en contradiction avec le sens qui est inscrit dans notre corps ; cela ne peut qu'engendrer la frustration et rendre malheureux. On parle du « langage du corps », de « gestes signifiants » ; mais toute activité corporelle est signifiante. « L'éthique, c'est l'étude du comportement humain, dans la mesure où il est un élément de communication, dans la mesure où il réussit ou échoue à dire quelque chose [...]. L'éthique est donc la quête de modes de relation humaine de moins en moins superficiels[1]. »

Le sexe sans amour est une perversion de la communication. Nous disons quelque chose avec notre corps, que nous contredisons dans notre vie, comme si nous disions à quelqu'un « Je t'aime », pour oublier, dans la minute, que ce quelqu'un existe.

Dans notre monde, il y a toutes sortes de façons de penser au sexe, cela va de l'expression de la tendresse à un peu de distraction ; mais peu de gens lui donnent le sens profond que lui donne la tradition chrétienne. On peut se demander comment les chrétiens gardent cette intelligence eucharistique de la sexualité, alors que quotidiennement, dans les conversations, dans les journaux ou à la télévision, on nous dit que ça a un autre sens. C'est comme si on essayait de s'accrocher à la conviction que la Terre est ronde, alors que tout le monde considère qu'elle est plate. Et il y a tout un tas d'éléments sociologiques qui font que c'est plus difficile pour nous que pour nos ancêtres d'être fidèles à une seule personne toute notre vie. Par exemple, nous vivons beaucoup plus longtemps ; aujourd'hui, si on se marie, on doit éventuellement envisager la perspective de soixante ou soixante-dix ans de vie commune. On peut donc comprendre

1. Herbert McCabe, *Law, Love and Language*, p. 92 et 99.

que nos contemporains envisagent la sexualité comme ils le font.

Il ne suffit donc pas que l'Église se contente de rappeler les règles. Bien sûr, il faut des règles, mais elles n'auront aucun sens si les gens n'ont ne serait-ce qu'une petite idée du sens chrétien de la sexualité. Ce serait comme d'essayer de communiquer à quelqu'un le goût du cricket en lui lisant les règles ; il ne pourrait pas comprendre que cela puisse soulever le moindre intérêt. Il faut une pédagogie qui permette d'ouvrir progressivement les yeux des gens à la beauté, à la dignité du corps humain et à sa grâce. Apprendre à bien vivre notre chasteté n'est pas d'abord affaire de volonté – mettre un frein à nos passions les plus violentes – mais c'est une façon de vivre qui nous fait demeurer dans la vérité de ce que nous sommes et de qui nous sommes.

Si la chasteté nous fait vivre dans le monde réel, le premier pas est peut-être d'apprendre à voir les visages. Quand nous regardons les gens, que voyons-nous ? Brian Pierce, o. p., a écrit un livre dans lequel il compare la pensée de Maître Eckhart, mystique dominicain du XIVe siècle, avec celle de Thich Nhat Hanh, bouddhiste du XXIe siècle. L'un comme l'autre font commencer la vie contemplative avec le sens de la réalité présente, ce que les bouddhistes appellent « l'attention ». Seul le moment présent est réel, c'est en ce moment que je suis vivant et donc, que je peux rencontrer Dieu et les autres. Je dois me tenir tranquille et ne m'inquiéter ni du passé ni de l'avenir.

J'ai avancé, dans le chapitre premier, qu'à la dernière Cène, Jésus saisit le moment présent ; les soldats sont déjà en chemin pour venir l'arrêter. Il n'en a plus pour longtemps, mais le futur n'est pas encore là. À présent, c'est le moment de manger et de boire avec ses amis. Cela me fait penser à saint Jean Fisher qui, apprenant que son exécution avait été retardée de quelques heures, demanda s'il pouvait retourner se coucher et dormir encore un peu ! C'est en ce moment que je puis être présent à quelqu'un, tranquille et serein en sa présence. C'est en ce moment que je peux ouvrir les yeux et regarder son visage. Si je suis trop affairé, si je m'active en pensant à ce qui va suivre, je risque de ne pas voir le visage qui est en face de moi, de ne pas remarquer sa beauté et ses blessures, sa joie ou sa souffrance. C'est ainsi que la chasteté fait qu'on est présent maintenant, qu'on n'est pas dans l'irréalité, qu'on n'invente pas ce qui pourrait arriver tout à l'heure, qu'on ne se projette pas dans un futur imaginaire.

La chasteté nous apprend à regarder les visages avec cette attention particulière qu'ont certains portraitistes qui savent voir en vérité mais avec tendresse. Les meilleurs peintres peuvent même se regarder eux-mêmes sans la déformation de l'imaginaire. Comme le notait Lucien Freud, lors d'une interview, « quand le peintre est mauvais, tous les portraits ressemblent à des autoportraits parce que le regard de celui qui les peint est tourné vers lui-même (et finalement, tous se ressemblent). Au contraire, certains très bons peintres se regardent avec tant d'objectivité qu'on devine à peine qu'ils se peignent eux-mêmes. L'autoportrait de Chardin ressemble au portrait de quelqu'un qu'il aurait croisé dans la rue[1]. »

C'est le fruit d'une discipline qui est plus qu'un simple savoir-faire. Cela suppose une certaine discipline spirituelle, une qualité de contemplation que doit également avoir celui qui veut vivre chastement. On pourrait presque dire que la chasteté est une discipline esthétique.

Deuxièmement, on doit apprendre l'art d'être seul. Je ne puis être bien avec d'autres si je ne suis pas capable d'être heureux en étant seul. Si la solitude me terrifie, je vais m'accrocher aux autres, non parce que je suis heureux d'être avec eux, pour eux-mêmes, mais parce qu'ils sont une solution à mes problèmes. Je vais voir les autres comme des moyens de combler mon propre vide, ma terrible solitude ; je ne serai plus capable de me réjouir de ce qu'ils sont. Ainsi, quand nous sommes avec quelqu'un d'autre, soyons

1. Lucien Freud interviewe Martin Gayford, *Daily Telegraph*, 18 mai 2002.

vraiment présents, et quand nous sommes seuls, apprécions notre solitude.

Troisièmement, en tout amour, on peut ménager une place pour que Dieu y réside. Plutôt que de penser que nos amours sont en concurrence avec Dieu, elles peuvent lui offrir un lieu pour planter sa tente. Il n'y a qu'un amour, qui est Dieu, présent, qu'on le reconnaisse ou non, en tout amour. Bede Jarrett, un dominicain anglais qui était provincial dans les années 1930, a écrit une splendide lettre à dom Hubert Van Zeller qui, alors qu'il était jeune moine à Downside, était tombé amoureux de P. et en était fort troublé ; il écrit : « Si vous pensiez que la seule chose à faire était de vous replier dans votre coquille, vous ne verriez jamais combien Dieu est merveilleux. Vous devez aimer P. et chercher Dieu en P. [...] Jouissez de votre amitié et payez le prix de la souffrance que cela entraînera, souvenez-vous d'elle pendant votre messe et permettez-Lui d'être là en tiers. Voyez l'introduction de l'Amitié spirituelle [d'Aelred de Rievaulx] : "Nous voici donc, toi et moi, et j'espère qu'entre nous le Christ est en tiers"[1]. » Si nous séparons notre amour pour Dieu et notre amour pour les gens, l'un comme l'autre tournera à l'aigre et sera malsain. C'est cela mener une double vie.

Un prisonnier de guerre, dans un camp japonais, a écrit :

> Personne n'a pu me dire où se trouvait mon âme ;
> J'ai cherché Dieu mais en vain ;
> J'ai cherché mon frère et je les ai trouvés,
> Mon âme, mon Dieu et tous les humains[2].

Nous vivons tous par nos histoires. Chaque culture a ses propres récits, qui modèlent l'imagination collective de ses membres. L'histoire la plus banale dans notre culture, celle

1. *Letters of Bede Jarrett*, Bede BAILEY, Aidans BELLENGER et Simon TUGWELL (éd.), Downside et Blackfriars, 1989, p. 180.

2. Cité par Vivian BOLAND, o. p., « It takes three to make a love story », *Priest and People*, avril 2001, p. 149.

que répètent à l'envi les films, les romans et les colonnes des magazines, c'est un garçon et une fille qui se rencontrent, tombent amoureux et se retrouvent au lit. Si c'est là la seule histoire qui sert de référence, le fait d'être proche de quelqu'un entraîne alors une conclusion à peu près inévitable. Nos cœurs ont besoin d'être nourris par d'autres histoires, qui montreraient qu'il y a bien des façons d'aimer et d'exprimer son amour. Les saints, mariés ou non, nous apprennent à être libres d'aimer autrement que nous l'enseigne notre société, à donner notre vie à ceux qui sont pauvres, à tout quitter pour partir en mission. François, le troubadour, s'est mis à chanter pour Dieu. Les histoires de Nelson Mandela et de James Mawdsley, dont j'ai parlé au chapitre précédent, nous racontent d'autres formes d'amour héroïque.

Enfin, nous avons besoin que la prière rappelle à nos corps qui nous sommes. L'ancienne liturgie était pleine de mouvement ; on s'agenouillait, on s'inclinait, on exprimait son respect avec son corps. Chaque fois que je suis entré dans une mosquée, j'ai été impressionné par le caractère physique du culte ; c'est presque une gymnastique et cela donne toute sa place au corps dans l'expression de l'adoration. Nous sommes des animaux. Un des moments les plus émouvants de notre liturgie est la vénération de la croix, le vendredi saint. En s'approchant de la croix, les frères font trois prostrations. Toute l'assemblée participe à la vénération, y compris les enfants et les vieux, même ceux qui ont du mal à s'agenouiller et à se relever. Cela prend longtemps, mais c'est l'évocation du rachat de notre humanité complète, corps et âme. La mémoire s'en inscrit dans le terreau de notre être corporel.

J'ai voulu observer la façon dont tous les chrétiens peuvent vivre leur sexualité, qu'ils soient mariés ou célibataires, laïcs ou religieux, et je me suis efforcé de ne pas me laisser emporter par un trop grand optimisme, comme mon évêque irlandais. Mais qu'en est-il de ceux qui ont promis ou fait le vœu de rester célibataires ? Comment, prêtres et religieux, arrivons-nous à composer avec nos passions et nos désirs ? Chaque jour, le prêtre se tient devant l'autel et redit ces mots : « Ceci est mon corps, livré pour vous », ensuite on lui demande de ne donner son corps à personne. Tout le symbolisme de ce qu'il accomplit semble mener à un accomplissement sexuel personnel, lequel est refusé à la plupart des prêtres de rite occidental. Ce n'est pas le lieu de chercher à savoir s'il faut ou non maintenir cette discipline, mais seulement si elle peut être vécue de manière féconde, si elle peut être un signe de notre commun pèlerinage vers le Royaume.

À un certain niveau, il est clair que Nous sacrifions la vie de notre corps. nous sacrifions nos oreilles en écoutant des gens toute la journée ; nous sacrifions nos jambes en faisant péniblement le tour de notre paroisse ; nous sacrifions notre force et notre santé. Quand le cardinal Bernardin fut sacré archevêque de Chicago, il écrivit aux fidèles de son diocèse : « Pour un certain nombre d'années, je vous suis donné, je me donne à vous. Je vous offre mes services et ma direction, je vous offre mon énergie et mes capacités, mon esprit, mon cœur, mes forces et aussi mes limites. Je m'offre à vous dans la foi, l'espérance et l'amour[1]. » Et en effet, il fit le don de sa vie et finalement de sa mort. J'ai toujours été impressionné par ces vieux missionnaires d'Afrique ou d'Amérique latine qui ont tout donné et se sont retrouvés épuisés, souffrant de la malaria, édentés parce que, souvent, il n'y avait pas de dentiste là où ils vivaient, et pourtant n'abandonnant pas la mission, parce qu'ils s'étaient donnés sans réserve, corps et âme, pour le meilleur et pour le pire, dans la santé et dans la maladie, jusqu'à la mort.

Mais qu'en est-il de notre sexualité, de notre désir ? Dans *Bleak House (La Maison d'Âpre-Vent)* Dickens nous parle de Mrs. Jellyby qui avait une « philanthropie télescopique, car elle ne pouvait rien distinguer de plus proche que

1. *The Gift of Peace, Personal Reflections by Joseph Cardinal Bernardin*, Chicago, 1997, p. 147.

l'Afrique ». Elle aimait les Africains, mais ne remarquait même pas l'existence de ses propres enfants. Nous, prêtres et religieux, ne pouvons nous réfugier dans une telle philanthropie télescopique. Déjà au XIIe siècle, saint Aelred, abbé de Rielvaux, prévenait les moines contre « un amour qui en s'adressant à tous n'atteint personne[1] ». Si nous nous approchons du mystère de l'amour, nous aimerons des gens, les uns amicalement, d'autres avec une profonde affection, et d'autres peut-être plus passionnément. Il nous faut apprendre à intégrer honnêtement ces amours dans notre identité de prêtres. Je sais qu'autrefois, on avertissait les religieux de se méfier des « amitiés particulières ». Gervase Matthew, o. p., disait toujours qu'il se méfiait plus des « inimitiés particulières » !

Dans sa lettre à don Hubert, Bede Jarrett écrivait : « Je me réjouis [que vous soyez tombé amoureux de P.] car je pense que votre tentation a toujours été le puritanisme, une certaine étroitesse, une certaine inhumanité. Vous avez toujours eu tendance à refuser la sanctification de la matière. Vous aimiez le Seigneur, mais n'aimiez pas assez l'incarnation. En réalité, vous aviez peur… Vous aviez peur de la vie parce que vous vouliez être un saint et que vous saviez que vous êtes un artiste. L'artiste en vous voyait la beauté partout. Le prétendu saint en vous disait “Oh là là ! Mais c'est terriblement dangereux !” et le novice disait “Garde les yeux bien fermés”. Si P. n'était pas entrée dans votre vie, vous auriez peut-être explosé. Je crois que P. va vous sauver la vie et je vais dire une messe d'action de grâces pour ce qu'elle est et ce qu'elle a fait pour vous. Il y a longtemps que vous aviez besoin de P. Les tantes ne sont pas des exutoires, pas plus que les solides vieilles dames de province[2]. »

1. Cité par Liz CARMICHAEL, *Friendship : Interpreting Christian Love*, Londres, 2004, p. 96.

2. *Letters of Bede Jarrett*, Bede BAILEY, Aidans BELLENGER et Simon TUGWELL (éd.), Downside et Blackfriars, 1989, p. 180.

Les défis que nous avons à affronter ne sont pas tellement différents, je suppose, de ceux qu'affrontent les gens mariés. Après tout, les femmes auxquelles nous ne sommes *pas* mariés sont presque aussi nombreuses que pour eux ! Pour nous aussi, l'essence de la chasteté, c'est d'être libérés de l'illusion, c'est de voir que les gens que nous aimons ne sont ni des dieux, ni des morceaux de viande à dévorer, mais des êtres humains semblables à nous, vulnérables et bons. Si nous nous efforçons seulement d'étouffer nos passions, nos cœurs seront secs et nous n'aurons rien à dire du Dieu vivant.

Notre mission peut, dans une certaine mesure, permettre à l'énergie d'éros de se libérer. Quand j'avais à examiner des candidats à l'entrée dans l'Ordre, je cherchais toujours une étincelle de passion. Il existe certains eucalyptus en Australie, dont les graines ne peuvent germer que si un feu de forêt les force à s'ouvrir. De même, une vocation a besoin d'un certain feu pour germer. Ce peut être une passion pour l'étude, l'envie forcenée de comprendre. Vincent McNabb, o. p., disait aux novices : « Pensez à n'importe quoi, mais, pour l'amour de Dieu, pensez à quelque chose[1] ! » Ce peut être une passion pour la justice, ou pour la prédication. On peut être à ce point touché par la souffrance des autres, par l'injustice qu'ils subissent, que cela force notre carapace d'égotisme à s'ouvrir. Graham Greene affirmait que nous nous rendons compte que nous avons une âme quand la peine d'un autre nous cause de la peine.

Si un mari et sa femme s'aiment vraiment, leur amour est libérateur. Mais cela doit être encore plus vrai pour un célibataire. Nous ne donnons pas seulement à l'autre une liberté ; nous devrions l'aimer de telle sorte qu'il ou elle soit libre d'aimer d'autres gens plus que nous. Saint Augustin décrit l'évêque comme l'*amicus sponsi*, l'« ami de l'époux » à la

1. Sermon anniversaire pour le frère Vincent McNabb, par Hilary Carpenter, o. p., dans *A Vincent McNabb Anthology : Selections from the Writings of Vincent McNabb, o. p.*, F. E. Nugent (éd.), Londres, 1955, p. ix.

manière de Jean le Baptiste[1]. L'ami de l'époux n'encombre pas ; il n'essaie pas de séduire la jeune épouse, pas même les demoiselles d'honneur ! Il s'efface, il s'occupe des autres et sait à quel moment disparaître. Comme Jean le Baptiste, il doit diminuer pour que puisse croître le Christ.

Michel Van Aerde, o. p., comparait un jour Dieu à un gentleman anglais, si immensément discret qu'il ne veut pas attirer l'attention de ceux qu'il aime ; il va passer sa tête dans l'entrebâillement de la porte pour s'assurer que ceux qui sont là sont heureux avec l'objet de leur flamme et, encore qu'il ait grande envie de rester, il va se retirer et les laisser à eux-mêmes. Comme le disait C. S. Lewis, « c'est un privilège divin que d'être moins celui qui est aimé que celui qui aime[2] ». Dieu est toujours celui qui aime plus qu'il n'est aimé. C'est peut-être souvent aussi notre vocation. Cela suppose qu'on refuse de laisser quiconque devenir trop dépendant de soi et d'occuper la place centrale dans sa vie. On doit aider les gens à trouver d'autres façons d'être soutenus, d'autres appuis, afin de n'être jamais indispensables. La question qu'on doit toujours se poser est donc : est-ce qu'en l'aimant, je rends l'autre plus fort, plus indépendant ou, au contraire, est-ce que je l'affaiblis et le rends dépendant de moi ?

L'amour discret qui ne prend pas la première place ne veut pas dire prendre la fuite. C'est une tentation fréquente pour les célibataires que de lever le camp dès que les choses se compliquent. Les prêtres risquent de connaître des flammes successives qui n'ont jamais le temps de mûrir en amitiés véritables. Certes, il peut être sage, à certains moments, de mettre de la distance, mais il est plus souvent utile de rester fidèlement présents, comme le roc où les autres

1. Voir Michael SHERWIN, o. p., « The Friend of the Bridegroom stands and listens : an analysis of the term *amicus sponsi* in Augustine's account of Divine Friendship and the ministry of Bishops », *Augustianum*, juin 1998, p. 197-214.

2. *The Four Loves*, p. 184.

pourront trouver la sécurité, sur qui ils pourront toujours s'appuyer, mais qui n'occupe pas le centre de la scène. Nous devons avoir le courage de traverser les crises sentimentales, de supporter le trouble que connaît celui qui tombe amoureux, d'accepter d'avoir le cœur brisé pour accoster enfin dans les eaux tranquilles d'un amour parvenu à sa maturité, adulte et saint.

Tant de prêtres et de religieux ont renoncé et se sont mariés qu'on peut se demander si ce mode de vie est possible. Puis-je le supporter sans me dessécher le cœur ? C'est souvent les sœurs et les frères plus anciens qui sont pour nous le signe qu'on peut mener cette vie et s'y épanouir. À la dernière Cène, Jésus donne son sang pour le pardon des péchés. Cela ne veut pas dire qu'il est obligé de souffrir pour apaiser un Dieu en colère. C'est plutôt que de ce gâchis qu'est l'histoire d'amour entre Jésus et ses disciples, avec ses échecs et ses défaites, Dieu tire une vie nouvelle et la Résurrection. Le pardon de Dieu est une recréation qui transforme l'échec de la mort de Jésus en un moment de gloire, qui change le vendredi saint en dimanche de Pâques. Nous osons prendre ce chemin risqué, accepter le trouble et les crises, parce que nous avons confiance en Dieu, parce que nous croyons qu'il est là, au milieu de notre désordre, pour nous bénir. Parfois nous n'aimons peut-être pas bien, parfois nous nous égarons et nous souffrons, mais Dieu est là pour rendre notre vie féconde. Nous n'avons pas à avoir peur ! Nous pouvons avoir du courage.

6

La communauté de la vérité[1]

Nous abordons maintenant la question de l'attitude chrétienne vis-à-vis de la vérité. Cette question a affleuré un certain nombre de fois dans les pages précédentes. La liberté, nous l'avons dit, exige que nous fassions face honnêtement à la complexité de l'expérience humaine et que nous soyons auprès des gens dans leur difficile réflexion sur ce qui est juste.

La chasteté est une façon d'avoir les pieds sur terre et de voir le monde comme il est, dans la vérité de ce que je suis et de qui sont ceux que j'aime. Le courage, que tout cela exige, n'est pas un sentiment de bravoure ; c'est la lucidité sur ma vulnérabilité. Si donc, le christianisme doit s'épanouir et témoigner de la Bonne Nouvelle, être véridique est essentiel. L'une des raisons pour lesquelles le christianisme paraît souvent sans intérêt est peut-être que la société dans laquelle nous vivons n'a pas un grand respect pour la vérité. Ce qui a provoqué mon propre intérêt pour le christianisme, c'est

1. Une grande partie de ce qui constitue ce chapitre vient de deux conférences prononcées, l'une à l'abbaye de Westminster, en 2004, dans le cycle en l'honneur d'Eric Symes et l'autre à la cathédrale de Westminster, « Christianity's contribution to the future of Europe », publiée dans *Faith in Europe ?*, Londres, 2005. En langage de boxe, c'est une gauche et une droite.

la question « Est-ce vrai ? ». Mon ami pensait, vous devez vous en souvenir, que cette question était sans grand intérêt pour la plupart de nos contemporains.

En Occident, durant la plus grande partie de son histoire, on pensait que dire la vérité avait une valeur en soi parce que cela relevait de la dignité humaine et qu'il en allait de notre honneur. Pour Aristote, « le mensonge est coupable et méprisable tandis que la vérité est noble et digne d'éloges[1] ». Cette tradition est encore vivante chez Kant qui écrit : « par le mensonge, on sacrifie et, peut-on dire, on anéantit sa dignité personnelle[2]. » Le philosophe australien Raimond Gaita nous a donné un superbe récit de la vie de son père, un forgeron qui a émigré de Roumanie en Australie, *Romulus my father*. La vérité était un trait fondamental de son caractère, de sa personnalité. Gaita, parlant de son père et de Hora, l'ami de celui-ci, écrit : « Ils avaient de l'estime pour [la véracité] parce que, pour utiliser les mots d'un philosophe anglais de valeur, c'étaient des hommes pour qui *ne rien fausser* était devenu une attitude spirituelle[3]. » Cela n'avait rien à voir avec un calcul utilitaire, avec l'idée que la véracité est payante à la longue, ou que si l'on commence à mentir on se retrouve vite en difficulté. C'était une question d'honneur. Ce sens de l'honneur a largement disparu et, avec lui, la possibilité de s'appuyer sur une sincérité réciproque. Nous en souffrons.

Lors de son cycle de conférences de 2002, Onora O'Neill parlait d'une crise de soupçon. Les gens ne croient plus que les hommes politiques, les médecins, les industriels, le clergé et surtout les médias leur disent la vérité. Et bien sûr, les médias accusent pareillement les hommes politiques. Nous sommes noyés sous l'information mais nous ne savons plus qui croire ou que croire. Cela ne veut pas forcément dire

1. *Éthique à Nicomaque*, livre 4, chap. VII.

2. Cité par Sissela BOK, *Lying : Moral Choice in Public and Private Life*, New York, 1989, p. 32.

3. *Romulus my father*, Melbourne, 1998, p. 148.

que les gens soient moins véridiques qu'autrefois (encore que je craigne que ce soit le cas). Il est sûr que les gens réclament que les autres leur disent la vérité, même s'il n'est pas sûr qu'ils ressentent la même obligation. L'insistance énorme mise par Tony Blair sur la sincérité, lors des dernières élections révèle une profonde anxiété ; le roc solide de la vérité nous manque. Comme l'écrivait Samuel Johnson à son ami Bennet Langton : « Efforçons-nous de voir les choses comme elles sont, puis nous chercherons à savoir si nous devrions nous plaindre. Si voir la vie comme elle est nous donnera beaucoup de satisfaction, je l'ignore ; mais la satisfaction que l'on tire de la vérité, s'il y en a une, est solide et durable ; celle que l'on peut tirer de l'erreur doit être, comme sa source, fallacieuse et fugitive[1]. »

On croit souvent que la réponse à une anxiété de ce genre est une transparence aussi parfaite que possible. Si tout était dévoilé, nous saurions si nous avons ou non de bonnes raisons de soupçonner une tromperie. Et le moindre mémo, e-mail ou coup de téléphone, la plus insignifiante conversation, dans les allées du pouvoir, doivent être enregistrés pour pouvoir être inspectés. Le gouvernement peut ainsi de plus en plus tout vérifier. Mais O'Neill affirme que cela ne supprimera jamais le soupçon ; selon elle « les exigences de transparence universelle risquent d'encourager l'hypocrisie, les faux-fuyants et les demi-vérités, tout ce que nous mettons sous le terme de "politiquement correct", mais qu'on devrait plus justement appeler "autocensure "ou "tromperie"[2]. » On ne pourra jamais lever tout soupçon, il peut toujours manquer quelque élément de preuve, si on cherche bien, comme les fameuses armes de destruction massive en Irak. Le fait que nous ne trouvions pas la preuve cherchée montre seulement

1. Lettre du 21 septembre 1758, *Collected Letters*, Jack LYNCH (éd.), Oxford, 1904.

2. A *Question of Trust : The BBC Reith Lectures 2002*, Cambridge, 2002, p. 73.

que notre adversaire est diablement malin et qu'on ne peut lui faire confiance.

Une culture de l'absolue transparence pourrait bien décourager sérieusement toute volonté de sincérité. On ne saurait jamais si ce qu'on a dit peut être utilisé contre quelqu'un et comment réfléchir, sur quelque sujet que ce soit, si on n'avait pas la possibilité d'émettre des idées folles, de lancer des hypothèses et de se tromper ? Maître Eckhart assurait que personne ne peut arriver à la vérité sans faire une centaine d'erreurs en chemin. Nous devons être libres de n'être pas tenus éternellement responsables de tous les mots que nous prononçons ; la recherche de la vérité réclame du temps et une certaine dose d'irresponsabilité tolérée. L'idéal de complète transparence n'est donc ni réalisable ni souhaitable.

La faim de vérité non assouvie se discerne également dans le désir permanent de se dévoiler ou de voir les autres se dévoiler. Nous vivons dans ce qu'on a appelé « la société du tout dénudé ». Sur le site d'Amazone, on trouve plus de mille livres dont le titre comprend le mot « nu » ; les émissions de télé-réalité, comme celle d'Oprah, aux États-Unis, fabriquent des héros d'un jour avec ceux qui acceptent de tout dire et, si l'on en croit Zygmunt Bauman, pour les médias, « "l'intérêt du public" signifie "les problèmes intimes des figures publiques"[1] ». Les petits secrets de chacun doivent être dévoilés et pourtant, cette passion pour la mise à nu n'empêche pas l'idée qu'on nous cache quelque chose de pas bien joli que nous avons le droit de savoir.

Le christianisme a-t-il quelque chose à proposer en réponse à cette soif de vérité ? Ce n'est pas que les chrétiens soient forcément plus véridiques que n'importe qui. Ce serait merveilleux si nous suivions le conseil de Mark Twain : « Si vous êtes dans le doute, dites la vérité. Cela confondra vos ennemis et stupéfiera vos amis[2] », mais je sais bien que

1. *Liquid Modernity*, p. 70.
2. Cité par Sissela BOK, p. 145.

rien n'indique que nous le fassions. En fait, une enquête[1] faite aux États-Unis a montré que 13 % des gens qui se disent religieux seraient prêts à mentir pour trouver un travail, contre 15 % qui ne se disent pas religieux ; la différence n'est pas significative. En tout cas, nous avons vu que ce qui est vraiment différent n'est pas que les chrétiens seraient meilleurs et auraient tendance à dire moins de mensonges. La véritable différence est double : dans un monde sceptique, nous croyons possible d'arriver à la vérité par la réflexion. Et en outre, notre foi nous fait comprendre de manière un peu différente ce que c'est qu'être véridique. Yves Congar, o. p., a dit une fois : « J'aime la vérité comme j'aimerais une personne. »

Avoir foi en la raison.

Une culture dont le moteur tourne trop vite perd facilement le sens du vrai. Nous passons tant de temps dans des mondes imaginaires qu'il devient difficile de distinguer la fiction des faits. Bien des gens croient que leur héros de séries télé sont réels et qu'on pourrait les rencontrer, par exemple en se promenant sur les Champs-Élysées. Le monde de la réalité virtuelle nous donne la liberté de façonner le monde à notre guise : on crée des personnages imaginaires, et on entre en relation avec d'autres personnages imaginaires – relations qui prennent autant d'importance que celles qu'on a avec un partenaire de chair et de sang ; l'instinct humain fondamental en faveur de la vérité en est atrophié et notre société a perdu confiance dans le pouvoir de la raison, sauf peut-être de la raison scientifique. Les Européens contemporains ne croient pas en la possibilité de découvrir le sens de l'existence humaine, le but de notre vie, par la réflexion et la discussion. Il y a peu de débats sur les grandes questions : Pourquoi y a-t-il quelque chose plutôt que rien ?

1. L'enquête a été menée par le Josephson Institute de Los Angeles.

Pourquoi suis-je fait ? Où puis-je trouver le bonheur ? De telles questions semblent nous dépasser.

Paradoxalement, l'une des contributions du christianisme à l'Europe d'aujourd'hui pourrait être de *croire* en la raison. En dépit de toute la folie du siècle dernier, en dépit de l'absurdité de la guerre et du génocide, nous croyons que les êtres humains sont rationnels et qu'ils sont faits pour chercher la vérité. Si nous discutons ensemble, nous y arriverons peut-être. La devise de l'Ordre dominicain est *Veritas*, « Vérité ». Dominique, vous vous en souvenez, a fondé son ordre dans une taverne, en discutant avec le tavernier ; ils ont discuté toute la nuit et l'un de mes frères a fait remarquer que Dominique ne peut avoir passé tout son temps à répéter « Tu as tort, tu as tort, tu as tort ». On ne continue à discuter que si, dans une certaine mesure, l'interlocuteur n'a pas tort ; on ne discute pas pour l'emporter mais pour que la vérité l'emporte.

Jean-Paul II pensait que le christianisme était le grand défenseur de la raison. Dans son encyclique *Fides et ratio*, il écrit : « Parmi les divers services qu'elle [l'Église] doit offrir à l'humanité, il y en a un qui engage sa responsabilité d'une manière tout à fait particulière : c'est la diaconie de la vérité. Cette mission fait participer la communauté des croyants à l'effort commun que l'humanité accomplit pour atteindre la vérité (§ 2).[…] On a vu apparaître chez l'homme contemporain, et pas seulement chez quelques philosophes, des attitudes de défiance assez répandues à l'égard des grandes ressources cognitives de l'être humain. Par fausse modestie, on se contente de vérités partielles et provisoires, sans plus chercher à poser des questions radicales sur le sens et sur le fondement ultime de la vie humaine, personnelle et sociale (§ 5). […] Jamais, en effet, il [l'homme] ne pourrait fonder sa vie sur le doute, sur l'incertitude ou sur le mensonge ; une telle existence serait constamment menacée par la peur et par l'angoisse. On peut donc définir l'homme comme *celui qui cherche la vérité* (§ 28). » Dans un débat entre Bertrand Russell et Frederick Copleston, s. j., a surgi la question de l'existence de l'univers. Pourquoi existe-t-il ? Pourquoi y a-t-il quelque chose plutôt que rien ? Russell prétendait que cette question ne se posait pas : l'univers existe, un point, c'est tout. C'est le philosophe chrétien qui insistait en disant qu'il renonçait trop vite à y réfléchir[1]. Ainsi la mission du christianisme en Europe est-elle, pour une part, de demander avec insistance que les gens posent des questions difficiles et cherchent des réponses. Le christianisme ne fait pas l'économie de la raison.

Il doit paraître dément aux héritiers des Lumières que ce soit la papauté qui se fasse l'avocat de la raison. On suppose généralement que religion et raison sont opposées et, du coup, cela devient aussi paradoxal que si Gengis Khan s'affirmait pacifiste ou que si François d'Assise soutenait l'expérimentation animale. Et pourtant, les sociologues ont démontré par des études menées en Suède, au Canada et aux États-Unis que, lorsque les gens s'éloignent du christianisme institutionnel, ils ont tendance à croire à n'importe quelle calembredaine. Selon Rodney Stark, les chrétiens croient beaucoup moins aux « visites d'ovnis venant de l'espace, aux perceptions extrasensorielles, à l'astrologie, aux tarots, à la voyance et à la méditation transcendantale que des étudiants qui se disent sans religion[2] ». Comme le disait G. K. Chesterton : « Un homme qui ne croit pas en Dieu va croire en n'importe quoi[3]. »

Le christianisme devrait donc rappeler à notre société notre désir enfoui de vérité et l'accompagner dans sa quête, mais nous ne pourrons le faire de façon crédible que si nous apparaissons nous-mêmes comme des pèlerins, qui n'ont pas d'avance toutes les réponses. Les responsables chrétiens

1. Voir Denys TURNER, *Faith Seeking*, Londres, 2002, p. 13.

2. Rodney STARK, Eva HAMBERG et Alan S. MILLER, « Exploring Spirituality and Unchurched Religions in America, Sweden and Japan », *Journal of Contemporary Religion* 20, n° 1, 2005, p. 19.

3. Les spécialistes de Chesterton se battent pour déterminer quand il a dit cela et quels furent ses mots exacts.

auront plus d'autorité s'ils savent dire « je ne sais pas »; on doit nous voir non seulement comme ceux qui enseignent, mais aussi comme ceux qui apprennent. L'Église doit avoir en même temps le courage de proclamer ses convictions et l'humilité de se laisser instruire. Le physicien Niels Bohr disait que « le contraire d'une affirmation vraie est une affirmation fausse, mais le contraire d'une vérité profonde peut être une autre vérité profonde[1] ». Le pape Benoît XVI avait choisi pour son blason épiscopal à Munich un coquillage; cela évoquait saint Augustin qui, se promenant sur une plage, affirmait qu'on ne peut pas plus faire entrer la pleine vérité de Dieu dans nos mots qu'on ne peut faire tenir la mer dans un coquillage : « Quiconque pense que dans cette vie mortelle nous sommes capables de dissiper les brumes de l'imagination pour avoir accès à la lumière sans ombre de la vérité immuable [...] ne comprend ni ce qu'il cherche ni qui est celui qu'il cherche[2]. »

Dès que les gens religieux se mettent à parler de vérité, tout le monde s'inquiète. On le comprend! À travers le monde entier la violence est associée à des disputes sur la vérité entre gens de différentes confessions : les chrétiens défendent Jésus, les musulmans le Coran, les hindous Krishna et, comme tous ne peuvent avoir raison, les croyants s'entretuent. Les prétentions à la vérité sont associées à l'intolérance, à l'arrogance et à l'endoctrinement. Et même à l'intérieur de ces religions, l'interprétation des textes sacrés est objet de vives contestations. Les chrétiens affirment que la Bible est vraie, mais il y a toute une prolifération d'interprétations différentes de la Bible, parfois plus bizarres les unes que les autres.

Et pourtant, nous croyons que la vérité doit être poursuivie patiemment et avec humilité; sinon, nous resterons

1. Cité par Paul McPartlan, « The Same but Different : Living in Communion », dans *Authority in the Roman Catholic Church : Theory and Practice*, Bernard Hoose (éd.), Aldershot, 2002, p. 156.

2. *De Consensu Evangelistarum* IV 10, 20, Laugingen, 1473.

enfermés dans nos différences. Après la Deuxième Guerre mondiale, Albert Camus disait, lors d'une conférence aux dominicains de Paris : « Le dialogue n'est possible qu'entre des gens qui demeurent ce qu'ils sont et qui disent la vérité[1]. » Le dialogue sans vérité n'a pas de raison d'être. Ce n'est que sur le fondement d'une commune recherche de la vérité qu'on peut établir une communion avec des croyants de fois différentes ou avec ceux qui n'en professent aucune. Un jour, à Londres, un chauffeur de taxi m'a fait une remarque raciste ; je lui ai dit que ce n'était pas vrai ; « Que voulez-vous dire, pas vrai ? C'est mon avis ! » Pour lui, c'était une défense inattaquable de son droit à affirmer cela.

Nous ne pourrons jamais nous approcher de ceux qui pensent autrement que nous si nous ne sommes convaincus que nous pouvons réfléchir ensemble pour arriver à une vérité commune. Prétendre qu'on possède la vérité suscite la violence et l'intolérance, croire qu'ensemble, on peut parvenir à la vérité peut réconcilier les différences. Ce n'est pas la mode que de croire cela ; on peut citer le patron de British Airways, Willie Walsh : « Un homme raisonnable n'arrive à rien par la négociation. » Dans notre société, négocier n'est pas réfléchir à la meilleure solution, mais exercer son pouvoir ; ce qui compte, c'est de gagner et le dernier recours est la loi.

Pour Augustin, dire la vérité à des étrangers participe de la construction de la communauté humaine, en édifiant le Royaume. Cela explique l'intolérance de beaucoup de théologiens pour le mensonge, même le plus anodin. Mentir, ce n'était pas seulement manquer d'exactitude, mais c'est une destruction du langage, une brèche dans la solidarité humaine. Quand Athanase ramait sur la rivière pour échapper à ceux qui le poursuivaient, ils le croisèrent et lui demandèrent « Où est le traître Athanase ? – Pas très loin »,

1. « L'incroyant et les chrétiens : fragments d'un exposé fait au couvent des Dominicains de La Tour-Maubourg en 1948 », *Actuelles* I, Paris, 1965, p. 372.

répondit-il, et il continua sereinement à ramer : tout allait bien, il n'avait pas dit de mensonge.

Je dois reconnaître que je dis souvent des mensonges de politesse, je ne suis pas toujours parfaitement sincère quand je complimente mes frères sur leur sermon ou sur leur cuisine ; c'est nécessaire, comme le dit le Talmud, pour la paix de la maison. Nous ne voyons peut-être guère de différence entre un mensonge et une remarque exacte mais qui va induire en erreur. C'est parce que nous avons oublié que le caractère sacré des mots vrais est le fondement de la communauté humaine. Les mensonges polluent notre environnement naturel et nous font mourir spirituellement comme meurent des poissons dans une rivière polluée.

Les gens disent souvent que l'Église est obsédée par le sexe. Pendant la plus grande partie de son histoire, l'Église a plutôt été obsédée par le mensonge. Dans *L'Enfer* de Dante, les cercles supérieurs de l'enfer, là où les punitions sont les plus légères, sont réservés aux gens qui se sont laissé emporter par leurs passions ; ils voulaient le bien, mais ils le voulaient mal. Au milieu, il y a ceux qui voulaient le mal, notamment les violents. Quant au cœur glacial de l'enfer, il est réservé à ceux qui ont affaibli la communauté de la vérité : les menteurs, les fraudeurs, les flatteurs, les faussaires et, par-dessus tout, les traîtres. Cela convient bien aux médias de présenter une Église obsédée par le sexe, car cela enferme commodément l'Évangile dans un cadre où l'on peut le tourner en dérision. En réalité, comme nous l'avons vu au chapitre III, la sexualité fait partie intégrante de notre identité humaine, mais pour un chrétien traditionnel, le mensonge est quelque chose de bien plus sérieux – ce dont on peut se réjouir ou non ! Comme l'écrivait Herbert McCabe, o. p., « tant qu'on pensera que la morale chrétienne concerne principalement le moment et la possibilité de coucher ensemble, aucun évêque ne risque d'être crucifié. Et c'est déprimant[1] ».

1. *Law, Love and Language*, p. 164.

On dit souvent qu'en cas de guerre, la vérité est la première blessée. Il n'y a pas seulement la propagande qui déforme tout, mais la violence de la guerre atteint la communication humaine, l'exemple type en est le fameux commandement de la guerre du Viêt-nam, disant que pour sauver le village (des communistes) il était nécessaire de le détruire. On n'a absolument aucune chance de gagner la prétendue « guerre contre le terrorisme » si on n'instaure pas une possibilité de communication avec ceux qui haïssent l'Occident, en essayant de leur dire la vérité et en apprenant à les écouter. Autrement, nous nous enfoncerons de plus en plus dans la méfiance et la destruction.

Le respect pour les mots et le souci de leur signification précise devraient faire partie de notre témoignage de chrétiens. Augustin parlait des mots comme de « ces précieuses coupes de sens[1] ». Souvent, dans nos sociétés, on utilise les mots de façon irresponsable, pour attaquer ou pour séduire, abîmant les outils qui servent à construire la communauté humaine. Le vieux pasteur de *Gilead* (de Marilynne Robinson), parlant de son filleul, dit : « Il traite les mots comme si c'étaient des actions ; il n'entend pas le *sens* des mots comme les autres gens. Il se contente de juger s'ils sont hostiles et à quel point ils le sont. Il juge s'ils menacent ou s'ils blessent et il réagit au même niveau. S'il lit châtiment dans quelque chose que vous avez dit, c'est comme si vous lui aviez tiré dessus ; comme si vous lui aviez écorné l'oreille[2]. » Si nous lançons des mots sans nous soucier du sens et de la vérité, nous pouvons tuer, littéralement. En mai 2005, le périodique américain *Newsweek* a publié un article sur une profanation volontaire d'un coran, à la prison de Guantanamo, où des hommes soupçonnés de terrorisme sont interrogés. Les émeutes que cela a provoquées ont fait au moins quinze morts. Après cela, *Newsweek* s'est rétracté en disant qu'ils n'étaient pas sûrs que ce soit vrai.

1. *Les Confessions* I, chap. XVI.
2. *Gilead*, p. 130, n. 30.

Si nous aimons la Parole de Dieu, nous devrions avoir du respect pour toute forme de parole, sachant qu'elle a le pouvoir de blesser ou de guérir. On devrait donc reconnaître les chrétiens à la façon dont ils se servent des mots, en étant attentifs à leur signification précise, en étant prudents car les paroles sont comme des couteaux, elles peuvent couper. Rowan Willians voudrait qu'on puisse reconnaître les croyants par la façon dont ils parlent ; par une absence de formules toutes faites, de moqueries blessantes, de propos lénifiants[1].

Quand le prêtre a lu l'évangile, il embrasse le livre. Notre respect devrait s'étendre aux mots de tous les jours. Salman Rushdie écrit, dans un délicieux article intitulé « N'y a-t-il rien de sacré? » : « On m'a enseigné à embrasser les livres et le pain ; chez nous, si quelqu'un laissait tomber un livre ou un chapatti, ou une "tranche", ce qui était notre façon de désigner un triangle de pain levé, beurré, il fallait non seulement ramasser l'objet, mais aussi lui donner un baiser, pour s'excuser de ce maladroit manque de respect. J'étais négligent, comme n'importe quel enfant, et les choses me glissaient facilement des mains, ce qui fait que dans mes jeunes années j'ai embrassé un bon nombre de "tranches" et aussi mon lot de livres. Dans les familles pieuses, en Inde, il y avait souvent et il y a encore des gens qui ont l'habitude d'embrasser les livres saints. Mais nous, nous embrassions tous les livres : nous embrassions les dictionnaires et les atlas, les romans d'Enid Blyton et les bandes dessinées de Superman. Si j'avais fait tomber l'annuaire des téléphones, je l'aurais probablement embrassé, lui aussi. Tout cela se passait avant que j'aie jamais embrassé une fille. En fait, il serait probablement vrai – assez vrai pour un auteur de fiction en tout cas – de dire qu'après que j'ai commencé à embrasser les filles, mes activités concernant le pain et les livres perdirent un peu de leur piquant. Mais on n'oublie jamais ses premières amours. Le pain et les

1. Voir *Silence and Honey Cakes : the Wisdom of the Desert*, p. 70.

livres : la nourriture du corps et la nourriture de l'âme. Y a-t-il quelque chose de plus digne de notre respect, et même de notre amour[1] ? »

Au-delà du soupçon.

Dans notre société, brisée par le soupçon, la contribution du christianisme ne devrait pas être seulement une attention spéciale portée aux mots, mais une façon particulière de comprendre ce que signifie les employer de façon vraie.

Nous ne sommes peut-être pas plus vrais que les autres, mais il faut espérer que notre façon d'être vrais est particulière et déconcertante. La vérité n'est pas juste un exact rapport de faits. Alasdair MacIntyre disait que les faits, comme les télescopes et les perruques pour les gentlemen n'avaient pas été inventés avant le XVIIe siècle[2]. On pourrait affirmer que la crise de la confiance que nous vivons vient du fait que, dans nos sociétés, on comprend la vérité presque exclusivement dans la ligne de la tradition des Lumières. C'est une tradition riche et féconde, qui nous a donné la science moderne et beaucoup de liberté mais, quand elle devient le seul paradigme de la quête de vérité, il n'est pas surprenant que nous connaissions pareil gâchis. Il n'est pas facile d'identifier et de mettre en question cette tradition, car elle colore tout ce que nous disons. L'idéologie dominante est « comme un gaz inodore et incolore », pour reprendre les mots d'Alan de Botton[3], un gaz qui sature l'atmosphère et que nous inhalons à tout moment sans nous en rendre compte.

Pour Alasdair MacIntyre, « à partir du XVIIe siècle, il allait de soi que, tandis que les scolastiques s'étaient laissé aveugler quant au caractère des faits du monde naturel et social en imposant une interprétation aristotélicienne, qui faisait

1. *Granta*, 1990, n° 31, p. 98 s.
2. *Whose Justice ? Which Rationality ?*, Londres, 1988, p. 357.
3. *Status Anxiety*, Londres, 2004, p. 214.

écran entre eux et la réalité, nous autres modernes – c'est-à-dire modernes du XVIIe et du XVIIIe siècle – nous étions dégagés de l'interprétation et des théories et faisions face aux faits et à l'expérience tels qu'ils sont. C'est précisément en vertu de cela que ces modernes se proclamaient hommes des Lumières et qu'ils voyaient le passé médiéval comme un Âge Obscur. Ce qu'Aristote avait obscurci, eux le voyaient[1] ». Ainsi, la vérité se recherche en rejetant la tradition, et surtout les dogmes du christianisme. Cette attitude est encore largement répandue ; par exemple, le projet de préambule à la Constitution européenne passe directement des Grecs et des Romains aux Lumières, comme si la plus grande partie de l'histoire de l'Europe chrétienne était une aberration, un simple détour dans son cheminement vers la rationalité.

Pour les Lumières, la vision juste est celle de l'observateur scientifique, détaché, qui observe froidement, rationnellement, en se méfiant des présupposés et des préjugés courants. Mais finalement, les choses ne sont pas aussi simples. Comment peut-on être sûr de voir les choses comme elles sont ? Comment peut-on combler le fossé qui sépare l'esprit et le monde ? Comment peut-on être sûr que ce qui s'est passé là-bas est bien ce que j'en ai perçu ? Cherchant la certitude, l'esprit doit douter de tout ; on doit être sceptique, méfiant et soupçonneux. Bernard Williams le définit ainsi : « Il y a un engagement sérieux envers la vérité ou, du moins, une méfiance généralisée, une promptitude à lutter contre toute duperie, une volonté de dépasser les apparences pour discerner les réalités et les vraies raisons qui se cachent par-derrière[2]. »

Voltaire faisait remarquer que le langage nous permet de masquer notre pensée. Je ne souhaite pas rejeter purement et simplement cette tradition : nous sommes tous les enfants

1. *After Virtue*, Londres, 1981, p. 78.

2. *Truth and Truthfulness : An Essay in Genealogy*, Princeton, 2002, p. 1.

des Lumières et nous leur devons beaucoup ; mais si c'est d'abord ainsi que nous entendons la quête de la vérité, nous allons inévitablement créer une société soupçonneuse et méfiante, peu sûre d'elle-même et dont les liens sociaux s'effritent.

La spiritualité chrétienne de la vérité ne peut que scandaliser un héritier des Lumières, car elle s'enracine dans la doctrine, or, pour les Lumières, la vérité commence quand on se libère de toute doctrine. Bien sûr, personne n'a remarqué que les Lumières ont bientôt eu leur propre doctrine. Comme l'a dit G. K. Chesterton, « il n'existe que deux sortes de gens, ceux qui acceptent les dogmes et en ont conscience, et ceux qui acceptent les dogmes et n'en ont pas conscience[1] ». Il soutenait que les êtres humains sont des animaux qui instituent des dogmes : « Les arbres n'ont pas de dogmes. Les navets sont extraordinairement larges d'esprit. »

Commençons par le commencement, avec la création. Pour Thomas d'Aquin, la doctrine de la création ne nous dit pas ce qui s'est passé, il y a longtemps, avant le Big Bang. Nous croyons que tout reçoit de Dieu l'existence maintenant, et que c'est pour cela que nous pouvons comprendre quelque chose : c'est le monde de Dieu et nous, créatures de Dieu, nous y sommes chez nous ; ce n'est pas un lieu étranger et incompréhensible. L'intuition fondamentale de Thomas est, comme le formule Cornelius Ernst, o. p., que le monde « se révèle tout naturellement pour ce qu'il est, qu'il s'épanouit dans la clarté[2] ». L'univers est créé par la Parole de Dieu et nous est donc intelligible ; l'univers est « lisible[3] ». Le sens n'est pas quelque chose d'arbitrairement surajouté. Certes ! Il nous arrive de nous tromper, de faire des erreurs ;

1. « The Mercy of M. Arnold Bennett », *Fancies vs Fads*, Londres, 1923.

2. *Multiple Écho*, Londres, 1979, p. 8.

3. Voir Nicholas LASH, « Authors, Authority and Authorization », dans *Authority in the Roman Catholic Church : Theory and Practice*, p. 59 s.

nous mentons et portons des masques, mais la vérité est antérieure à l'erreur et à la tromperie. Comme le poisson est fait pour nager dans l'eau, l'être humain est fait pour s'épanouir dans la vérité ; c'est notre demeure. C'est une vision totalement différente de celle de Descartes, pour qui l'esprit est « le fantôme dans la machine » qui lutte pour entrer en relation avec la réalité. Pour les Lumières, le grand défi est de savoir comment nous pouvons être sûrs de quoi que ce soit ; comment sortir des limites de notre esprit pour aller vers le monde ? Comment savoir si la réalité n'est pas totalement différente de ce que nous pensons en voir ? Pouvons-nous même être sûrs qu'il y a une réalité ? Au départ, il y a donc le doute et la méfiance, alors que la doctrine de la création fonde notre conviction que nous ne vivons pas dans l'illusion.

Thomas pensait que pour voir les choses telles qu'elles sont, nous devons être des contemplatifs. La contemplation est cette calme et sereine ouverture de l'esprit à ce qui se trouve devant lui : la Parole de Dieu, ou bien une personne, ou bien une plante. C'est la tranquille présence à ce qui n'est pas soi, en résistant à l'envie de s'en emparer, de le posséder ou de l'utiliser. Cela signifie autoriser l'autre à être différent, ne pas chercher à l'enfermer dans sa propre manière de penser. Il faut que ce qu'on voit aide son cœur et son esprit à s'ouvrir, à s'agrandir autant qu'il est possible. Thomas aimait cette formule d'Aristote : « L'âme, en un certain sens, est tout[1]. » Comprendre ce qui est autre nous fait grandir ; la contemplation, c'est être présent à l'autre dans notre nudité et notre humilité. Pour Simone Weil, « le vrai génie n'est rien d'autre que la vertu surnaturelle d'humilité dans le domaine de la pensée[2] ».

Cette sereine ouverture aux autres qu'est la contemplation est une dure discipline : il faut briser l'égocentrisme qui

1. Par exemple *De Veritate*, art. I, citant *De Anima* III 8, 431b, 21.

2. Cité par Raimond GAITA, *A Common Humanity : Thinking about Love and Truth and Justice*, Londres, 2000, p. 224.

nous fait voir tout et tout le monde en fonction de nous-mêmes. Devenir vrai n'est pas une simple discipline intellectuelle, c'est un exercice de non-égocentrisme qui demande de relâcher notre emprise vorace sur le monde. C'était là le cœur de la spiritualité de Catherine de Sienne. Suzanne Noffke, o. p., écrit : « Elle parle de cette étroitesse de nos perspectives et de notre propre étroitesse comme d'un "nuage d'égocentrisme" ou comme d'un "amour égoïste pour nous-mêmes". Cet égocentrisme n'est pas juste le genre d'intérêt exclusif pour soi-même qui pousse à un usage exagéré de "je", "moi", ou à la recherche éperdue d'attention. C'est le fait de vivre dans un monde dont nous sommes le centre, un monde où on décide spontanément de tout en fonction de ce qui nous plaît ou nous déplaît, de ce qui nous avantage ou nous désavantage. C'est un venin qui nous empoisonne et gâte notre goût… qui nous aveugle de sorte qu'on ne peut plus distinguer la vérité. » Et cela nous fait traiter Dieu et notre prochain « avec mépris et mécontentement, toujours prêts à juger, à trancher selon nos propres perceptions infirmes et faussées plutôt que selon la vérité… Cela ne nous enlève pas toute la lumière; il nous reste une petite lueur mais nous ne voyons plus tout le globe du soleil[1] ».

Cela exige de nous du calme et du temps. Une des origines de cette crise de la vérité est le fait que notre vie est si agitée et fiévreuse que nous n'avons plus le temps de bien voir rien ni personne. Notre préoccupation de la vérité en terme de vérification fait que nous passons tellement de temps à remplir des formulaires, à rédiger des rapports et à compulser des statistiques que nous n'avons plus le temps d'ouvrir les yeux et de regarder. Quand on a demandé à Wittgenstein ce que les philosophes devraient se dire pour se saluer, il a répondu « Prenez votre temps ! ». Une spiritualité de la vérité devrait donc nous inviter à ralentir, à être calmes, à permettre à notre cœur et à notre esprit de s'ouvrir. Comme

1. Conférence *(pro manuscripto)* de Suzanne NOFFKE, o. p., voir chap. IV, p. 110, n. 2.

le disait Simone Weil, « les biens les plus précieux, ne doivent pas être cherchés, mais attendus [...]. Ce regard est d'abord un regard attentif. L'âme se vide de tout contenu propre pour recevoir en elle-même l'être qu'elle regarde tel qu'il est, dans toute sa vérité[1] ».

Si nous voulons donc voir le monde dans sa vérité, il nous faut apprendre à être humblement et sereinement attentifs. Alors, selon Thomas, nous discernerons la bonté du monde. Quand Dieu termina sa création, il vit que cela était très bon. Fergus Kerr écrit : « Le monde, pour Thomas, contrairement à ce qui était très généralement enseigné de son temps, est tout simplement l'expression de la générosité de Dieu, librement partagée, absolument gratuite, “non nécessaire”, simplement une expression de son amour[2]. » Pour les Lumières, l'œil qui voit juste est celui de l'observateur détaché, qui regarde sans passion ce qu'il a devant les yeux. C'est le regard du scientifique à travers un microscope. C'est une manière utile de regarder le monde et nous serions incontestablement beaucoup plus pauvres sans ce développement au XVIIe siècle. Mais si nous essayons de nous regarder mutuellement à travers des microscopes, comme si nous étions des animaux à disséquer, nous serons incapables de voir la bonté qui est la vérité profonde de chaque être. Comme l'écrivait Augustin, à la fin de ses *Confessions* : « Tous ces travaux que vous avez accomplis, nous les voyons. Nous voyons que, tous ensemble, ils sont très bons, car c'est vous en nous qui les voyez et c'est vous qui nous avez donné l'Esprit par lequel nous les voyons et vous aimons en eux[3]. »

C'est une bonté que nous pouvons manifester à des gens qui ne partagent pas notre foi.

1. « Réflexions sur le bon usage des études scolaires en vue de l'amour de Dieu », *L'Attente de Dieu*, Paris, 1966, p. 93 et p. 97.

2. *Fergus Kerr, o. p., After Aquinas : Versions of Thomism*, Oxford, 2002, p. 39.

3. *Les Confessions* XIII, 34.

Raimond Gaita a travaillé dans un hôpital psychiatrique en Australie ; les psychiatres étaient, pour la plupart, des gens consciencieux et pleins de compassion. Il raconte : « Un jour, une religieuse est entrée dans le service ; c'était une femme mûre et je n'ai remarqué que sa vivacité jusqu'à ce qu'elle parle à des patients. Alors tout dans son attitude vis-à-vis d'eux – sa façon de parler, l'expression de son visage, les mouvements de son corps – tout contrastait avec la conduite de nos dignes psychiatres. Elle montrait qu'en dépit de tous leurs efforts, ils étaient condescendants, comme je l'étais moi-même. Elle révélait que même ce genre de patients étaient les égaux de ceux qui voulaient les aider – chose que les psychiatres et moi avions généreusement et sincèrement professée. Mais elle révélait aussi qu'au fond de notre cœur, nous n'y croyions pas vraiment[1]. » Elle rendait visible l'humanité de ces malades mentaux. « La pureté de son amour prouvait la réalité de ce qu'il révélait. » Gaita affirme que nous arrivons souvent à trouver certaines personnes aimables parce que nous voyons qu'elles sont aimées. « Les enfants en viennent à aimer leurs frères et sœurs parce qu'ils les voient à la lumière de l'amour que leur portent leurs parents. » Les gardiens de prison ont un autre regard sur les prisonniers quand ils les ont vus avec ceux qui les aiment. Il ne s'agit pas d'être gentil ou de regarder le monde avec des lunettes roses ; il s'agit de regarder les choses comme elles sont, dans la vérité.

Dans la Bible, l'ennemi de la vérité de Dieu est Satan, le père du mensonge. Et ses mensonges ne consistent pas seulement à ne pas dire la vérité, ou à faire des erreurs de jugement, comme le disent nos politiciens ; ce n'est même pas raconter des histoires. Sa façon de mentir est de semer le doute et la méfiance entre Dieu, Adam et Ève. Il les fait se méfier de Dieu. Son nom, Satan, signifie « l'Accusateur » et la Bible se termine avec une voix qui clame que « on a

1. *A Common Humanity : Thinking about Love and Truth and Justice*, p. 18.

jeté à bas l'accusateur de nos frères » (Ap 12, 10). Pour les chrétiens, le grand mensonge consiste à regarder les autres sans bienveillance, à fermer les yeux sur ce que leur humanité a de bon, à les alourdir du poids de leurs péchés.

Nous ne voyons pas exactement les gens si nous ne les regardons pas avec bienveillance. Pour Iris Murdoch, « un vrai artiste jette sur ses personnages (qu'ils soient tristes, ridicules, repoussants ou même méchants) un regard de justice et de bienveillance. Contrairement au mouvement naturel, l'attention est dirigée vers l'extérieur, elle s'éloigne du moi, qui réduit tout à une fausse unité, pour aller vers l'étonnante diversité du monde ; et la capacité à diriger ainsi son attention est l'amour[1] ». L'amour fait attention aux gens, au fait même de leur existence, comme nous l'avons vu avec le pasteur de *Gilead*. La haine coupe de la réalité, de sorte que la personne que l'on déteste devient le symbole de tout ce qui est menaçant, plutôt que quelqu'un de réel. Patrick White écrit que les gardes du camp de concentration « pouvaient peut-être rire lorsqu'ils étaient témoins de quelque vexation, mais dans l'ensemble, lors de l'appel, ils semblaient préférer une certaine obscurité dans laquelle ils pouvaient haïr dans l'abstrait tout l'ensemble des Juifs[2] ».

Un jour, un rabbin demande à ses étudiants : « Comment savez-vous que la nuit est terminée et que le jour se lève ? » Un étudiant propose : « Quand on peut voir qu'un animal, au loin, est un lion et non un léopard. – Non ! » dit le rabbin. Un autre dit : « Quand on peut dire qu'un arbre porte des figues et non des pêches. – Non », dit le rabbin, « c'est quand en regardant le visage de quelqu'un, on peut voir que cet homme ou cette femme est un frère ou une sœur ; jusque-là, quelle que soit l'heure du jour, vous êtes encore dans la nuit[3]. »

1. *The Sovereignty of Good*, Londres, 1985, p. 66.
2. *Riders in the Chariot*, Londres, 1966, p. 192.
3. Voir Sean D. Sammon, *Religious Life in America : A New Day Dawning*, New York, 2002, p. 95.

Dans la Bible, le conflit entre vérité et mensonge n'est donc pas simplement une question d'exactitude, en décrivant ce qui se passe, même si cela n'est pas indifférent. Plus profondément, c'est le conflit entre la Parole de Dieu, qui donne l'être et le fait se développer, et la parole de l'accusateur, qui sape, rabaisse et dénigre. Chesterton pensait qu'il n'y a qu'un seul péché, dire que la feuille verte est grise[1].

Les médias sont le parfait exemple d'une recherche de vérité à la manière des Lumières du XVIIIe siècle, dévoilant l'hypocrisie et dénonçant l'échec. C'est par leurs yeux que, dans une large mesure, aujourd'hui, nous nous regardons les uns les autres. Dieu soit loué ! Nos médias sont libres. Dieu soit loué pour le Watergate ! La dénonciation par les médias des abus sexuels dans l'Église catholique et de l'incapacité des autorités à traiter ce problème de manière responsable est profondément douloureuse et humiliante, mais Dieu soit loué pour les médias. S'ils n'avaient pas dénoncé nos fautes, l'Église n'aurait peut-être jamais été forcée d'affronter son péché. Dieu soit loué pour la révélation par les médias des scandaleuses pratiques à l'encontre des Irakiens dans la prison d'Abu Ghraïb ; sans eux, cela aurait peut-être continué. Mais si les dénonciations et les accusations deviennent la façon habituelle dont les êtres humains se regardent mutuellement, alors nous serons entraînés dans le manque de vérité. Nous devons quelquefois accuser, mais pas avant d'avoir discerné la bonté fondamentale de l'autre. Des gens qui sont bons font parfois des choses qui sont mauvaises. Dans notre monde livré au doute et au soupçon, nous avons besoin d'une autre presse ; d'une presse libérée de ses limites héritées des Lumières. Nous avons besoin d'un autre débat politique, un débat dont l'objectif ne serait pas de montrer que l'adversaire ne vaut rien, mais de parvenir ensemble à une meilleure compréhension du bien commun.

1. Voir *The Collected Poems of G. K. Chesterton*, Londres, 1933, p. 326.

La doctrine de la création nous enseigne à voir le monde comme une créature, et donc comme quelque chose qui nous est donné. Nous sommes amenés à admettre la pure gratuité de notre existence : rien ne *doit* exister. En 1944, Karl Polanyi écrivait *The Great Transformation : the Political and Economic Origins of our Time*, où il relevait une nouvelle façon de voir le monde, encore une fois remontant au XVIIe siècle, et la naissance de ce qu'il nommait la « fiction de la marchandise[1] ». C'est la « fiction » selon laquelle tout peut s'acheter et se vendre : la terre et le travail, l'eau et tout ce que Dieu a créé ; l'économie de marché fournit les lunettes à travers lesquelles nous regardons le monde. Posséder quelque chose devient le fondement de la dignité d'un homme et le droit de propriété est absolu, tout devenant propriété, même notre corps.

Soixante plus tard, la transformation de la création en marchandise se poursuit. Polanyi dénonçait la transformation de la terre en marchandise ; il n'aurait jamais pu imaginer qu'à la fin du siècle, des multinationales prétendraient même à la propriété de sa fertilité, au nom de la « propriété intellectuelle ». Certaines compagnies ont acheté le droit de contrôler génétiquement des semences. Jeremy Rifkin nous avertit qu'elles « modifient légèrement les semences ou en annulent certains traits génétiques, ou encore opèrent de nouvelles combinaisons de gènes et s'assurent des brevets qui vont protéger leurs "inventions" ; le but étant d'avoir le contrôle, sous forme de propriété intellectuelle, sur toutes les semences de notre planète[2] ». Nous nous scandalisons à juste titre quand le président du Zimbabwe s'approprie les terres des fermiers blancs ; c'est un péché contre la justice. Mais l'appropriation de la fertilité de la planète devrait nous troubler plus encore : c'est un péché contre la création.

1. Boston, 1957, p. 73.

2. *The Age of Access : How the Shift from Ownership to Access is Transforming Modern Life*, Londres, 2000, p. 66.

Dans une société qui est devenue un marché et où nous sommes d'abord des consommateurs, comment affirmer qu'il y a une autre façon de voir le monde, une clairvoyance ? L'une des façons est de dire nos prières. Pour saint Thomas, prier, c'était avant tout une façon de dire « s'il vous plaît » et « merci ». Nous demandons à Dieu ce que nous désirons et le remercions s'il nous l'accorde. Cela peut sembler quelque peu puéril : Ne devrions-nous pas être assez grands pour veiller sur nous-mêmes ? Cela me fait penser au prédicateur qui disait que le matin il n'avait pas eu le temps de préparer son sermon et avait donc dû faire appel à l'inspiration de l'Esprit saint, mais l'après-midi, il avait pu travailler son homélie et espérait être meilleur. Mais pour Thomas, prier c'est simplement reconnaître ce qui est : tout est don ; demander à Dieu ce que je désire et le remercier quand il me le donne, c'est vivre dans le monde réel, c'est ouvrir les yeux sur la pure gratuité de mon existence. En anglais, le mot *thank* qui signifie « remercier » vient de *think*, « penser[1] ». Remercier, c'est penser de façon juste, et prier nous aide à bien penser.

Pour Thomas, regarder une créature n'est pas tout simplement regarder ce qu'on a devant les yeux. C'est discerner ce que cela doit devenir. Un gland est un chêne en puissance. Si on s'y connaît un tant soit peu en chevaux, on peut regarder un poulain et voir quelle sorte de cheval il peut devenir. Dieu a créé les choses pour qu'elles se développent et réalisent leurs potentialités. Voir un fœtus, c'est voir un être humain *in potentia*. Si c'est ainsi que vous regardez le monde, il n'est pas tellement important de savoir si le fœtus peut être considéré comme un être humain dès maintenant. Le moment exact où il commence à être humain n'est plus ce qui est déterminant pour qui réfléchit à la moralité de l'avortement[2]. Ce

1. Voir John AYTO, *Bloomsbury Dictionary of Word Origins*, Londres, 1990, p. 526.

2. Saint Thomas enseignait que l'âme n'est pas donnée à la conception et que, même si c'est un péché que de pratiquer l'avortement avant que le fœtus ait une âme, ce n'est pas un homicide.

que nous regardons, c'est une créature faite pour devenir être humain. Regarder un être humain, c'est voir quelqu'un qui est destiné à Dieu ; voir les êtres humains comme des créatures, plutôt que comme le produit accidentel de l'évolution c'est voir des êtres faits pour plus que nous ne savons le dire. Je ne vois pas correctement le vieux clochard qui mendie sur le trottoir si je ne discerne en lui le futur citoyen du Royaume.

Si nous sommes faits pour trouver notre accomplissement en Dieu, cela implique aussi que nous ne pouvons pas savoir dès maintenant qui nous sommes. Nous sommes faits pour nous épanouir en celui que nous ne pouvons pas imaginer. Dieu est au-delà de nos mots. Nous ne pouvons maintenant qu'entr'apercevoir ce que c'est qu'être un humain. Comme le disait saint Jean, « bien-aimés, dès maintenant, nous sommes enfants de Dieu, et ce que nous serons n'a pas encore été manifesté. Nous savons que lors de cette manifestation nous lui serons semblables, parce que nous le verrons tel qu'il est » (1 Jn 3, 2).

Si donc je veux décrire un être humain en vérité, il ne suffit pas que je décrive ce que j'ai sous les yeux. Je tends vers ce qui ne peut encore être totalement exprimé, vers ce qui n'est qu'entr'aperçu à l'extrême limite du langage. La vérité nous conduit souvent à la poésie, et Thomas d'Aquin était l'un des plus grands poètes du Moyen Âge. Seamus Heany parle d'un poème de Dylan Thomas qui donne « la sensation d'un langage qui va quelque part dans le savoir[1] ». Il écrit : « Nous allons vers la poésie, nous allons vers la littérature en général, pour aller plus loin à l'intérieur de nous-mêmes. Le mieux que cela puisse faire, c'est de nous faire faire l'expérience d'une sorte de connaissance préalable de certaines choses dont nous semblons déjà nous souvenir[2]. » La connaissance préalable qui est en même temps un souvenir fait penser à l'eucharistie, qui est à la

1. *The Redress of Poetry*, p. 141.
2. *Ibid.*, p. 159.

fois un souvenir – « Faites ceci en mémoire de moi » – et la promesse d'un avenir qu'on ne saurait décrire.

Cela ne veut pas dire que les gens devraient accepter nos doctrines s'ils veulent voir de quoi nous parlons. Les yeux de Gaita ont été dessillés par le comportement de la religieuse dans l'hôpital psychiatrique, sans qu'il ait à accepter ses croyances ; elle lui a montré comment avoir un regard plus vrai sur les patients. Des millions d'hindous ont été touchés par la façon dont mère Teresa s'occupait des mourants. Ils n'avaient pas à devenir chrétiens pour jeter un nouveau regard sur les mourants ; et d'autres traditions religieuses peuvent, elles aussi, nous amener à mieux voir le monde.

Je n'ai pas tenté de dire ce que pourrait signifier pour un homme politique, ou un journaliste, ou un chauffeur de taxi, ou un comptable, pas même pour un prêtre, d'être vrai en ce sens propre aux chrétiens. Dans un monde aussi complexe que le nôtre, il ne peut y avoir de modèle simple et unique. Ce que l'Église devrait tenter d'instaurer, ce sont des espaces et des lieux où l'on pourrait venir se rafraîchir le regard, se laver les yeux. Le climat de méfiance et de doute, les médias qui nous bombardent avec leur culture de la mise en cause, l'ethos de consommation, tout cela nous presse et déforme nos perceptions. Quand Thomas, le religieux, cherchait la vérité, sa quête était inscrite dans une façon de vivre, avec la prière régulière, le silence et l'étude. Nous avons besoin d'oasis de loisir, de silence et de gratitude où nous pouvons, littéralement, retrouver nos sens et éclaircir notre regard, à la manière du fils prodigue qui est « rentré en lui-même » et s'est rappelé qu'il était en vérité le fils de son père.

7

Je suis parce que nous sommes

L'*Épître à Diognète* dit des chrétiens qu'ils « résident chacun dans sa propre patrie, mais comme des étrangers domiciliés. Ils s'acquittent de tous leurs devoirs de citoyens et supportent toutes les charges comme des étrangers ». C'est une sorte de langage qu'on peut trouver dans le Nouveau Testament, notamment dans la première épître de Pierre, adressée « aux Étrangers de la Dispersion : du Pont, de Galatie, de Cappadoce, d'Asie et de Bithynie » (1, 1). Il apparaît clairement qu'il ne veut pas simplement dire qu'ils vivent loin de chez eux : « Très chers, je vous exhorte comme étrangers et voyageurs à vous abstenir des désirs charnels, qui font la guerre à l'âme » (2, 11). La lettre aux Hébreux parle de ceux qui sont morts avant nous, « étrangers et voyageurs sur la terre » (11, 13). Ainsi, l'une des choses différentes pour les chrétiens serait qu'ils ne sont pas complètement chez eux dans ce monde; en un sens, c'est un exil. T. S. Eliot décrit, dans « Le voyage des Mages » les mages qui rentrent chez eux, ayant vu l'Enfant et cependant un peu mal à l'aise :

Nous rentrons à la maison, dans ces royaumes,
Mais plus tout à fait à l'aise ici, avec les anciennes règles

Avec un peuple étranger accroché à ses dieux.
Je serais heureux s'il y avait une autre mort[1].

Qu'est-ce que cela signifie donc ? Sommes-nous semblables à des immigrés italiens ou polonais, qui rêvent de rentrer chez eux, au pays ? Ressentirions-nous un sentiment d'être exilés, parce que nous serions chez nous ailleurs ? Pas exactement ! Chrétiens, nous pensons que nous serons parfaitement chez nous dans le Royaume, mais ce n'est pas tout à fait comme un Hollandais qui vivrait en Angleterre avec le sentiment que le royaume des Pays-Bas est son vrai chez lui. Le Royaume de Dieu n'est pas un autre endroit, caché dans quelque coin éloigné et où l'on espère aller un jour. C'est l'unité de tous les êtres humains dans le Christ. L'épître aux Colossiens nous dit que le Christ « est avant toutes choses et tout subsiste en lui. Il est la Tête du Corps, c'est-à-dire de l'Église : il est le Principe, Premier-Né d'entre les morts [...] Dieu s'est plu à faire habiter en lui toute la Plénitude et par lui à réconcilier tous les êtres pour lui, aussi bien sur la terre que dans les cieux, en faisant la paix par le sang de sa croix » (1, 17-20). Christ est celui en qui toute la création est réunie dans l'unité ; rentrer à la maison, c'est donc retrouver toute l'humanité.

Dans le village global où nous habitons, bien des gens ont conscience de qui ils sont en termes de nationalité. C'est en effet très bien d'être anglais, français, irlandais, kenyan ou indien : c'est bon d'avoir un sentiment patriotique, de se sentir membre d'une nation, ou d'une tribu, ou d'un groupe ethnique quel qu'il soit. Mais en tant que chrétiens, nous croyons que ces identités sont trop étroites pour nous, car elles ne sont pas seulement inclusives – rassemblant les gens –, mais également exclusives – rejetant les autres.

1. *« We returned to our places, these Kingdoms,/ But no longer at ease here, in the old dispensation,/With an alien people clutching to their gods./I should be glad of another death »* (« The Journey of the Magi », *The Complete Poems and Plays of T. S. Eliot*, Londres, 1969, p. 104).

Pendant des siècles, la grande raison d'être fier et heureux d'être anglais était de *n'être pas* français, ou d'être irlandais, de *n'être pas* anglais ; les identités nationales ne sont pas fondées seulement sur l'amour de son pays, mais sur la crainte et sur l'hostilité par rapport aux autres. Pour les chrétiens, la seule communauté où l'on puisse s'épanouir et être pleinement soi-même est la communauté humaine réunie autour du Christ. Si les chrétiens sont exilés, ce n'est pas tant qu'ils soient chez eux ailleurs, mais nous sommes chez nous en celui qui transcende toutes les exclusions et toutes les particularités. Quand Thomas Merton est devenu catholique, il a écrit : « Je suis maintenant entré dans ce mouvement perpétuel de gravitation qui est la vie même et l'Esprit de Dieu. C'est Dieu qui gravite vers les profondeurs de sa propre nature infinie. De sa bonté sans limites. Et Dieu, ce centre qui est partout et dont la circonférence n'est nulle part, m'a trouvé ; Il m'a appelé depuis les profondeurs de son immensité[1]. » Dieu est celui en qui personne n'est à la marge, parce que le centre de Dieu est partout et sa circonférence nulle part. C'est là que nous serons complètement chez nous, dans ce vaste espace qu'est Dieu, car tout le monde sera chez lui.

Les chrétiens espèrent donc une patrie dont personne ne sera exclu, sauf s'il l'a choisi. Vatican II a parlé de l'Église comme d'« un sacrement ou, si l'on veut, un signe et un moyen d'opérer l'union intime avec Dieu et l'unité de tout le genre humain[2] », *un* signe, et pas nécessairement le seul signe de l'unité de l'humanité. Dieu n'est pas enfermé dans l'Église. Tous les sacrements nous orientent vers l'unité ultime de l'humanité dans le Christ. Ainsi, par exemple, Herbert McCabe insiste-t-il sur le fait que « le baptême n'est pas le sacrement qui marque l'appartenance à l'Église, il est appartenance à l'Église ; il est le sacrement d'appartenance

1. Monica Furlong, *Merton : A biography*, Londres, 1980 ; Merton cite Alain de Lille.

2. *Lumen gentium*, 1, 1.

à l'humanité ». Dans le baptême, nous mourons à tout ce qui nous coupe des autres : nous sommes orientés au-delà des limites étroites de toute identité au rabais. Nos parents, sans peut-être s'en rendre compte, nous ont reçus comme un don de Dieu et nous offrent en retour. C'est pour cela que j'ai énormément de mal à comprendre la notion d'Église nationale ; cela me semble une contradiction dans les termes, comme des jeux Olympiques où il n'y aurait qu'une nation admise. L'Église devrait être un signe de ce que l'humanité forme une famille, c'est ce que voulaient dire les premiers chrétiens en s'appelant « frère » et « sœur ».

Que peut signifier pour quelqu'un de se sentir citoyen du Royaume ? Cela semble plutôt vague et irréel, comme la « philanthropie télescopique » de Mrs. Jellyby, son amour des Africains en général. Éric Hoffer soutenait qu'il est plus facile d'aimer l'humanité entière que d'aimer son voisin et, selon Edmund Burke, Jean-Jacques Rousseau allait plus loin encore « aimant la famille humaine, mais pas sa propre famille[1] ». Dans les deux chapitres qui suivent, j'essaierai de montrer ce que c'est que d'appartenir dans le Christ à toute l'humanité. Comment ce genre d'identité peut-elle marquer notre vie ?

Richard Rohr a parlé des trois niveaux des récits de l'Écriture : il y a « Mon histoire », l'histoire que je raconte sur moi-même et qui exprime mon propre sentiment d'identité. Il y a « Notre histoire », l'histoire qu'un groupe – une tribu, une nation, ou même une équipe de foot – raconte pour comprendre ce que signifie être membre de ce groupe. Et il y a « l'Histoire », qui va de la création au Royaume et qui exprime l'intention finale de Dieu pour tout ce qu'il a fait[2]. Ces différents niveaux du récit me serviront à étudier la relation entre les trois niveaux d'identité qui sont les nôtres,

1. Cité par Kwame Anthony APPIAH, *The Ethics of Identity*, Princeton, 2005, p. 221.

2. Richard ROHR et Joseph MARTOS, *The Great Themes of Scripture*, Cincinnati, 1987.

comme individus, comme membres de communautés particulières et comme citoyens du Royaume. Dans le présent chapitre, j'étudierai la relation entre l'identité personnelle et celle de la communauté. Dans le prochain chapitre, j'observerai la relation entre notre identité particulière, de membre d'une famille, d'une tribu, d'une nation, etc. et notre identité commune de citoyens du Royaume de Dieu.

Apprendre à dire « Nous ».

« Il y avait un homme riche dont les terres avaient beaucoup rapporté. Et il se demandait en lui-même : "Que vais-je faire ? Car je n'ai pas où recueillir ma récolte." Puis il se dit : "Voici ce que je vais faire : j'abattrai mes greniers, j'en construirai de plus grands, j'y recueillerai tout mon blé et mes biens, et je dirai à mon âme : Mon âme, tu as quantité de biens en réserve pour de nombreuses années ; repose-toi, mange, bois, fais la fête." Mais Dieu lui dit : "Insensé, cette nuit même, on va te redemander ton âme. Et ce que tu as amassé, qui l'aura ?" » (Lc 12, 16-20).

Cette parabole nous parle d'un homme qui est totalement préoccupé de lui-même. Il utilise les mot « je », « mon » onze fois et quand il utilise le mot « tu », c'est encore pour se parler à lui-même. Personne d'autre n'existe pour lui ; puis la voix de Dieu ouvre d'un coup cette prison narcissique : « Insensé ! » Cela peut sembler un jugement sévère, mais cela peut aussi paraître libérateur, comme le sont tous les jugements de Dieu. Dieu brise le mur de la prison de ce stupide égocentrisme ; maintenant, à l'homme de décider s'il va se glisser par la brèche ouverte dans ce mur de préoccupation de soi, pour aller vers la lumière, ou plutôt rester à l'abri, dans la solitude. Pourra-t-il apprendre à dire « nous » ? La liberté, c'est sortir de ce que sainte Catherine appelait le « nuage d'égocentrisme », qui m'aveugle en me laissant croire que je suis le centre du monde.

Notre esprit a du mal à éviter l'égocentrisme, comme il a du mal à se déprendre de lui-même pour être naturel. Plus on fait d'efforts pour être spontané, plus on est embarrassé et guindé. Mes efforts infructueux pour apprendre à danser ont toujours achoppé sur la conscience que j'avais de moi-même essayant de ne pas avoir conscience de moi-même ; du coup, je n'arrive pas à me laisser aller à la musique. Jésus, avec ses paraboles, arrive souvent à nous bousculer assez pour nous sortir de nous-mêmes. Le légiste demande à Jésus qui est *son* prochain et Jésus raconte l'histoire du bon Samaritain qui voit un homme couché au bord de la route, dévalisé par des brigands et ignoré par le prêtre et le Lévite qui l'ont vu ; et Jésus demande au légiste : « Lequel de ces trois, à ton avis, s'est montré *le prochain de l'homme* tombé aux mains des brigands ? » (Lc 10, 36). Le légiste avait posé à Jésus une question centrée sur lui-même ; Jésus répond avec une histoire qui veut le bousculer pour le faire sortir de lui-même.

C'est de l'humilité que d'abandonner le milieu de la scène. Nous avons essayé de saisir au passage la différence que peut faire le christianisme. Dans les premiers siècles, la réponse aurait souvent été l'humilité. L'humilité était méprisée par la Rome païenne et autant par la Grèce. Pour Aristote, l'humilité est un vice ; être humble, c'était n'être pas grand-chose, ne pas mériter le respect, être méprisable. Le christianisme a complètement retourné la façon de regarder le monde, en proclamant que l'humilité est la vertu typiquement chrétienne et que l'orgueil est le plus grand vice.

L'humilité chrétienne ne consiste pas à se sentir un méprisable ver de terre, c'est avoir un juste respect de soi-même. Jean-Louis Brugès, o. p., a écrit que l'humilité était le nom chrétien de l'estime de soi. « Grâce à l'humilité, je demeure en moi[1] », satisfait d'être qui je suis. C'est une libération de la rivalité, du besoin de se mesurer sans cesse aux autres. L'humilité me donne une ambition à la mesure de ce que je peux faire et me libère de l'imagination de ce dont je suis

1. *Les Idées heureuses*, Paris, 1996, p. 33.

incapable. Mgr Ullathorne, l'archevêque bénédictin de Birmingham, au XVIe siècle avait un juste sens de ses capacités : à quelqu'un qui lui demandait un jour s'il existait de bons ouvrages sur l'humilité il répondit : « Il n'y en a qu'un, c'est moi qui l'ai écrit[1]. »

Dans le premier Chant de son *Enfer*, Dante avoue que par peur « *perdei la speranza dell'altezza* » (« j'ai perdu l'espérance des hauteurs »). L'humilité est la vertu qui nous redonne du courage, avec l'appréciation réaliste de qui nous sommes et de ce que nous pouvons être, par la grâce de Dieu ; et nous pouvons nous remettre à escalader les hauteurs. Screwtape, notre vieux diable, a fort bien compris le danger qu'une véritable humilité chrétienne fait courir à sa cause (mais il faut lui pardonner le sexisme de ses exemples : en 1940, les diables étaient peu sensibles à ce genre de choses). « Il te faut cacher à ton élève la fin véritable de l'humilité. Qu'il ne l'envisage pas comme l'oubli du moi, mais comme une opinion, défavorable, bien entendu, sur son caractère et sur ses dons. [...] Des milliers d'hommes ont été amenés à croire que l'humilité consiste, pour une jolie femme, par exemple, à se croire laide, et pour un homme intelligent, à être persuadé de sa bêtise. [...] [Dieu] préférerait que l'homme se crût un grand architecte ou un poète doué et l'oubliât tout de suite après, plutôt qu'il peinât longtemps pour arriver à se persuader qu'il est un architecte médiocre, un poète sans talent[2]. »

Noel Coward dit à un ami qu'il n'avait pas vu depuis des lustres : « Nous n'avons pas le temps de parler de tous les deux, alors parlons de moi. » L'humilité nous libère du besoin impérieux d'avoir le premier rôle ; elle nous fait accepter de jouer un rôle dans l'histoire que nous partageons avec d'autres, mais pas nécessairement le plus important. Dans le film *Shakespeare in love*, la troupe s'est retirée dans une taverne, après la première répétition, et parle à des amis

1. The Earl of LONGFORD, *Humility*, Londres, 1970, p. 14.
2. *Screwtape Letters*, p. 72 ; *Tactique du Diable*, p. 53-54.

de cette nouvelle pièce si excitante, *Roméo et Juliette*. La nourrice explique que la star est la nourrice qui veille sur la petite Juliette ; l'apothicaire raconte la pièce comme si c'était l'histoire d'un apothicaire ; même le frère Laurent manque à l'humilité qu'on prête généralement à un religieux et se voit au centre de l'action. L'humilité, c'est être content parfois de jouer un rôle secondaire, un tout petit rôle. Comme c'est bien souvent le cas, la vertu consiste à vivre dans le réel, et nous n'y sommes pas toujours la star.

Durant les vingt siècles écoulés, on a généralement considéré que l'humilité était la plus libératrice et la plus importante des vertus chrétiennes. C'est reposant de n'avoir pas à être Brad Pitt ou Gwyneth Paltrow *en permanence*. Mais depuis le XVIIe siècle, l'humilité a eu fort à faire pour se faire reconnaître. Pour schématiser un peu, je dirais que, depuis Descartes, la civilisation européenne a eu tendance à favoriser une certaine façon d'envisager l'être humain, comme être solitaire dont l'existence est fondée sur la conscience : *Cogito ergo sum*, « Je pense, donc je suis » ; même si on a dit que maintenant, on l'avait transformé en « j'achète, donc je suis » (*Carrefour* ou *Monoprix, ergo sum*). Cet être-là est essentiellement conscience de soi. La conscience que j'ai de moi est le fondement de mon assurance d'être un « moi », d'être quelqu'un. C'est le quelqu'un occidental moderne, autonome et solitaire, le « fantôme dans la machine », qui manque de sécurité, d'assurance et de confiance, comme nous l'avons dit dans le chapitre précédent. C'est une façon d'atomiser l'être humain qui devient, selon l'expression de Charles Taylor, un « être ponctuel[1] », des points éparpillés de conscience de soi, cherchant à entrer en relation les uns avec les autres. Avec un tel point de vue, l'humilité, l'invitation à ne plus se centrer sur soi-même, ressemble dangereusement à un suicide mental ; c'est un saut dans un abîme d'oubli de soi, d'où peut-être personne ne pourra me tirer.

1. *Sources of the Self*, Cambridge, 1989, par exemple p. 169.

Quelqu'un écrivit un jour au grand Rebbe Lubavitch qu'il était profondément malheureux. Il écrivait : « Je voudrais votre aide, Rebbe. Je me réveille, chaque matin, plein de tristesse et d'appréhension. Je n'arrive pas à me concentrer. J'ai du mal à prier. J'obéis aux commandements, mais je n'y trouve aucune satisfaction spirituelle. Je vais à la synagogue, mais je me sens seul. Je commence à me demander à quoi rime la vie. J'ai besoin d'aide ! » Et le Rebbe se contenta de retourner la lettre en soulignant le premier mot de chaque phrase : c'était toujours le même, « Je »[1]. C'est là le malheur de l'Occidental moderne et solitaire.

Les cultures africaines nous poussent à nous penser nous-mêmes autrement. On aurait tort de schématiser, comme s'il y avait une seule conception africaine de la personne, comme une seule compréhension européenne ou asiatique de ce que c'est qu'être un homme. Mais on peut en résumer l'essence en empruntant les mots de John Mbiti : « Je suis parce que nous sommes[2] », ou, à la manière zulu, « *Umuntu ungumuntu ngabantu* » (« Une personne devient une personne à cause des gens »). L'identité n'est pas une possession solitaire, découverte au terme d'une introversion mentale en se défaisant du piège des relations : moi, pensant mon moi. Elle est donnée dans l'appartenance à une communauté – famille, clan, tribu ou nation. On devient une personne en s'intégrant à la communauté, en adoptant sa position, en jouant son rôle. David Cooper raconte que « chez ceux qui parlent chichewa, une langue bantoue, un bébé qui meurt avant d'avoir été montré en public est enterré sans deuil et sans cérémonie, témoignant de la conviction qu'un enfant ne devient un être humain que lorsqu'il n'est plus enfermé tout seul avec sa mère[3] ». Et il cite Ifeanya A. Menkiti : « Être

1. Jonathan SACKS, *Celebrating Life : Finding Happiness in Unexpected Places*, Londres, 2000, p. 47.

2. David COOPER, « I am because we are », *The Times Litterary Supplement*, 29 avril 2005, p. 5.

3. *Ibid.*

une personne est considéré comme un accomplissement, une "arrivée morale" ; c'est pourquoi le statut d'un enfant qui n'a pas encore de relations morales avec les autres n'est pas clairement le statut d'une personne. »

Ce sens communautaire de l'identité n'est pas sans danger, comme le sait celui qui a grandi dans un petit village. Les autres peuvent ne pas vous accorder la reconnaissance à laquelle vous pensez avoir droit. On peut être écrasé par l'idée de son rôle comme femme ou comme membre d'un certain groupe ethnique. Et quel est le statut de celui qui n'est pas encore né ? Mais ne vous y trompez pas : la façon cartésienne d'envisager la personne à partir de la conscience qu'elle a d'elle-même peut, elle aussi, mettre en question le statut moral du fœtus.

Mais le « Je suis parce que nous sommes » est une invitation à l'Occident pour qu'il redécouvre un sens de l'identité moins sollipsiste et moins fragile. En laissant parler Antoine le Grand, un Père du désert qui vivait en Afrique mais qui est aussi un des ancêtres spirituels de l'Occident, « notre vie et notre mort ont lieu avec notre prochain », nous sommes ramenés à une compréhension essentiellement relationnelle de la personne. Ce n'est pas pour nous une idée étrangère, ce fut la lutte pour formuler le mystère de la Trinité – un seul Dieu, trois personnes, pure relation – qui aida l'Occident à comprendre de façon neuve ce qu'est une personne. Ce qui distingue les membres de la Trinité n'est pas qu'ils ont chacun leur boulot, comme une sorte de divine équipe de travail (Créateur, Rédempteur et Sanctificateur), c'est la relation qu'ils ont l'un avec l'autre. Se pourrait-il que l'affaiblissement de notre compréhension de la constitution relationnelle de l'être humain soit dû au fait que la doctrine de la Trinité n'est plus au centre de notre conscience commune ? Ou bien cela va-t-il dans le sens contraire ? Quand on cesse de comprendre la personne humaine comme fondée sur la relation, la doctrine de la Trinité se met à avoir l'air d'une bizarre mathématique céleste.

Comment puis-je découvrir mon identité à l'intérieur de la communauté, dans une relation, sans être avalé et écrasé ? Quelle histoire pourra-t-on raconter du groupe – « notre histoire » – qui laisse de l'espace à l'histoire que je pourrais raconter sur moi-même ? Le communisme et le nazisme ont montré ce qui peut arriver si la personne est avalée par le groupe. Pour le dire en termes de ces différents niveaux de récit, comment garder un juste équilibre entre « notre histoire » et « mon histoire » ? On peut voir la guerre froide comme une lutte entre un individualisme radical qui absolutise l'histoire de l'Occidental solitaire moderne et un collectivisme sauvage, qui absolutise l'histoire du groupe. On a connu aussi bien l'absolutisation de l'individu – Mme Thatcher proclamant que la société n'existe pas – que son abolition.

C'est dans l'échange avec les autres que je discerne qui je suis et qui nous sommes. Kwame Anthony Appiah écrit : « Depuis la toute petite enfance, c'est dans le dialogue avec l'intelligence que les autres ont de ce que je suis que je développe une perception de ma propre identité. Nous arrivons dans le monde "piaulant et bavant aux bras de [notre] nourrice" (comme le dit si génialement Shakespeare[1]), capables d'être une personne humaine mais seulement si nous pouvons développer notre individualité en interaction avec les autres. Une identité s'énonce toujours à travers des concepts (et des pratiques) qui sont fournis par la religion, la société, l'école et l'État, avec pour médiateurs la famille, les pairs, les amis[2]. » Ce n'est qu'avec les autres que je discerne qui je suis. De toute façon, il n'y a jamais un « nous » unique qui couvre tout et embrasse tout. Ce que je suis, moi, dans mon unicité, est au point de rencontre de toutes sortes de communautés, familles, écoles, passe-temps et sports, appartenant à des groupes définis par leur âge et leur appartenance ethnique ou sexuelle. Un moi bien assuré émerge de la façon dont j'ai négocié toutes ces identités

1. Citation de *Comme il vous plaira*, acte XI, scène 7.
2. *The Ethics of Identity*, p. 20.

diverses, choisissant mes priorités : vais-je aller jouer au football, vais-je plutôt aller à l'anniversaire de mon frère ou bien aux vêpres ? Les contours de ma personnalité se définissent à travers les choix que je fais dans ce que me proposent les différents groupes auxquels j'appartiens.

Quand on parle de vocation, par exemple se faire dominicain ou se marier, il ne s'agit sûrement pas d'appartenir à un groupe de plus, à côté du club de fléchettes ou d'un parti politique. Si c'est une *vocation*, cela doit être plus ou moins le lieu où on commence à rassembler tous les sentiments d'identité qu'on peut avoir, une demeure où l'on peut être à la recherche de l'intégrité. Une vocation, à la différence d'une banale affiliation, est le lieu où l'intégration dans un « nous » – par le mariage ou la profession religieuse ou l'initiation dans un métier – est fondamentale pour la conscience que j'ai de moi.

Quand je suis entré dans l'Ordre, j'ai appris à dire « nous, les dominicains ». Je peux dire « nous sommes arrivés à Oxford en 1221 », même si je ne suis né que bien des siècles plus tard. Je peux aussi dire que nous sommes en train de fonder une université en Éthiopie, même si pas un seul dominicain anglais n'est concerné. Le fait d'être membre de cette communauté peut parfois faire que l'histoire que je raconte sur moi-même ne se poursuivra pas comme je l'attendais et l'espérais. J'avais peut-être envie d'être missionnaire en Chine et je me retrouve en train d'enseigner à Oxford ; ou l'inverse. Il se peut que je doive sacrifier mes priorités personnelles à celles de ma communauté. C'est cela que signifie accepter d'être un frère parmi des frères.

Dans *Dombey and Son* de Charles Dickens, M. Dombey dit, en parlant de son fils qui est aussi son héritier : « La destinée de mon fils ne doit rien à la chance ni au hasard. Le cours de sa vie était évident, préparé et organisé dès avant sa naissance[1]. » L'Ordre fait des projets pour les frères et

1. *Dombey and Son*, Oxford, 1991, p. 139 ; éd. fse, *Dossier de la Maison Dombey et Fils*, Paris, 1956.

nous envoie là où les frères le veulent mais, à la différence du petit Dombey, j'ai part à la décision qui met ce plan en œuvre. On dit que, pour faire rire Dieu, il faut lui dévoiler nos plans ; c'est peut-être ce que font les frères. Mais bien que je ne sois pas le seul auteur de l'histoire de ma vie, bien que je doive rester ouvert à l'inattendu, je ne suis pas complètement passif. C'est dans le dialogue que s'articulent les histoires que nous pouvons raconter sur nous et ma propre histoire, celle que je peux raconter sur moi-même.

Si je mettais l'appartenance à l'Ordre simplement au service de mes projets – l'Ordre me donnera une bonne formation et me permettra d'être professeur, il est donc utile que je sois dominicain –, je n'y appartiendrais jamais vraiment ; je ne me serais pas donné à mes frères. Mais si je me considérais comme un pion que l'Ordre pouvait déplacer à sa guise sur son échiquier, il n'existerait pas véritablement de « je » qui lui appartiendrait. Il ne s'agit pas d'un compromis entre l'Ordre et moi – tantôt je fais ce que je veux, et tantôt je me soumets – mais il est une communauté dans laquelle je m'épanouis et où je suis heureux justement parce que c'est en étant l'un de ses membres que je discerne qui je suis. Si l'Ordre piétinait notre personnalité, ce ne serait pas une communauté de frères, mais de robots. Mais j'y découvre aussi ce que je suis aux yeux de mes frères : Si jamais j'avais l'illusion d'être un nouveau Thomas d'Aquin, ou encore un bon économe, ils me délivreraient vite de mes illusions. Je suis parce que nous sommes, mais aussi nous sommes parce que chacun d'entre nous est.

La première Vie de saint Dominique se trouve dans un livre intitulé *Vitae Fratrum*, « Les vies des frères ». On y trouve réunis les mémoires des premiers membres de l'Ordre : on ne pensait pas convenable d'écrire une vie de saint Dominique, dont il serait la figure centrale. Son génie a été de fonder une fraternité dans laquelle on pouvait s'épanouir justement en étant « un frère parmi des frères ».

L'histoire de l'aveugle-né, au chapitre 9 de l'évangile de Jean, nous parle d'un homme qui apprend à dire « je », non de façon égocentrique, mais avec dignité. Au début de l'histoire, les disciples parlent d'un aveugle, mais ne lui parlent pas ; il n'y a que Jésus qui lui parle. Puis, quand il est guéri, les voisins parlent de lui, mais ne lui disent rien jusqu'à ce qu'il parle lui-même et dise « c'est moi ». On l'amène alors aux pharisiens et, de nouveau, on commence à parler de lui plutôt qu'à lui. Les pharisiens font venir ses parents mais ceux-ci refusent de parler de lui ; ils disent : « il a l'âge ; lui-même s'expliquera », et c'est bien ce qu'il fait, de plus en plus clairement, jusqu'à confesser sa foi : « Je crois, Seigneur. » C'est l'histoire d'un homme qui trouve sa propre voix. Il cesse d'être l'objet des conversations pour devenir le sujet qui s'adresse aux autres. Oui ! C'est *son* histoire : l'aveugle apprend à dire « je », en entrant dans une communauté, en devenant l'un des disciples de Jésus. C'est parce qu'il peut dire « je » qu'il peut dire « nous », et vice versa. Il n'y a pas de priorité pour l'une ou l'autre identité, pour l'une ou l'autre histoire ; elles se renforcent mutuellement.

C'est par l'échange et le dialogue que nous apprenons à mettre en relation l'histoire de la communauté et celle de l'individu. Ce genre d'échange passe inévitablement par des étapes de perplexité et de résistance, ces moments où je découvre que les autres n'acceptent pas l'image que je me fais de moi-même. Il est dur de devenir quelqu'un. Comme le dit Walter Davis : « Le moi n'est pas quelque chose qu'on atteint en en retirant couche après couche jusqu'au noyau, c'est une intégrité qu'on doit réussir à faire naître[1]. » Le vrai Timothy Radcliffe n'est pas embusqué au fond de mon esprit ; il n'est pas quelque intériorité enfouie que je discernerai à force d'introversion. Je comprends qui je suis, et même je deviens celui que je suis appelé à être, dans l'échange avec mes frères et mes amis ; je découvre alors

1. *Inwardness and Existence. Subjectivity in/and Hegel, Heidegger, Marx and Freud*, Madison, 1989, cité par Rowan WILLIAMS, *On Christian Theology*, Oxford, 2000, p. 139.

qu'ils pensent quelquefois que je suis capable de plus que je ne le crois, et quelquefois de moins.

Il peut se faire que l'échange implique un insupportable rejet de ce que je suis. Par exemple, si je me trouve défini en termes dégradants parce que je suis une femme, ou un Noir, ou un homosexuel, ou un miséreux, on doit alors faire surgir un nouveau type d'échange – une autre façon de se parler, dans laquelle je puisse me reconnaître. Rowan Williams écrit : « Nous ne nous développons pas sans qu'il y ait compétition ; mais une compétition qui n'admet pas l'autre et n'a pas besoin de l'autre est barbare et destructrice[1]. » Dans l'histoire de l'aveugle-né, les pharisiens disent souvent « nous » : « Nous savons que Dieu a parlé à Moïse, mais celui-là, nous ne savons pas d'où il est. » C'est un sens de l'identité collective qui exclut et Jésus et l'aveugle : « "De naissance, tu n'es que péché et tu nous fais la leçon ?" et ils le jetèrent dehors. » La présence de Jésus les appelle à comprendre autrement la nature de leur communauté, afin qu'elle puisse devenir un lieu où l'aveugle pourrait dire « je ». Les pharisiens sont appelés à la conversion, c'est-à-dire à apprendre une nouvelle forme d'échange.

L'Église devrait être un lieu où nous apprenons à échanger, à entrer dans un dialogue – dans nos paroisses, dans nos familles et nos communautés – qui nous aide à dire « je » parce que nous avons appris à dire « nous » et vice versa. C'est l'endroit auquel nous pouvons prendre le risque d'appartenir. Les Européens d'aujourd'hui croient sans vouloir appartenir. Les jeunes ont une grande faim de Dieu, mais se méfient de toutes les institutions qui auraient des prétentions sur eux, État, Église, parti politique ou n'importe quoi. Toute appartenance semble menacer notre sacro-sainte indépendance, le « nous » risquant d'étouffer un « je » précaire. Mais la communauté chrétienne devrait être un endroit où on apprend à dire « je », avec confiance, comme l'aveugle-né.

1. *On Christian Theology*, p. 243.

Cela suppose que les responsables chrétiens fassent très attention au fait qu'ils parlent des gens plutôt que de parler aux gens. On a tendance à parler *des* jeunes, *des* divorcés, *des* homosexuels, *des* femmes, *des* laïcs. On profère des affirmations à leur sujet, parfois elles leur sont adressées ; mais l'espace manque souvent où leur voix pourrait se faire entendre – la voix d'un partenaire dans le dialogue. L'Église devrait incarner l'accueil sans condition de Dieu, qui fait que personne n'a à se battre pour être reconnu. « Le moi n'est libre de se développer de façon morale [...] que lorsqu'il n'est pas obligé d'abord de se défendre – ou de se *créer*, de se tailler une place dans un environnement qui pourrait être hostile[1]. » La tentation est forte pour les clercs, dans l'Église, de dominer le dialogue, de fixer son langage et son vocabulaire. Le « nous » de l'Église devient alors oppressant et étouffant et les gens doivent se battre pour pouvoir respirer. Nous devrions créer des espaces de silence, où l'on entende les voix douces prononçant des mots inhabituels. Les disciples sont silencieux quand Jésus parle à l'aveugle-né. Si nous ne le sommes pas, rien d'étonnant si ceux qui ont le sentiment de n'être pas entendus deviennent un peu bruyants.

Nous faisons partie d'une histoire qui donne de l'espoir, l'année chrétienne, qui nous porte de l'avent, quand nous attendons que vienne le Christ comme un petit enfant, jusqu'à la fin. Jusqu'ici, nous nous sommes concentrés sur le noyau dramatique de cette histoire, les derniers jours du Christ à Jérusalem, du jeudi saint au dimanche de Pâques. Mais une grande partie de l'année liturgique s'appelle « temps ordinaire » ; cela paraît plutôt ennuyeux, comme si on ne faisait que durer en attendant les prochains événements excitants. On remplit l'espace entre la joie de Noël et de l'Épiphanie et le drame de la semaine sainte, puis entre la Pentecôte et la fin de l'année.

Mais ce n'est pas exact. Le temps ordinaire célèbre ce qu'il y a de fondamental en nous ; le fait que nous sommes

1. *Ibid.*, p. 250.

faits pour autre chose, orientés vers ce qui est au-delà de nous. Cela contribue à montrer à quoi sert le christianisme; nous sommes faits les uns pour les autres, nous ne pouvons nous épanouir tout seuls et nous sommes faits pour le Royaume où, à la fin, nous nous épanouirons ensemble. Après avoir examiné, dans ce chapitre, la façon dont nous sommes faits les uns pour les autres, nous examinerons la façon dont nous sommes orientés vers cette pleine communauté du Royaume, dont personne n'est exclu.

L'Église devrait être cette communauté où l'on découvre comme il est bon d'être « ordinaire », d'appartenir les uns aux autres. Dieu dit à Catherine de Sienne : « J'aurais très bien pu faire les êtres humains de telle sorte que chacun ait tout, mais j'ai préféré distribuer différents dons à différentes personnes, pour qu'ils aient besoin les uns des autres[1]. » Notre évêque est appelé notre « ordinaire », non pas qu'il soit quelconque, mais parce qu'il est chargé de faire vivre une communauté où l'on peut apprendre comment s'appartenir mutuellement. Au XVIIIe siècle, le mot servait aussi à désigner ceux qui portent des messages – le premier équivalent du facteur – et qui étaient d'importance vitale pour les échanges d'une communauté. La couleur liturgique du temps ordinaire est le vert, comme la nature au printemps, car c'est un temps où l'on apprend à croître ensemble.

À proximité de là où j'habite, on peut voir une affiche qui dit : « Le monde peut être transformé par des gens ordinaires, comme vous »; j'ai honte d'avouer que cela m'énervait chaque fois que je passais devant : « Comment savent-ils que je suis quelqu'un d'ordinaire? Je pourrais parfaitement être quelqu'un de remarquable. » Cela me paraissait méprisant; et pourtant, l'Église devrait être une communauté où nous nous sentons accueillis sans avoir besoin d'être une célébrité pour compter, libérés du besoin d'occuper le milieu de la scène. Nous pourrions y apprendre la joie d'être ordinaires, non au sens de sans valeur ou

1. Dialogue 7.

ennuyeux, mais en étant tournés les uns vers les autres et en en recevant la vie.

Quand Thomas Merton est sorti de son monastère, après plusieurs années, pour une première visite à la ville voisine, il fut envahi par le sentiment de la beauté et de la bonté des gens qu'il voyait : « C'est un destin extraordinaire que de faire partie de la race humaine, même si c'est une race qui se voue souvent à des choses absurdes et qui fait de terribles erreurs : et pourtant, Dieu lui-même s'est enorgueilli de devenir membre de la race humaine. Un membre de la race humaine ! Penser qu'un événement aussi banal peut sembler soudain aussi incroyable que d'avoir le ticket gagnant d'un loto cosmique. Il n'y a pas moyen de dire aux gens qu'ils resplendissent comme le soleil [...]. Il n'y a pas d'étrangers [...]. Si seulement, nous pouvions nous voir les uns les autres comme nous sommes, en réalité, tout le temps. Il n'y aurait plus de guerres, plus de haine, plus de cruauté, plus de convoitise [...]. Je suppose que le gros problème serait que nous tomberions à genoux et nous adorerions les uns les autres [...]. La porte du Ciel est partout[1]. » L'Église devrait être une communauté où se révèle la beauté de ce qui est ordinaire, parce que, en Dieu dont le centre est partout et la circonférence nulle part, personne ne devrait se sentir en marge.

Sur la route de Jérusalem, les apôtres discutaient entre eux pour savoir qui était le plus grand ; Jacques et Jean, les fils de Zébédée, demandent à Jésus : « Accorde-nous de siéger, l'un à ta droite et l'autre à ta gauche, dans ta gloire » (Mc 10, 37). Ils souhaitent avoir le meilleur poste, se dorer au soleil de la gloire, être élevés au-dessus de la compétition ; ils ne veulent pas être ordinaires – des « apôtres lambda ». Mais Jésus dit : « Siéger à ma droite ou à ma gauche, il ne m'appartient pas de l'accorder, mais c'est pour ceux à qui cela a été destiné » (v. 40). Et en effet, quand Jésus est élevé dans sa gloire sur la croix, ce sont deux voleurs ordinaires, dont le nom n'est même pas connu, qui ont droit à ces places d'honneur.

1. M. FURLONG, *Merton : A biography*, p. 139.

8

Citoyens du Royaume

Dans le chapitre précédent, nous avons observé la relation entre l'identité personnelle et celle que l'on a en tant que membre d'une communauté, qu'il s'agisse de la famille, de la tribu ou de la nation. Si la communauté est saine, elle n'abolit pas l'identité personnelle : « Je suis parce que nous sommes. » L'Église devrait nous aider à nous épanouir en étant une communauté où chacun peut parler en confiance. Mais l'Église prétend être plus qu'une communauté parmi d'autres, à laquelle on appartiendrait en plus du club de fléchettes, ou même de la patrie. Elle est le sacrement de l'unité de l'humanité en Christ. Mais qu'est-ce que cela veut dire ?

Les chrétiens utilisent souvent le terme « solidarité » pour formuler le sentiment d'appartenance à la communauté humaine ; Jean-Paul II parlait d'une « culture de la solidarité[1] », mais à quoi pourrait ressembler une culture de la solidarité ? Les racines du mot « solidarité » sont à chercher dans la France du début du XIXe siècle, c'était la solidarité des Français contre leurs ennemis, par exemple les Anglais ; c'est une solidarité fondée sur l'exclusion, « nous » contre « eux », comme le « nous » des pharisiens contre

1. Homélie du Jubilé des travailleurs, 2001.

Jésus et l'aveugle-né. Il y a un proverbe arabe : « Moi, contre mon frère ; mon frère et moi, contre mon cousin ; mon cousin, mon frère et moi, contre le reste du monde. » Mais que serait une solidarité qui n'exclurait personne, en sorte qu'il n'y aurait pas d'« autre » contre qui on pourrait se définir ? Lorsqu'il n'y a pas d'autre à haïr, notre identité peut se sentir mal assurée. Quand le communisme s'est effondré, l'Occident s'est mis fébrilement à la recherche d'un nouvel ennemi.

Se dire catholique, c'est accepter l'identification littérale : *kath' holon*, « selon l'ensemble », la communion universelle du Royaume. C'est refuser une identité fondée sur l'exclusion. Il est donc paradoxal de comprendre « catholique » comme celui qui n'est pas protestant. Comment avoir une identité qui n'exclut personne ? Serait-elle totalement vide ? Benedict Anderson a écrit un ouvrage sur le nationalisme intitulé *Imagined Communities* (« Communautés imaginaires[1] »). C'est par l'action de l'imagination qu'on a le sentiment d'appartenir à quelque chose d'aussi grand qu'une nation. Le sentiment d'être un Américain est né à travers des images de l'Oncle Sam tirant la queue du lion anglais. Mais quelle image pouvons-nous nous faire d'un membre d'une humanité unie dans le Christ ? Le livre de l'Apocalypse nous parle de cieux nouveaux et d'une nouvelle terre, mais ils sont si nouveaux qu'il leur est bien difficile de captiver notre imagination.

Certains ont exprimé leur identification avec l'humanité en rejetant les identités de moindre importance. Tolstoï dit que le patriotisme est « stupide et immoral ». Dans *Three Guineas*, Virginia Woolf parle d'une « libération de loyautés fallacieuses » : « La libération de loyautés fallacieuses signifie que vous devez vous débarrasser tout d'abord de votre fierté nationale ; vous devez aussi cesser d'être fier de votre religion, fier de votre université, fier de votre école,

1. *Imagined Communities : Reflections on the Origin and Spread of Nationalism*, Londres, 1983.

fier de votre famille, fier de votre sexe et vous débarrasser de toutes les fausses loyautés qui en découlent[1]. » Cela fait supposer qu'afin de s'affirmer membre de la communauté la plus large, il faut refuser toute identification par l'appartenance à un groupe plus étroit ; je peux comprendre l'appartenance à la communauté humaine en renonçant à toute identification par ma famille, mon pays, ou même par l'Ordre dominicain. Mais cela me semble brutal et contre-productif : si l'on ne peut être conforté par des loyautés à échelle modeste, sera-t-on capable d'être solidaire de l'humanité prise dans son ensemble ? Peut-on se sentir à l'aise dans le village global, si l'on n'a pas une maison à sa taille où se sentir chez soi ?

Michael Ignatieff, dans son superbe livre *The Needs of Strangers*, évoque le besoin de trouver un nouveau langage : « Des mots comme fraternité, appartenance ou communauté sont tellement imprégnés de nostalgie et d'utopie qu'ils sont devenus pratiquement inutilisables pour désigner les véritables possibilités de la solidarité dans nos sociétés modernes. La vie moderne a transformé les possibilités de la solidarité civique et notre langage trébuche, comme un porteur surchargé, sous une montagne de vieilles valises[2]. »

Je voudrais suggérer trois façons d'exprimer le sentiment d'appartenir à la communauté humaine dans son ensemble. Tout d'abord en s'opposant à tout ce qui altère l'unité de l'humanité. La confrontation avec la souffrance des hommes peut précipiter un sentiment plus intense de fraternité. Ensuite, nous pouvons identifier les fausses divinités qui sont adorées dans nos sociétés et qui gênent notre épanouissement commun : l'encouragement à un désir sans limites, l'absolutisation du droit à la propriété privée, la déification de la richesse. En refusant ces idoles, nous nous rendons libres pour le culte du vrai Dieu en qui nous trouvons l'unité. Enfin, en tant que chrétiens, nous croyons que l'unité du genre humain

1. New York, 1938, cité par APPIAH, *The Ethics of Identity*, p. 222.
2. *The Needs of Strangers*, Londres, 1984, p. 138.

s'enracine dans un langage commun et qu'au bout du compte le langage dans lequel l'humanité peut se sentir à l'aise est Jésus-Christ, le propre Verbe de Dieu. Nous nous ouvrons à cette Parole qui peut tout dire en apprenant à être attentifs non seulement aux évangiles, mais aussi aux étrangers.

Ne sont-ils pas humains ?

Une des façons de nous approcher du mystère de Dieu est d'en détruire les images fausses : la *via negativa*. Nous marchons vers Dieu sur la pointe des pieds en prenant conscience de ce qu'il n'est pas ; nous ne pouvons peut-être pas dire qui Il est, mais nous savons qu'Il n'est pas quelqu'un de superpuissant, le Président de l'Univers, le commandant en chef de tout ce qui existe. De la même manière, nous acquérons le sens de ce que pourrait signifier appartenir au genre humain en nous opposant à tout ce qui va à son encontre. L'expérience de la scandaleuse inhumanité de la souffrance peut nous aider à mieux nous rendre compte de ce que signifie être solidaires les uns des autres. Notre foi chrétienne proclame que tout comme il n'y a qu'un seul Dieu, de même l'humanité est appelée à ne faire qu'un ; mais pas n'importe comment. Gengis Khan se réclamait du monothéisme pour justifier l'unité que sa tyrannie imposait à son Empire : « Au ciel, il y a un seul Dieu et sur terre, il y a un seul seigneur, Gengis Khan, le fils de Dieu. » Tout le monde n'aurait pas été d'accord pour y voir la meilleure réalisation possible du plan de Dieu pour l'unité de l'humanité. Une des façons de comprendre la solidarité humaine est d'avoir de plus en plus vivement conscience d'en manquer.

Prenons pour exemple la rencontre des conquistadores espagnols avec les indigènes d'Hispaniola. Selon Roger Ruston, « l'ère moderne est l'ère des droits de l'homme et on considère traditionnellement que l'événement sur lequel cela repose est advenu quelque dix-neuf ans après l'arrivée de Christophe Colomb. le deuxième dimanche de l'avent 1511, dans une église provisoire sur l'île d'Hispaniola, aujourd'hui la République de Saint-Domingue[1]. Les frères dominicains qui étaient arrivés peu après Colomb avaient été profondément scandalisés de la brutale réduction en esclavage des populations indigènes et ils s'étaient mis d'accord pour que, dans son sermon dominical, Antonio Montesinos place les conquérants espagnols devant leur péché. Il était censé parler avec la voix du Christ :

> Cette voix dit que vous êtes tous en état de péché mortel et que vous vivrez et mourrez dans ce péché à cause de la cruelle tyrannie que vous imposez à ce peuple innocent. Dites-moi de quel droit et selon quelle justice vous maintenez ces Indiens dans un si cruel et si terrible esclavage ? Par quelle autorité avez-vous déclaré une guerre aussi détestable à ces gens qui vivaient tranquillement et pacifiquement sur leur territoire, où vous en avez détruit et tué un nombre si immense par des méthodes inouïes ? Ne sont-ils pas des humains ? Ne sont-ils pas doués de raison ? N'êtes-vous pas obligés de les aimer comme vous-mêmes ? Comprenez-vous ceci ? Pouvez-vous le saisir[2] ?

Il est stupéfait que les conquérants espagnols n'aient pas saisi ce qu'ils sont en train de faire à ces gens. Mais peut-être les frères ne l'ont-ils compris eux-mêmes qu'à cause de ce manque d'humanité de la part des autres ; c'est ce qui a déclenché chez eux la capacité de comprendre que les êtres humains, chrétiens ou non, sont porteurs de droits inaliénables. C'est à cause du scandale de l'incapacité des conquérants à admettre les droits des Indiens que les frères en ont été capables, pour la première fois. Juste comme nous ne sommes conscients de l'existence de certains organes que lorsqu'ils se mettent à nous faire mal.

De la même manière, l'énorme carnage de deux guerres mondiales a contribué à la fondation des Nations unies et à la Déclaration universelle des droits de l'homme en 1948.

1. *Human Rights and the Image of God*, p. 66.
2. *Ibid.*, p. 67.

L'échec massif de la civilisation occidentale nous a donné un sens plus aigu de ce que représente le fait d'être membre de la communauté humaine : plus jamais une telle folie ! C'était l'ineptie de cette lutte effrénée qui a mis en lumière l'absurdité de se faire la guerre pour modifier des frontières. Nous n'avons pas encore dominé le choc de la Shoah. Ce n'est qu'en 2005 qu'on a érigé au centre de Berlin le mémorial à toutes ces victimes. Cet austère et lugubre monument aux morts, au centre d'une ville vivante, nous pousse à repenser notre façon d'être frères et sœurs les uns des autres. Notre solidarité humaine ne peut plus jamais laisser faire cela.

Le tsunami de décembre 2004 a provoqué une extraordinaire prise de conscience de nos liens avec les victimes ; ce n'est pas seulement à cause du nombre de gens qui sont morts – il y a eu plus de morts au Darfour – mais cette énorme vague se déplaçant à grande vitesse et prenant les gens totalement par surprise est devenue immédiatement symbolique de notre vulnérabilité devant un danger imprévu. Le sentiment diffus d'insécurité a pris des contours mieux définis. La dévastation qui s'étendait de l'Indonésie jusqu'à la côte est de l'Afrique a créé un lien de malheur entre des populations distantes ; elle affectait des gens qui vivaient dans des paradis tropicaux, de ces lieux dont nous rêvons, nous autres, Occidentaux, mais en l'occurrence, des paradis détruits. Des gens venus de tous les coins du monde sont morts et cela a provoqué une réaction massive. Certains ont craint que cette générosité soit contrebalancée par une diminution des dons faits à d'autres causes et que l'aide à l'Afrique, par exemple, en soit affectée ; mais ça n'a pas été le cas. La plupart des organisations charitables ont constaté que le tsunami provoquait une augmentation de la générosité en faveur d'autres causes. Il nous a rendus plus conscients des liens qui existent entre nous.

Le processus de mondialisation, qui a commencé dès que nos lointains ancêtres ont quitté leur terre d'Afrique, a atteint un niveau inégalé. Nous vivons dans un monde de communication instantanée et pouvons, sans difficulté, bavarder avec des gens qui se trouvent de l'autre côté de la planète. Ce matin, j'ai reçu des mails d'un ami musulman qui vit au Caire et d'une religieuse dominicaine du Zimbabwe. Fukuyama parle de la fin de l'histoire et Richard O'Brien y ajoute « la fin de la géographie[1] ». C'est merveilleux et je ne cesse de m'en réjouir. On pourrait presque y voir une anticipation de notre espérance eschatologique ; quand Jésus parle à la Samaritaine, il lui promet un temps où ce ne sera ni à Jérusalem ni sur la montagne des Samaritains que Dieu sera adoré, mais « en esprit et en vérité ». Le christianisme nous libère d'une religion des espaces sacrés pour nous introduire dans la vie trinitaire : « Dieu, ce centre qui est partout et dont la circonférence n'est nulle part[2]. » Le cyberespace peut ressembler un peu à l'accomplissement de la promesse chrétienne.

Pour nous rendre compte qu'il n'en est rien, nous devons prendre conscience des zones d'ombre de notre société. Nous sommes liés aussi par le trafic de la drogue, qui fait plus de bénéfice que le commerce du pétrole, et par un réseau criminel qui pourrait finir par gouverner le monde. Si l'on en croit Manuel Castells, « la question n'est pas de savoir si nos sociétés seront capables d'éliminer les réseaux criminels mais plutôt de savoir si ces réseaux n'auront pas finalement le contrôle sur une part importante de notre économie, de nos institutions, de notre vie quotidienne[3] ». Les criminels pourraient bien être en train de l'emporter en Russie.

Partout, les pauvres de notre planète sont entraînés dans l'économie criminelle. « Utilisés par les criminels et par les élites militaire et politique, les pauvres fournissent les produits dont notre monde a besoin : le pétrole, les produits

1. *Global Financial Integration : The End of Geography*, Londres, 1992, cité par Z. BAUMAN, *Globalization : the Human Consequences*, Londres, 1998, p. 12.

2. Voir chap. VII, p. 185, n. 1.

3. *End of the Millenium*, Oxford, 1998, p. 354.

chimiques, la main-d'œuvre bon marché, les corps humains et les morceaux à greffer, les drogues et les rêves d'exotisme et de fantastique. En échange, ils reçoivent des armes, des cigarettes et de l'alcool, de la nourriture et de l'aide. Ce n'est pas inéluctable. Nous ne sommes pas obligés de nous conduire ainsi[1]. » Le film *Marie pleine de grâce*, produit conjointement par la Colombie et les États-Unis, raconte l'histoire d'une jeune femme qui devient une « mule », c'est-à-dire qu'elle transporte de la drogue colombienne aux États-Unis en avalant des préservatifs pleins de cocaïne ; si les préservatifs se rompent dans son estomac, elle meurt. Si elle est prise, elle ira en prison, si elle omet de livrer son chargement, elle sera tuée. Une de ses compagnes tombe malade, et le trafiquant à New York lui ouvre l'estomac pour récupérer sa drogue qui a plus de valeur que la vie de la fille ; mais pour Maria, c'est la seule voie possible vers la liberté et la sécurité pour elle et pour son enfant à naître.

Dans un monde comme celui-là, quel signe de notre humanité commune pourrait offrir l'Église ? D'abord, nous pouvons insister sur les mesures qui allégeraient les souffrances des hommes. Nous ne sommes peut-être pas capables de dire ce que signifie pour l'humanité d'être unie, mais au moins, nous pouvons nous opposer à ce qui l'empêche. En mai 2005, 1 500 religieux et religieuses se sont réunis pour demander au Parlement anglais de soutenir la campagne pour abolir la pauvreté. Un sixième de tous les êtres humains vit dans l'extrême pauvreté et un sixième des religieux d'Angleterre est venu protester en leur nom. Vingt mille personne meurent chaque jour, simplement parce qu'elles sont trop pauvres pour pouvoir vivre. Cela n'est pas irrémédiable. Il y a soixante-dix ans, au moment de la grande dépression, un pourcentage équivalent de gens en Europe occidentale et aux États-Unis vivaient dans une extrême pauvreté ; beaucoup disaient que c'était inévitable et citaient la parole de Jésus : « Les pauvres, vous les aurez toujours

1. Ian LINDEN, *A New Map of the World*, Londres, 2003, p. 51.

avec vous » (Mt 26, 11). Jésus doit souvent regretter ce malentendu sur ce qu'il voulait dire ! Or l'extrême pauvreté a été pratiquement éliminée d'Occident ; on prétendait que cela n'était pas possible, mais ça l'était.

Il y a vingt ans, plus de la moitié de l'Asie vivait dans l'extrême pauvreté ; aujourd'hui, les économies de l'Inde et de la Chine sont florissantes et ce pourcentage a été réduit à 15 %. Dans le même temps, le nombre d'Africains réduits à l'extrême pauvreté a pratiquement doublé. Cela n'est pas irrémédiable. Le premier devoir des chrétiens est de maintenir en éveil la conscience de ce qui arrive à nos frères, de leur souffrance présente, et d'insister pour affirmer que ce n'est pas inéluctable et que c'est intolérable[1]. L'Église est l'institution la plus mondialement répandue et, là où quelqu'un souffre, l'Église est présente. L'Église catholique à elle seule fournit plus d'un quart de l'aide médicale apportée à l'Afrique ; pour nous, membres du Corps du Christ, la souffrance de gens au loin ne devrait pas être simplement une statistique ; ils sont « la chair de notre chair » et Isaïe nous enjoint de ne pas nous dérober devant celui qui est notre propre chair (voir 58, 7).

Mais il est difficile de se sentir liés quand on n'a pas été sur place, quand on n'a pas vu de ses propres yeux ; l'esprit reste fermé devant des statistiques qui dépassent l'imagination ; qui peut se représenter vingt mille personnes mourant en une seule journée ? On est vacciné par ces incessantes photos d'enfants affamés, au ventre ballonné, tendant un bol vide ; la « lassitude de la compassion » vous envahit et on tourne le dos. L'ampleur du problème peut faire qu'on se sente dépassé et plein de culpabilité. Alors, quel autre moyen avons-nous pour que notre imagination soit touchée par l'idée que ces êtres humains sont notre famille ?

1. Voir Jeffrey SACHS, *The End of Poverty : How we Can Make it Happen in Our Lifetime*, New York, 2005.

« Tu n'auras pas d'autres dieux devant moi ».

Dieu a libéré les israélites de l'esclavage en Égypte pour qu'ils l'adorent dans la liberté, et la pierre angulaire de cette liberté est l'abandon de l'idolâtrie. Le premier commandement est : « Je suis le Seigneur ton Dieu qui t'ai fait sortir du pays d'Égypte, de la maison de servitude. Tu n'auras pas d'autres dieux devant moi » (Ex 20, 2-3). Dans l'Écriture, on ne se bat pas d'abord contre l'incroyance, mais contre l'idolâtrie. En appartenant au seul vrai Dieu, les gens appartiennent les uns aux autres. Nous ne sommes peut-être pas capables de garder un sentiment aigu de l'unité de l'humanité et de la souffrance des pauvres, mais nous pouvons nommer les idoles qui nous font dénaturer notre village global et leur refuser notre culte. J'en nommerai trois : l'entretien d'un désir sans limites, l'absolutisation du droit à la propriété privée et l'argent. Il n'y a rien à reprocher au désir, à la propriété et à l'argent en eux-mêmes, ce sont des biens véritables, mais si on en fait des absolus, comme c'est souvent le cas dans nos sociétés, ils deviennent des idoles et leur culte détruit la famille humaine en une terrible anti-religion trithéiste.

Le désir sans limites est le Père de notre trinité idolâtre. Pour Thomas d'Aquin, la tempérance était une des quatre vertus cardinales. La tempérance n'est pas une vertu bien excitante, mais elle est indispensable à la paix et au bonheur d'une vie équilibrée. C'est une vertu fondamentale car elle touche ce qui concerne au plus près la survie humaine, le désir de nourriture et de boisson et le sexe. Ce sont des désirs qu'il est agréable de satisfaire mais, s'ils deviennent excessifs, ils en viennent à menacer notre survie. Nous avons vu que les anciens dominicains aimaient boire du vin ; le psaume 104 nous dit que Dieu nous a donné le vin « qui réjouit le cœur de l'homme », et il est même bon pour la santé ! Mais si le désir de vin n'a plus de limites, la santé et le bonheur seront détruits. Il en va de même avec la nourriture et le sexe. La tempérance nous permet de trouver du plaisir en satisfaisant nos désirs ; nous pouvons apprécier de manger, de boire et d'avoir des relations sexuelles tant que le désir ne nous a pas réduits en esclavage.

La tempérance nous aide à nous épanouir en entretenant notre désir, selon ce qui est réellement sain pour un corps humain. Le glouton est quelqu'un à qui le désir de nourriture a fait perdre le sens de la vérité de son corps ; Thomas ne voulait pas dire que nous ne devrions désirer que le minimum indispensable pour que fonctionne le mécanisme biologique : il est bon d'apprécier le vin, que son goût nous donne tout simplement du plaisir, mais la tempérance nous arrêtera avant que notre vie ne soit plus qu'une recherche frénétique de la satisfaction de ce désir. Dans un brillant article sur la tempérance, Margaret Atkins écrit : « Nous avons rarement le loisir de nous consacrer à ce que nous faisons – par exemple, déguster une truffe belge – très lentement et silencieusement[1]. » La tempérance s'oppose à la violence du désir, lequel peut devenir vorace et destructeur. Le Satan des représentations médiévales est souvent représenté comme une énorme bouche qui dévore tout ce qu'elle trouve, sans éprouver le moindre plaisir, avec des yeux vitreux, aveugles.

La naissance de l'économie de marché qui est le moteur de la mondialisation a été accompagnée d'un désir débridé, détaché de la modération prônée par la tempérance. On encourageait un désir sans limites. En 1714, Bernard de Mandeville, dans son ouvrage *The Fable of the Bees*[2], symptomatique de ce monde nouveau, maintenait que l'économie est florissante quand les gens désirent tout ce qu'il est possible de désirer : l'avidité est bonne, parce qu'elle augmente la consommation et ainsi développe le marché :

1. « Temperateness, justice and chocolate » *Priest and People*, octobre 2003, p. 382.

2. *The Fable of the Bees or Private Vices, Publick Benefits*, 2 vol. *With a Commentary Critical, Historical, and Explanatory* par F. B. KAYE, Indianapolis, 1988.

« Les vices privés font des vertus publiques. » Le désir ne doit pas connaître de frein ; « le luxe donne du travail à un million de pauvres et l'orgueil détestable à un autre million », c'était donc un devoir public pour les riches d'être intempérants afin que l'économie puisse poursuivre sa croissance au bénéfice des pauvres. Nous appelons cela l'« effet cascade », et cela ne fonctionne pas.

La société de consommation nous encourage à désirer toujours plus et nous pousse à une dépendance symptomatique qui est l'achat. Ce désir n'est plus lié à nos besoins vitaux, il se désincarne. Le défi du consumérisme est de nous faire désirer toujours davantage, de faire que nous n'en ayons jamais assez, que nous ne soyons jamais rassasiés. On ne peut jamais être satisfait, ou alors pour un tout petit moment. La publicité ne cesse de nous informer de nouveaux désirs que nous avions sans le savoir; en manufacturant le désir, elle ouvre grand la porte à la consommation : le consumérisme doit produire des consommateurs. Bauman affirme que l'on peut discerner la progression de la satisfaction du besoin à la promotion du désir, et que nous arrivons à une troisième étape, encore plus détachée du monde réel, qui est le monde imaginaire de la satisfaction de la moindre envie : « c'est maintenant au tour du désir d'être ignoré : il a survécu à son utilité : ayant fait grandir la dépendance du consommateur jusqu'à ce qu'elle est aujourd'hui, il ne peut plus donner le rythme; il faut un stimulant plus puissant et surtout plus variable, pour que la demande du consommateur continue à correspondre à l'offre. Le "souhait" est cet élément de remplacement dont on a besoin : il achève la libération du principe de plaisir, élimine les derniers résidus de "principe de réalité" qui pourraient représenter un obstacle, et une substance naturellement informe se trouve désormais libérée de son emballage[1]. »

Nous voyons comment cette culture du consumérisme est finalement nuisible; elle dénoue les liens entre désir et

1. *Liquid Modernity*, p. 75.

besoins vitaux, de sorte que le désir s'envole et prend ses distances avec ce que nous sommes pour exploser dans un monde d'illusion et d'irréalité. Le consumérisme peut bien nous chanter la chanson des besoins satisfaits mais, en fin de compte, il est contraire à la réalité du corps. La tempérance, dont fait partie la chasteté, nous remet les pieds sur terre, là où notre corps est chez lui. Elle nous invite à regarder d'un œil critique ce dont nous sommes censés avoir besoin et à demander : « Ai-je vraiment envie de ceci, et pourquoi faire ? » Nous retrouvons M. Atkins : « La publicité cherche à rompre le lien entre les produits et leur vraie raison d'être : la voiture ne sert plus à se rendre au bureau, mais à attirer des jeunes filles à marier, ou à faire la course dans un désert vide, ou à rendre jaloux vos camarades. Il est crucial pour le système de rompre le lien avec la réalité, car c'est le seul moyen de nous manipuler sans arrêt. » Notre défense contre le système est de nous demander sans cesse : « En réalité, à quoi est-ce que cela doit servir ? » Une fois de plus, les chrétiens sont ceux qui posent des questions. Une société intempérante est nuisible, non seulement pour la vie des individus, mais pour la société humaine et pour la planète. Une voracité sans limites ni doutes sur elle-même n'a aucun respect pour les besoins d'autrui et n'hésite pas à dévorer la terre. Cela nous mène au deuxième dieu de notre très peu sainte trinité, qui est l'absolutisation de la propriété privée, en oubliant le bien commun.

D'un point de vue économique, la société dans laquelle vivait Thomas d'Aquin était beaucoup plus simple que la nôtre, mais sa façon de voir les choses peut nous aider à regarder de façon critique ce qui pour nous va de soi. Il défend l'idée de propriété privée, non pas comme un droit absolu, mais à cause de son utilité : si les gens ont personnellement la responsabilité de quelque chose, ils en prendront soin. Roger Ruston utilise l'exemple des bicyclettes communes à Amsterdam dans les années 1970 : « L'idée était qu'on puisse prendre une bicyclette, s'en servir pour aller où on voulait aller et la laisser là, pour le suivant. Au bout de quelques semaines, tout ce qui restait, c'était un tas de cadres rouillés, munis de pneus à plat, éparpillés dans la ville[1]. »

Mais Thomas ne pensait pas que le droit de propriété autorise chacun à faire ce qu'il veut de ce qui est à lui. On possède des biens privés pour qu'ils servent au bien commun : « Ce qui convient à l'homme au sujet des biens extérieurs, c'est d'en user. L'homme ne doit pas posséder ces biens comme s'ils lui étaient propres, mais comme étant à tous, en ce sens qu'il doit les partager volontiers avec les nécessiteux[2]. » La propriété privée est donc utile pour le bien commun. Dans le cas où les pauvres connaissent un urgent besoin et les riches la surabondance, les pauvres ont un droit sur les biens des riches, car la création de Dieu appartient à tous. Ainsi doit-on parler d'un droit conditionnel, non d'un droit absolu à la propriété. Thomas cite Ambroise : « Le pain que vous mettez en réserve est le pain de celui qui a faim, le vêtement que vous rangez à l'abri est le vêtement de celui qui est nu, l'argent que vous placez en lieu sûr est la rançon qui peut racheter un pauvre. » Et Basile le Grand compare les riches qui gardent plus que ce dont ils ont besoin à des gens qui louent des sièges au théâtre et empêchent d'autres de voir la pièce. Tous les êtres humains ont le droit d'avoir accès aux biens de la création et donc, si quelqu'un, pour survivre, doit prendre ce qui appartient à un autre, ce n'est pas du vol puisque « du fait de cette nécessité, ce que nous prenons pour conserver notre propre vie devient nôtre[3] ».

Ainsi la propriété privée est-elle bonne dans la mesure où elle est au service du bien commun, et pour citer Ruston, une fois de plus : « C'est le bien commun qui commande la possession à titre individuel. Ce que les individus possèdent leur est confié. Le but même de la propriété privée,

1. *Human Rights and the Image of God*, p. 50.
2. *Somme théologique*, IIa IIae, 66, 2.
3. *Ibid.*, 66, 7 ad 2.

dans la perspective de la Providence divine, est de rendre les biens terrestres accessibles à ceux qui en ont besoin, quand c'est nécessaire, selon le devoir de charité[1]. » Et ici, la charité n'est pas la générosité mais la justice.

Le développement de l'économie de marché a provoqué un glissement dans la façon de comprendre le droit de propriété : il est progressivement devenu un droit inaliénable, quelle que soit la souffrance des pauvres. La clôture des terres communales, dans l'Angleterre des Tudor, a été un moment crucial : « Les clôtures ont été définies à juste titre comme une révolution des riches contre les pauvres. Les lords et les nobles bouleversaient l'ordre social, enfreignant la loi et l'usage anciens, quelquefois par des moyens violents, souvent par la pression et l'intimidation. Ils volaient littéralement la part du terrain communal qui appartenait aux pauvres, abattant des maisons que, par la force jusque-là inattaquable de la coutume, les pauvres considéraient depuis longtemps comme leur bien et celui de leurs héritiers[2]. » Le désir sans limite des riches ne supporte pas d'être soumis au bien commun.

Il serait stupide de prétendre imposer un point de vue médiéval sur la propriété privée à une économie aussi mondialisée et complexe que la nôtre, mais il est évident que nous avons perdu le sens d'une relation équitable entre la propriété privée et le bien commun. Il est carrément fou que les quatre cents Américains les plus riches puissent avoir un revenu de 69 milliards de dollars, quand 161 millions de personnes vivant au Botswana, au Nigeria, au Sénégal et en Uganda ne disposeraient, à eux tous, que de 59 milliards[3]. Il est carrément blasphématoire que près de huit millions de personnes meurent de pauvreté chaque année, tandis que

1. *Human Rights and the Image of God*, p. 51

2. Karl POLANYI, *The Great Transformation : the Political and Economical Origins of Our Time*, Boston, 1944, p. 35.

3. Voir SACHS, *The End of Poverty : How we Can Make it Happen in Our Lifetime*, p. 305.

d'autres sont incroyablement riches. Cela n'est pensable que parce que nous avons déifié le droit à la propriété privée. C'est une forme d'idolâtrie qui crucifie notre monde. Ian Linden, qui fut directeur du Catholic Institute for International Relations (Institut catholique pour les relations internationales), a écrit : « On ne peut échapper à la conclusion que le droit incontesté à la propriété privée et l'abondance financière sans restriction sont au cœur de notre dilemme éthique d'aujourd'hui. Le fait de trouver cela "naturel" et de le juger nécessaire à l'économie de marché doit être réétudié et redéfini dans le sens des vieilles limitations médiévales, comme le droit de posséder suffisamment[1]. »

Le développement du concept de propriété intellectuelle est l'une des extensions les plus alarmantes de ce droit de propriété : j'ai évoqué au chapitre VI son application à la fertilité du sol. Mais le conflit le plus dramatique entre propriété privée et bien commun a concerné les brevets sur les médicaments pour les personnes atteintes du Sida[2]. Pour des millions de malades en Afrique, ces médicaments sont beaucoup trop chers et l'impossibilité pour eux de s'en procurer menace l'existence de nations entières. Les États-Unis se sont battus pour défendre les droits de leurs laboratoires pharmaceutiques, même si cela condamne à une mort prématurée des dizaines de millions d'êtres humains. Peut-on imaginer meilleur exemple (et plus obscène !) des sacrifices de sang humain qu'exigent les idoles que nous avons dressées ? Comme le dit Ian Linden, c'était de l'« immoralité patente ». À la réunion de l'Organisation mondiale du commerce, à Doha, en 2001, les pays africains avec les ONG qui les soutenaient se sont battus pour leur survie et, d'une certaine manière, l'ont emporté en dépit de la résistance des États-Unis, largement grâce à l'aide des militants anti-Sida et des Afro-Américains aux États-Unis.

1. *A New Map of the World*, p. 152.
2. Voir Ian LINDEN, *ibid.*, p. 135-138.

Le désir sans frein et l'absolutisation du droit de propriété privée produisent la troisième personne de notre trinité idolâtre en une parodie de la procession du Saint-Esprit, issu du Père et du Fils ; c'est l'argent pris comme une fin et non comme un moyen. Zygmunt Bauman[1] pense que notre société connaît une profonde transformation : nous sortons d'une forme de capitalisme, dont le type est Ford (au point qu'on peut parler du « fordisme »), fondé sur la production de biens lourds, voitures, navires, acier, etc., dans des centres industriels. Les pauvres se rassemblaient dans ces centres, par exemple Belfast, Manchester, Lille ou Pittsburg, à la recherche d'un emploi, et les produits en étaient exportés dans le monde entier. Cela impliquait un engagement mutuel important entre capital et travail ; ils s'opposaient en de grandes luttes mais, comme un vieux couple grognon, restaient liés. Les travailleurs avaient besoin de leur salaire et les usines, d'une force de travail experte et stable. Quand Ford a doublé le salaire de ses ouvriers, c'était parce qu'il avait besoin d'eux et voulait les garder : travail et argent dépendaient l'un de l'autre. Mais nous sommes maintenant sur le seuil de ce qu'il appelle une « modernité liquide » et ce qui tourbillonne sur la Toile, ce ne sont pas tant des produits lourds que des signes et des symboles, de l'information, des logos et des marques. Et par-dessus tout, l'argent se déplace sans entraves. Si la main-d'œuvre donne des signes de nervosité, et réclame de meilleurs salaires, l'argent se déplace. Le rôle premier des gouvernements est d'assurer le libre passage de l'argent, d'abattre tout ce qui lui ferait obstacle et de dresser des barrières pour empêcher la main-d'œuvre de le suivre. Selon Bauman, « les engagements durables ont été remplacés par de brèves rencontres. On ne plante pas un citronnier quand on veut juste presser un citron[2] ». L'argent est devenu plus fluide, il est moins lié à des choses aussi substantielles que des propriétés ou de la

1. Voir *Liquid Modernity*.
2. *Ibid.*, p. 122.

terre; il doit pouvoir voyager, il veut être omniprésent, comme Dieu.

Saint Thomas d'Aquin n'avait pas l'habitude de traiter ses adversaires d'idiots; il avait trop de respect pour la raison humaine, et même pour les raisonnements de ceux avec qui il était en désaccord. Il fait pourtant une exception, quand il affirme que ceux qui croient que tout obéit à l'argent sont stupides[1]. C'est une stupidité dans laquelle la modernité est tombée. « Insensé ! » dit Dieu à l'homme riche qui voulait se construire des greniers pour ses récoltes. L'argent veut être obéi; comme Dieu, il est pure existence : n'importe quoi peut être changé en argent et l'argent peut être changé en n'importe quoi; il est pure plasticité, il est ce en quoi tout peut être traduit. Comme Dieu, l'argent est dépourvu de matérialité, il ne correspond plus, comme avant, à des lingots d'or, et comme le dit Jeremy Rifkin, président de la Fondation des tendances économiques, à Washington, « dans le nouveau cyberespace économique, l'argent est de moins en moins matériel. Chaque jour, près de deux mille milliards de dollars passent par les réseaux électroniques de la cité de New York ».

L'argent est donc devenu la raison d'être de tout, le but ultime des efforts humains dont les exigences sont absolues, le symbole universel, le dernier point de référence. Mais nous qui sommes chrétiens devons refuser de nous soumettre; nous devons demander à quoi sert l'argent. D'après saint Thomas, le juste veut la somme d'argent qui convient, tandis que l'avare en veut toujours plus. Margaret Atkins écrit : « Thomas demande pourquoi cela se passe ainsi. C'est parce que celui ou celle-là fait une simple erreur et oublie que l'argent est censé être un moyen pour une autre fin. Si vous traitez l'argent comme une fin, il n'y a pas de limites à la quantité que vous voulez en avoir. Pour devenir un avare, il suffit d'oublier la question, "Pourquoi ?"[2]. » Continuez à

1. *Somme théologique*, Ia IIae, 2, 1, ad. 1.

2. « Temperateness, justice and chocolate », *Priest and People*, octobre 2003, p. 382.

poser la question ! Confrontés à la domination de l'argent, nous demandons « Mais pourquoi donc ? ». Pourquoi devrions-nous nous plier aux exigences de l'argent ? Pourquoi devrions-nous nous soumettre à des idoles ? L'argent existe-t-il pour être au service de l'humanité ou sommes-nous ses esclaves ? Comme le dit le Timon d'Athènes de Shakespeare en parlant de l'or : « Ce jaune argent tramera et rompra les vœux, bénira le maudit, fera adorer la lèpre livide, placera les voleurs, en leur accordant titre, hommage et louange, sur le banc des sénateurs[1]. »

Le don de la Parole.

Nous avons tenté, par la *via negativa*, de permettre à notre imagination de se représenter l'humanité comme une famille. Nous avons vu que l'expérience de la souffrance, qu'il s'agisse de la cruauté des conquistadores espagnols vis-à-vis des indigènes d'Hispaniola ou du tsunami de décembre 2004, peut éveiller un sens de la solidarité humaine. Les chrétiens peuvent également témoigner de leur volonté de solidarité humaine en luttant pour mettre un terme au scandale de la pauvreté. Nous devons refuser de rendre un culte aux idoles du marché qui semblent justifier et rendre inévitables les inégalités de notre village global. Mais il y a peut-être une façon plus directe de comprendre que nous sommes membres de la grande famille qui compose l'humanité.

Virginia Woolf parlait de la « libération de loyautés fallacieuses ». Elle pensait qu'il faut nous libérer des identités particulières qui nous attachent à notre famille, à notre université, à notre pays, la seule façon d'appartenir à l'humanité entière serait de ne privilégier personne : je ne peux être attaché à la famille humaine qu'en transcendant les attachements particuliers. Mais cela semble inhumain et désincarné. Thomas d'Aquin reconnaît que nous avons le devoir

1. *Timon d'Athènes*, acte IV, scène 3, trad. fse François-Victor Hugo, Paris, 1959.

d'aimer le plus ceux qui sont les plus proches de nous, c'est l'*ordo caritatis*, le bon ordre de nos affections. La grâce perfectionne la nature et il est naturel d'aimer sa mère plus qu'une femme qu'on n'a jamais vue. J. S. Haldane plaisantait en disant qu'il était prêt à donner sa vie pour deux frères utérins ou pour huit cousins.

Charles de Gaulle se plaignait en disant qu'il est bien difficile de gouverner un pays qui a 365 sortes de fromage – le nombre exact varie. Ce qui est admirable n'est pas qu'il y ait tant de sortes de fromages en France – on peut imaginer un pays où il y ait un tas de fromages plus mauvais les uns que les autres – mais qu'il y ait autant de délicieux fromages, depuis la couronne lochoise jusqu'au bleu de Séverac ! L'universalité que nous recherchons n'est pas une universalité qui abolit la particularité, mais au contraire qui s'en enchante et la met en lumière.

Nous n'aimons pas « les gens » en général. Souvenez-vous à nouveau de ce que disait le vieux pasteur de *Gilead* à son fils : « Jamais je ne pourrai assez rendre grâce à Dieu pour la splendeur qu'il a cachée au monde entier – à l'exception de ta mère, bien sûr – et qu'il m'a révélée dans ton visage merveilleusement ordinaire[1]. » Dieu ne se complaît pas dans les hommes en général, mais en chacun de nous en particulier. Edmund Burke écrivait : « Le premier principe (le "germe" si l'on peut dire) de tous les attachements publics est d'être attaché à un petit élément de la société, d'aimer le peloton dont on fait partie. C'est le premier pas dans la série qui nous fait avancer vers l'amour de notre pays et de l'humanité[2]. »

Pour Thomas d'Aquin, la justice, c'est donner à chacun son dû, mais il ne s'agit pas du minimum requis – une justice abstraite pour des gens abstraits qui ne sont rien d'autre qu'un exemplaire de l'espèce *homo sapiens*. Une vraie justice reconnaît ce qui est dû aux gens pour qu'ils s'épanouissent,

1. Voir chap. III, p. 87, n. 2.
2. Cité par APPIAH, *The Ethics of Identity*, p. 241.

tout comme nous donnons leur dû à nos amis parce que nous savons ce dont ils ont besoin pour s'épanouir. Le roi Lear est dépouillé de tout ce qui lui est dû au titre de la dignité royale ; ses besoins sont réduits à ce qu'il faut pour sa survie biologique ; de quoi a-t-il encore besoin ? Il crie : « Oh ! Ne raisonnez pas le besoin[1] » et Michael Ignatieff déclare que « ne lui donner que ce dont il a besoin en tant que pauvre animal nu et fourchu revient à le déshonorer [...]. Traiter tout le monde de la même manière revient à dénier à chacun ce qui est dû à sa condition humaine [...]. Quand les hommes considèrent les autres hommes comme des universaux abstraits, l'un ayant du pouvoir, l'autre en étant dépourvu, alors il est certain que l'homme devient un loup pour l'homme. » La justice réclame de l'imagination, elle demande qu'on discerne la dignité particulière de l'autre, qu'on apprécie sa beauté et qu'on devine de quoi il a besoin.

L'amitié nous enseigne à apprécier les différences. Les scientifiques ont longuement discuté de la raison des différences entre les races : pourquoi les Africains, les Asiatiques et les Caucasiens sont-ils d'aspects différents ? Il y a certains avantages géographiques évidents, comme la pigmentation de la peau ; mais on tient compte de plus en plus du facteur esthétique. Les différences seraient le résultat de préférences sexuelles[2] : différents groupes humains ont apprécié différemment ce qui leur semblait beau et ont choisi leur partenaire sur ce critère. Ainsi, sommes-nous différents parce que l'humanité a reçu des façons diverses de juger de la beauté. Et pour apprendre l'amitié, il faudrait peut-être aussi apprendre à apprécier d'autres formes de beauté. Je dois reconnaître que, quand je voyage à travers le monde, je suis sans cesse frappé par l'incomparable beauté des gens, là où

1. W. SHAKESPEARE, *Le Roi Lear*, acte II, scène 4, trad. Pierre Leyris et Elizabeth Holland, Paris, 1959 ; voir Michael IGNATIEFF, *The Needs of Strangers*.

2. Jeremy A. COYNE, « Legends of Linnaeus », reviewing Vincent Sarich and Frank Miele, *Race : The Reality of Human Differences* dans *The Times Literary Supplement*, 25 février 2005.

je me trouve, et je pense qu'ils sont les plus merveilleux, jusqu'à ce que je change de continent. Mais je pense rarement cela quand je rentre en Angleterre !

Nicolas Lash a écrit : « Si je devais, en une seule phrase, indiquer quel est le cœur et le nœud de la relation entre le monde et Dieu, selon l'histoire chrétienne, je dirais volontiers que nous avons été créés capables d'amitié. C'est-à-dire capables de résister à la dégradation des liens en relations de propriété, d'exploitation, de domination et de violence ou d'indifférence[1]. » La solidarité humaine est la mise en œuvre d'une capacité d'amitié, qui franchit toutes les frontières. Il est déjà difficile d'imaginer qu'un sentiment d'amitié puisse inclure tout un village, à plus forte raison, ne peut-on imaginer que toute l'humanité soit liée par l'amitié. Car il ne s'agit pas simplement d'un amical sentiment de sympathie à l'endroit des autres hommes ; il s'agit d'apprendre un langage purifié de tout ce qui va contre l'amitié : le dénigrement, le mépris ou la violence. Christ, la Parole, le Verbe fait chair est le langage de l'amitié de Dieu qu'il nous faut apprendre à parler.

Dans son livre *Law, Love and Language*, McCabe soutient que l'unité des êtres humains est tout à fait différente de l'unité des autres espèces animales. Les chats ou les chiens ont une unité biologique qui permet les croisements. Les humains ont également cette sorte d'unité, puisque nous pouvons nous reproduire les uns avec les autres. Mais nous sommes des animaux linguistiques, ce qui signifie que nous sommes appelés à une unité plus étroite. L'unité humaine est fondée sur notre capacité à nous parler : le langage permet d'entrer dans une nouvelle communion.

Les chats ont en commun un univers déterminé par leur nature de félins ; ils voient une souris comme un repas et les genoux d'un être humain comme une couche confortable. L'univers dans lequel vivent les êtres humains n'est pas déterminé seulement par leur corps : nous pouvons inventer de

1. *The Beginning and the End of Religion*, Cambridge, 1996, p. 212.

nouvelles façons de nous exprimer qui transforment notre façon de voir les choses et nous ouvrent à d'autres possibilités de relation. « Nous pouvons communiquer par des moyens, par des langages, que nous avons nous-mêmes inventés ; les moyens de communication des autres animaux sont génétiquement déterminés[1]. » Les humains peuvent influer sur ce que cela signifie d'être un humain, alors que les chats n'ont pas le pouvoir de changer ce que signifie être un chat. Si nous regardons rétrospectivement les grands tournants de nos sociétés, nous voyons que notre créativité linguistique a parfois joué en faveur de notre vie ensemble et parfois a abouti à l'illusion, sapant les bases de la communauté humaine. Le plus souvent, il y a des deux à la fois.

L'anglais ou le français que je parle aujourd'hui est bien différent de la langue que parlait mon grand-père, il y a quarante ans ; le langage a évolué et il exprime une façon assez différente de se sentir homme : le langage transmet des valeurs et une façon de comprendre les relations des hommes entre eux, ce que c'est que de vivre, d'aimer et de mourir. L'anglais par exemple s'est profondément démocratisé et transmet un sens plus profond de l'égalité des êtres humains ; le langage de la déférence a disparu. Il y a quarante ans, l'anglais était marqué par toutes sortes de préjugés de classe, par une certaine façon qu'avaient les hommes de parler des femmes, par une certaine façon de parler des étrangers : il s'est transformé de façon inimaginable pour quelqu'un qui vivait il y a quarante ans. Des gens venus du monde entier en élargissent le vocabulaire et l'enrichissent de nouvelles métaphores. En même temps, il porte les stigmates du consumérisme et du culte de l'argent ; il a été déformé par les idoles du temps. On pourrait dire que l'anglais s'est enrichi en devenant une langue universelle – les Indiens, les Africains, les habitants des Caraïbes et des États-Unis ne cessent de lui donner de nouvelles possibilités – mais il est également affecté par les contraintes de notre

1. *Law, Love and Language*, p. 77.

culture globalisante ; il s'est enrichi en devenant multiculturel mais il s'est aussi appauvri en devenant le véhicule de la culture du marché.

Notre vocation est d'aller à la recherche de meilleures façons d'appartenir à la communauté humaine, de nouveaux langages, de tout ce qui permettra à nos capacités de communion de se réaliser plus pleinement. L'éthique est ce qui nous aide à établir entre nous des liens de moins en moins superficiels. La créativité humaine est telle qu'aucune interprétation du monde n'est définitive : nous allons toujours au-delà du langage que nous avons créé « vers un avenir qui ne peut être qu'obscurément perçu, parce qu'il n'a pas encore de langage. Cela signifie que tout langage est provisoire ou, du moins, que rétrospectivement il peut sembler tel[1] ».

La solidarité humaine fait donc plus que surmonter l'inégalité ; elle crée un monde de sens qui nous est commun. On ne réalisera pas cela en parlant tous la même langue, par exemple si tout le monde apprenait à parler anglais : cela nous donnerait une unité linguistique mais un désert culturel. Bien plus profondément, nous sommes appelés à une communion dans laquelle nous pouvons mettre en commun tout ce que nous sommes, et même devenir tout ce que nous sommes censés être : on peut imaginer ce que serait se parler sans qu'il y ait la moindre marque de domination ou de mépris pour qui que ce soit, mais en pure communion !

Cela peut ressembler à une folle utopie mais McCabe nous dit que cette communion est Jésus-Christ. Il est la Parole en qui nous serons un, unis les uns aux autres et, ainsi, pleinement humains. La solidarité humaine est donc quelque chose que nous avons à construire, en luttant contre l'injustice ; mais c'est notre façon d'accepter le don que Dieu nous fait d'une communion dans le Christ qui dépasse tout ce que nous pouvons imaginer. « Il y a deux choses essentielles à dire de Jésus : une, qu'il est la Parole de Yahvé, la communication que Dieu fait de lui-même, l'autre, qu'il est le sens

1. *Ibid.*, p. 90.

de l'histoire humaine [...]. Jésus, communication du Père, c'est l'humanité parvenue à son sens ; c'est à cause de lui que l'humanité a un sens[1]. » Jésus-Christ est celui qui porte en son corps toutes les violences que les humains s'infligent mutuellement, toutes les ruptures de dialogue, toute la haine que nous avons jamais ressentie envers quelqu'un. Il en est mort, mais le Père a rendu la vie au Verbe et a brisé le silence du tombeau. La Résurrection est le triomphe du sens sur tout ce qui menaçait de le détruire. C'est la victoire de la communion sur tout ce qui divise les hommes : le Seigneur ressuscité apparaît et dit à ses disciples : « La paix soit avec vous. »

Pensez à la différence qu'il y a entre manger un hamburger et avoir part à l'eucharistie. Les sociologues parlent de « consommation sacramentelle » d'un hamburger chez McDonald, quand le hamburger devient le sacrement de l'appartenance à l'universalité de la consommation. Ainsi Peter Berger : « Pour paraphraser Freud, parfois un hamburger est juste un hamburger. Mais il arrive que la consommation d'un hamburger, surtout si elle a lieu sous l'icône dorée d'un McDonald, soit le signe visible d'une participation réelle ou imaginaire à la modernité de notre monde[2]. » Manger un hamburger peut ressembler à une cérémonie ecclésiastique, avec toutes ses rubriques. Au Japon, on a d'abord été fasciné par ce rituel qui consistait à manger avec ses doigts, en restant debout – claire protestation contre les usages japonais. Ici le hamburger devient signe de communion dans le marché mondial, avec sa richesse de relations et ses occasions de rencontrer des étrangers, avec aussi sa misère culturelle et l'appauvrissement de millions de gens.

Prendre part à l'eucharistie, c'est prendre part au sacrement de la pure communion dans le Christ, où seront anéan-

1. *Ibid.*, p. 126 s.

2. *Many Globalizations : Cultural Diversity in the Contemporary World*, Peter L. BERGER et Samuel P. HUNTINGTON (éd.), Oxford, 2002, p. 7.

ties toute rivalité et toute violence, assumées et détruites dans la mort et la résurrection de Jésus. En 1993, j'ai célébré la fête de la Toussaint dans l'église de notre couvent de Kigali, au Rwanda. Les gens étaient un peu nerveux à l'idée de se rendre à l'église, car des centaines de milliers de personnes avaient été assassinées dans des églises, mais ici, les deux groupes ethniques pouvaient se rencontrer sans danger, sinon sans quelque crainte. Les frères n'étaient pas encore totalement remis après le dernier raid des soldats ; une fois de plus, ils avaient tout perdu et avaient été menacés de mort. Les sœurs arrivaient en voiture de Biamba où, pendant des semaines, elles s'étaient trouvées prises entre deux armées ennemies, les balles sifflant au-dessus de leur tête. Tout le monde était sous le choc et incapable d'exprimer sa souffrance : les frères, à eux seuls, avaient perdu environ cinq cents membres de leur famille. L'eucharistie était le signe d'une paix qui semblait dépasser l'imagination ; derrière nous, sur le mur, une mosaïque lumineuse représentait Marie et Dominique au pied de la croix. Le Seigneur crucifié et ressuscité peut seul nous rassembler dans l'unité, lui qui a supporté dans son corps la violence que les hommes s'infligent mutuellement et qui s'est relevé des morts.

Il n'y a pas de langage universel de la communion en dehors du Christ, et nous ne savons pas bien dire cette Parole. Nous parlons avec plaisir nos propres langues, et il est normal que nous nous battions pour leur survie. Mais nous pouvons en même temps laisser la Parole qui est le Christ pénétrer et purifier notre langage à la manière dont l'Évangile nous pousse à parler avec les étrangers et à trouver les mots qui vont nous ouvrir à l'amitié. Pour cela, nous devons apprendre à être attentifs à la manière dont les étrangers parlent d'eux-mêmes : un langage est un moyen de communication, mais aussi un vecteur d'hostilité, il inclut et exclut ; il nous sert à exprimer l'affection pour les nôtres et le rejet des étrangers ; nous disons qui nous sommes en disant qui nous ne sommes pas. Au XVIIIe siècle, être Anglais, c'était n'être *pas* catholique ; au XIXe, c'était n'être *pas* Français ; pour la plus grande partie du XXe, c'était n'être *pas* Allemand. Rencontrer des étrangers peut changer la façon dont nous parlons d'eux et, partant, la façon dont nous nous définissons nous-mêmes ; cela purge notre langage du mépris et le dirige vers l'espace ouvert du Christ.

Kwame Anthony Appiah pense que si nous sommes devenus cosmopolites, citoyens du monde, c'est parce que nous sommes capables de comprendre les histoires des autres gens. Il est absolument faux de dire que nous sommes enfermés, chacun dans notre petite prison culturelle, et que les étrangers nous paraissent inintelligibles : je peux lire Homère, Gabriel Garcia Marquez ou Murasaki Shikibu et pénétrer dans l'univers de ces grands romanciers ; je me retrouve dans leurs récits. « Quant aux histoires – qu'il s'agisse de poèmes épiques ou de formes modernes comme les romans ou les films –, c'est la capacité de suivre un récit et d'imaginer un univers : et il se trouve qu'il y a, de par le monde, des gens tout à fait prêts à se livrer à cet exercice[1]. » Plus l'univers qu'ils décrivent est différent du mien, plus fascinante est l'histoire : je me délecte de Tolstoï ou d'Allende, parce qu'ils sont tellement russe et tellement chilien. Leur caractère étranger est une invitation, non une barrière.

En tant que chrétien, je puis aussi entrer par l'imagination dans les histoires d'autres traditions religieuses. Islamiques, juifs ou soufis, je peux lire les récits de rencontre avec Dieu et me retrouver dans leur histoire. Ils me donnent un enseignement non seulement sur Dieu mais même sur le Christ : si je crois que le Christ est, en vérité, la parole d'amitié qui réconcilie les hommes, alors je *dois* être un disciple d'autres religions afin d'apprendre leurs mots pour dire l'amitié universelle qu'est le Christ. Le dialogue interreligieux n'est pas une façon de maintenir la paix en étant aimable avec ses voisins, il devrait faire partie de ma quête religieuse chrétienne : un ami musulman peut m'ouvrir

1. *The Ethics of Identity*, p. 258.

l'esprit, élargir mon vocabulaire et m'aider à m'approcher du Christ en qui Dieu s'est réconcilié toutes choses. Le dialogue interreligieux n'a donc rien à voir avec quelque molle et vague spiritualité, qui met un peu de tout dans la soupe religieuse universelle. Si je suis attentif à la façon dont un musulman parle de sa foi, je peux être touché par la force de ses convictions, la spécificité de sa démarche religieuse, et c'est cela qui me fait m'ouvrir plus grand. Un dialogue interreligieux dans lequel on mettrait de côté ses convictions les plus profondes pour faciliter l'échange sur des généralités d'ordre spirituel serait du temps perdu.

Au début du chapitre précédent, nous avons parlé de trois niveaux de récit : « Mon histoire », « Notre histoire » et « l'Histoire ». Quand nous pourrons raconter l'histoire des hommes, nous serons parvenus au Royaume et serons totalement un. Cette histoire, nous ne pouvons encore la dire complètement ; mais si nous sommes chrétiens, nous croyons qu'elle nous est donnée sacramentellement dans l'histoire du Christ, dans sa vie, sa mort et sa résurrection. Chaque année liturgique nous fait rejouer cette histoire, qui est le signe de l'amitié ultime que nous connaîtrons en Dieu. Nous n'avons encore que le signe de ce qui doit venir ; nous n'avons aucun programme, aucune information particulière sur ce qui doit se passer. Mais nous pouvons nous glisser dans cette direction et nous préparer au don qui nous sera fait en commençant à parler une langue qui contient la Parole de Dieu. Nous pouvons apprendre à parler les uns aux autres et les uns des autres d'une manière qui n'empêche pas l'amitié : les hommes doivent écouter les femmes parler d'elles-mêmes, en faisant droit à la protestation de Mary Daly qui se plaint qu'« on nous a enlevé le pouvoir de nommer[1] » ; nous devons écouter ceux qui sont, au sens strict, des étrangers, et aussi l'étranger qu'est notre voisin ; nous devons écouter

1. Cité par Mary Catherine HILKERT, o. p., *Naming Grace : Preaching and the Sacramental Imagination*, New York, 1997, p. 178.

les histoires que disent les homosexuels; celles que disent les juifs ou les bouddhistes...

Dans un monde où les États nationaux étaient tout-puissants, le rôle de l'Église était de nous convier à dépasser le nationalisme pour trouver une identité mondiale, car l'Église était la seule institution mondiale; elle était la contre-culture, le défi au pouvoir dominant. Mais dans notre village global d'aujourd'hui, maintenant que l'État national est bien plus faible et s'est internationalisé, les institutions sont légion et le rôle de l'Église ne sera plus le même. Face à une culture de la consommation délétère qui envahit la planète en éliminant les différences et en offrant toujours plus de choix entre des produits identiques, l'Église devra aussi jouer le rôle d'une contre-culture en soutenant ce qui est petit et menacé. Nicholas Boyle écrit : « Les modestes récits des victimes de grands mouvements, les histoires de ce que notre grand nouveau monde écrase ou ignore, on les racontera à toute petite échelle, pleins de détails dont notre monde ne tiendra pas compte, les déclarant superficiels et inutiles; en termes de structures ecclésiales, ces petits récits ne seront redits qu'au niveau diocésain, paroissial, ou moins encore[1]. »

Ainsi attend-on de l'Église qu'elle soit signe d'unité de plusieurs manières. Les papes l'un après l'autre nous ont demandé de nous opposer à l'injustice organisée qui enferme une grande partie de l'humanité dans la misère. Nous devons renoncer à rendre un culte aux idoles qui règnent sur notre village global, le désir sans limites, l'absolutisation de la propriété privée et l'argent. Mais le plus important est peut-être de purifier notre langage quand nous parlons de l'étranger, de l'ouvrir tout grand, de le rendre vaste et accueillant, comme la Parole de Dieu. Alors, peut-être, les gens seront-ils capables d'entrevoir quelque chose du mystère de Dieu, Lui dont le centre est partout et la circonférence nulle part. Lui qui n'exclut personne.

1. Nicholas BOYLE, *Who are we now? Christian Humanism and the Global Market from Hegel to Heany*, Édimbourg, 1998, p. 92.

9

Choc radical

Le christianisme est gravement entravé dans sa capacité à témoigner de l'unité future de l'humanité par les dissensions qui existent entre les différents chrétiens et à l'intérieur même des Églises. Je ne parlerai pas des premières, cela touche au dialogue entre les Églises chrétiennes et je ne suis nullement expert dans le domaine du dialogue œcuménique. C'est pourquoi, dans les deux prochains chapitres, je voudrais étudier la façon de guérir la blessure que ses divisions infligent à l'Église catholique. J'espère que ce que je peux en dire résonnera aussi aux oreilles des fidèles d'autres Églises.

Je dînais récemment avec un ami, sa femme et ses enfants ; lui a quitté le sacerdoce il y a une vingtaine d'années et, pendant tout le repas, n'a cessé de dire du mal du pape, de se plaindre du Vatican, de l'Opus Dei et de toutes les cibles habituelles. Puis, alors que nous buvions notre café, il s'est lamenté de ne pas avoir réussi à transmettre à ses enfants son amour de l'Église. On se demande pourquoi !

L'Église s'est scindée en deux groupes, elle s'est « polarisée » dans bien des endroits, par exemple l'Autriche, la Hollande, plusieurs pays d'Amérique latine et par-dessus tout aux États-Unis. L'un des symptômes en est la colère de beaucoup de catholiques contre ceux qui ne pensent pas comme eux. Comment des jeunes se sentiraient-ils chez eux dans une communauté qui vit une telle colère ? Qui pourrait avoir envie de faire partie d'une Église dont les membres dépensent tant d'énergie à être agressifs ? Nous avons dit que la colère pouvait être productive ; pour Augustin, elle est l'un des rejetons de l'espérance. Mais la colère peut aussi être purement et simplement destructrice.

La polarisation est contradictoire avec la nature de l'Église, qui est de conduire le peuple de Dieu à l'unité afin d'être signe du Royaume. Je retiens les mots d'un jeune théologien américain, Christopher Ruddy : « La polarisation est un luxe que l'Église ne peut plus se permettre, ni même tolérer [...]. La polarisation a étouffé la capacité de l'Église à être vraiment évangélique ou missionnaire[1]. » Je chercherai donc, dans ces deux chapitres, à discerner un moyen de dépasser ces divisions et de faire de l'Église une demeure spacieuse, capable d'accueillir le peuple de Dieu.

Il nous faut d'abord observer brièvement cette polarisation. Elle est généralement définie comme une division entre droite et gauche, entre libéraux et conservateurs, progressistes et traditionalistes. Ce n'est que partiellement exact. La société occidentale, et bientôt le monde entier, est profondément marquée par ce type de polarité et comme nous appartenons à cette société, cela colore la façon dont les chrétiens interprètent les divisions à l'intérieur de l'Église. Mais une telle dichotomie est profondément contraire à notre foi, et nous sommes appelés à la dépasser.

La bipolarité droite-gauche s'enracine dans les Lumières ; les penseurs de l'époque ont considéré qu'ils étaient « éclairés » parce qu'ils s'étaient libérés de la tradition, et par-dessus tout de la tradition de l'Église. Le soleil de la raison s'était levé et on pouvait laisser tomber tous les vieux dogmes. L'Église a souvent répondu à l'insulte en s'opposant au progrès et à tous ses affreux symptômes : la démocratie, la liberté de conscience, l'individualisme, etc. Ce fut la grande bataille de l'Église contre le libéralisme au XIXe

1. Correspondance privée.

siècle. L'Église avait accepté de se battre sur le terrain, défini par l'opposition, de catégories étrangères à sa tradition, ce qui rendait sa défaite inévitable ; et au XXe siècle, elle a dû revenir sur nombre de positions antilibérales qu'elle avait prises au siècle précédent. Son erreur était d'avoir accepté le schéma mental de ses adversaires plutôt que de mettre en question les catégories dans lesquelles on l'avait placée.

Il peut y avoir des tensions dans l'Église entre des catholiques libéraux et des catholiques conservateurs, car la plupart des gens, dans nos sociétés, se réclament de l'un ou de l'autre ; nous sommes marqués par les catégories de notre culture. Mais cela ne peut pas être le point crucial de nos divisions car, pour un catholique, la foi transcende cette polarité. Saint Paul est sans doute le chrétien le plus novateur qui ait jamais existé, or il se voyait comme celui qui transmet les traditions qu'il a reçues. Il écrit aux Corinthiens : « Je vous félicite de ce qu'en toutes choses vous vous souvenez de moi et gardez les traditions comme je vous les ai transmises » (1 Co 11, 2). Être un chrétien, c'est recevoir la Bonne Nouvelle qui nous est transmise par ceux qui sont venus avant nous ; la tradition est, pour un chrétien, source intarissable de nouveauté et de vitalité et la vieille sagesse nous renouvelle. Quand les gens parlent de « tradition », ils parlent souvent de quelque chose qu'on a enseigné il y a vingt ans ; mais le renouveau naît d'un retour à l'extraordinaire diversité des traditions ; c'est ainsi que Vatican II a été en partie un retour à l'époque qui a précédé le concile de Trente, à l'Écriture et aux traditions des premiers siècles.

Alors, comment décrire les divisions qui déchirent l'Église aujourd'hui et pourquoi suscitent-elles tant de colère ? Il est difficile d'être juste et objectif car nous sommes tous pris dans ces turbulences et nul ne peut être absolument impartial. Mais nous devons essayer de décrire la situation de telle sorte que chacun pourra la reconnaître et sera en mesure de dire, plus ou moins, « oui, c'est là que je me trouve ». Nous devons refuser de parler de l'Église en termes de « bons » et de « méchants ». C'est une tâche prophétique ; souvent, dans le passé, on a vu les prophètes comme ceux qui se dressaient contre les autorités ecclésiales et dénonçaient leurs insuffisances. La prophétie a souvent été confondue avec la dénonciation des erreurs des gens. Aujourd'hui, la tâche prophétique est sûrement de trouver une voie pour avancer malgré les divisions ; il faut nous appeler mutuellement à quitter notre exil, mais c'est une tâche dangereuse car les gens des deux bords dénonceront ce qu'ils voient comme un compromis et une trahison de la pureté de la cause.

La première difficulté est de trouver un nom pour les « partis » qui divisent l'Église. J'ai déjà dit qu'il n'était pas souhaitable de penser en termes de progressistes et de traditionalistes, ou de libéraux et de conservateurs. On les a aussi appelés augustiniens et thomistes, mais je ne crois pas que cela corresponde mieux à ce dont il est question. Après tout, les dominicains ont adopté la règle de saint Augustin et sont de grands admirateurs de Thomas d'Aquin. Les théologies de ces deux géants – les plus grands théologiens de l'Occident chrétien – sont trop complexes pour être platement identifiées à un parti. On a dit également que l'opposition était entre une théologie « corrélationnelle » et une théologie « épiphanique », mais des mots comme ceux-là donnent immédiatement envie de fuir !

Toutes les définitions font courir le risque de provoquer un désaccord, ce qui bloque la conversation avant même qu'elle ait commencé. Mais il faut commencer ! Malgré mes hésitations, je parlerai donc des catholiques du Royaume et des catholiques de la Communion. Certains catholiques voient d'abord l'Église comme le Peuple de Dieu en marche vers le Royaume ; d'autres y voient d'abord l'institution, la communion des croyants. La plupart d'entre nous nous reconnaissons, dans une certaine mesure, dans les deux schémas, mais avons tendance à nous rapprocher plutôt de l'une ou de l'autre façon de comprendre l'Église. L'idée que je veux défendre est que, en tant que catholiques, nous avons besoin des deux identités et que la tension qui existe entre elles est dynamique et féconde.

En 1963, durant la seconde session du Concile, Karl Rahner, jésuite, Edward Schillebeeckx, dominicain, et Hans Küng, prêtre diocésain, se réunirent pour mettre en route la publication d'une revue qui soutiendrait le projet du Concile[1]. Elle fut appelée *Concilium*, et regroupait des théologiens qui étaient enthousiasmés par le fait que le Concile assumait la modernité ; elle parut pour la première fois en 1965. La doctrine centrale en était l'Incarnation : en Jésus-Christ, Dieu embrassait la totalité de l'humanité. Le Christ qu'ils mettaient en avant était celui qui avait renversé toutes les barrières entre les humains, qui avait touché des lépreux, avait tendu la main aux étrangers et avait fait de nous le Peuple de Dieu. C'était une théologie tournée vers l'extérieur, pour qui le Saint-Esprit était à l'œuvre en tout être humain. Schillebeeckx a plusieurs fois évoqué dans ses écrits notre *Deus humanissimus*, notre « Dieu très humain ». Les catholiques de cette mouvance étaient heureux que le pape Jean XXIII ait souhaité ouvrir grand les fenêtres de l'Église pour y laisser entrer le grand air. Le test d'authenticité, pour cette tradition, était que ce soit enraciné dans l'expérience et que ce soit libérateur : pas de révélation sans libération. On a vu se développer toutes sortes de théologies de la libération, avec l'« option prioritaire pour les pauvres » en Amérique latine, la théologie féministe, surtout aux États-Unis, la théologie inculturée, surtout en Asie… C'était la tradition théologique à la mode quand j'étais étudiant, à Oxford et à Paris. Tout semblait possible ; nous passions le plus clair de notre temps, semble-t-il, à manifester contre la guerre au Viêt-nam, contre l'arme atomique, contre le racisme et les mauvais traitements aux immigrés illégaux. C'étaient des heures excitantes !

Et puis il y a les catholiques de la Communion. Eux aussi avaient une revue pour symbole : *Communio*, publiée à partir de 1971 en Europe, à un moment où des inquiétudes

1. Hans KÜNG, *Erkämpfte Freiheit*, Munich, 2002 (*My Struggle for Freedom*, Londres, 2003).

commençaient à se faire jour et où l'on se demandait où allait l'Église après le Concile. L'éditorial du premier numéro de l'édition américaine indiquait que l'idée de la revue remonte à une réunion de la Commission théologique internationale, en 1970. Certains membres de cette commission « pensaient qu'on avait réellement besoin d'un journal qui transmettrait le sens de la communion, qui est la vie intérieure de l'Église[1] ». C'était là son souci premier. La revue avait Hans Urs von Balthasar comme premier maître à penser. Plusieurs de ses collaborateurs, comme Joseph Ratzinger ou Henri de Lubac avaient précédemment apporté leur contribution à *Concilium* ; Ratzinger avait été choqué par les bagarres d'étudiants à Tübingen, en 1968, et cela avait ébranlé sa confiance dans la modernité, que le concile célébrait avec tant d'enthousiasme. Pour *Communio*, il nous faut proclamer fermement notre foi : sa vérité et sa beauté ont assez d'autorité pour attirer les gens. Si l'on adopte le langage de la modernité de façon trop peu critique, on court le danger de perdre son identité en étant totalement absorbé. La doctrine centrale n'était alors pas tant l'Incarnation que la Croix : nous devons oser affirmer le scandale du Seigneur crucifié. Au cœur de la vie de l'Église, il y a l'adoration et la doxologie.

Si l'on assiste à des réunions de jeunes catholiques, aujourd'hui, on voit souvent des groupes réunis pour une adoration silencieuse et fervente. Beaucoup de jeunes ont grandi sans qu'on leur ait donné une claire identité chrétienne ou catholique, et ils s'identifient donc avec une Église qui insiste sur ce qui est spécifique à notre héritage, certaines façons reçues de parler et de prier, certaines formes traditionnelles de dévotion : nous ne devons pas nous laisser assimiler par le monde ; nous ne devons pas avoir peur de souligner ce qui est spécifique à notre foi, sinon nous allons disparaître. C'est ce qu'on appelle des « catholiques identitaires ».

1. Premier numéro de l'édition américaine, printemps 1974, p. 4. La revue a paru en allemand, dès 1971, puis en italien en 1972.

Mes deux étiquettes sont vagues, mais elles représentent deux tendances fondamentales, même si certains d'entre nous – comme c'est mon cas ! – se retrouvent dans certains traits de l'une et de l'autre. C'est plutôt la Croix qu'une des théologies met au centre, pour l'autre, c'est plutôt l'Incarnation ; l'une voit la vérité comme cri de ralliement, l'autre, la libération. L'une insiste sur la doxologie et l'adoration, l'autre sur la praxis et l'expérience. Pour l'une, le Christ est d'abord celui qui rassemble en une communauté, pour l'autre, celui qui abat les frontières. Une théologie proclame *Ubi ecclesia, ibi Christus*, « là où est l'Église, là est le Christ », l'autre tendance à répondre *Ubi Christus, ibi ecclesia*, « Là où est le Christ, là devrait se trouver l'Église » ou, comme le dit John McDade, « là où souffrent les pauvres, c'est là que doit être l'Église (et la théologie)[1] ».

Il est vital de se rendre compte que – malgré ce que croient certains catholiques du Royaume – ce n'est *pas* un conflit entre les tenants du Concile et ceux qui voudraient revenir à l'Église préconciliaire. Un retour en arrière est impensable et souhaité seulement par un tout petit nombre de gens, assez vieux pour se rappeler ce qu'était l'Église d'avant le Concile. La cassure est entre deux façons différentes de comprendre le Concile et la meilleure façon de poursuivre son œuvre. Il est tout aussi vital de se rendre compte – malgré ce que croient certains catholiques de la Communion – que ce n'est *pas* un conflit entre ceux qui sont fidèles à la tradition et ceux qui veulent se livrer à la modernité. Ces deux caricatures sont malhonnêtes ou, au moins, mal informées.

Quel moyen avons-nous de cicatriser cette blessure et d'être ainsi de meilleurs témoins de l'unité de l'humanité dans le Christ ? Il me semble que le premier pas serait de reconnaître que, derrière chacune de ces théologies, il y a la nostalgie d'un lieu où nous nous sentions chez nous ; mais

1. J. McDade, s. j., « Theology in the Post-Conciliar Era », *Modern Catholicism : Vatican II and After*, Adrian Hastings (éd.), Londres, 1991, p. 442.

chaque groupe est animé par son propre sens de l'exil. Nous ne dépasserons pas cette polarisation si nous ne voyons pas clairement quelle demeure chacun souhaite édifier ; il nous faut comprendre que ceux qui pensent autrement que nous souffrent du même sentiment de deuil, du même sentiment de perte. Ce n'est pas l'exil dont je parlais à la fin du chapitre VI – l'exil loin du Royaume – mais un sentiment plus immédiat de perte d'une Église qui serait notre demeure.

Permettez-moi un exemple : j'ai évoqué, au chapitre V, *Root Shock* de Mindy Thompson Fullilove, qui parle de la destruction de quartiers noirs aux États-Unis. Ces dernières années, la planification urbaine a provoqué la destruction de milliers de communautés noires et la dispersion de millions de gens. Des autoroutes ont été tracées sans craindre de scinder des communautés. Tout au long de rues, les maisons ont été abattues et les habitants de quartiers entiers dispersés. Des petites boutiques ont disparu, remplacées par des supermarchés impersonnels. Des communautés irlandaises, polonaises ou italiennes ont subi le même genre de destruction – pas simplement leur toit mais « la maison », un endroit où on était chez soi.

Cela a provoqué ce que Thompson Fullilove a appelé un « choc radical », qui est « la réaction de stress traumatique à la destruction partielle ou totale de son éco-système émotionnel[1] ». « Le choc radical attaque la capacité de confiance, augmente l'angoisse de ne plus avoir ceux qu'on aime sous les yeux, déstabilise les relations, détruit les ressources sociales, psychologiques et financières, aggravant le risque de toutes sortes de maladies liées au stress, depuis la dépression jusqu'à la crise cardiaque. Le choc radical provoque une mauvaise humeur chronique chez des gens qui vont se plaindre avec aigreur qu'on leur a brutalement retiré leur univers. » On est chez soi là où on n'a pas peur dans le noir.

1. *Root Shock*, p. 11.

Mindy Thompson Fullilove donne une superbe description du district de la Colline, à Pittsburgh, avant qu'il soit détruit. « De bien des manières, on s'assurait que le quartier de la Colline ne sombrait pas et que tout le monde avait de quoi manger, de quoi se vêtir et se conduisait convenablement. Les gamins, dans la rue, recevaient les conseils de gens plus anciens : les danseurs et les musiciens leur apprenaient à bien pratiquer leur art ; les proxénètes leur disaient comment gagner facilement de l'argent ; les gens bien leur enjoignaient de marcher droit – "même si vous me voyez le faire, n'en faites pas autant !"[1]. » Il ne s'agissait pas juste d'endroits où des gens vivaient ensemble. Ces voisinages transmettaient une sagesse, communiquaient un savoir pour résoudre les conflits, pour s'arranger des différences. Elle poursuit : « La façon de vivre évolue avec le temps, et la solution trouvée pour chaque problème entre dans la mémoire collective et participe du fonds commun de problèmes-qu'on-peut-résoudre[2]. »

Le développement urbain a balayé tout cela, laissant les gens solitaires et exilés. Il n'y avait plus de communauté où pouvaient se rencontrer et faire connaissance des gens appartenant à différentes générations et professant des opinions différentes. Ainsi dispersés, on devait choisir les gens avec qui on passerait du temps, et on choisissait plutôt des gens qui vous ressemblaient. Zygmunt Bauman dit combien la mobilité, qui est un trait de notre société, nous pousse vers des communautés de gens ayant les mêmes opinions. « On est poussé à fuir une complexité pleine de risques pour se réfugier dans l'uniformité[3]. » La perte des communautés traditionnelles nous a insécurisés, rendus anxieux, et nous fait rechercher des gens qui pensent comme nous. Dans les anciens quartiers, on rencontrait des gens radicalement différents de nous, et on devait bien trouver des compromis :

1. *Ibid.*, p. 32.
2. *Ibid.*
3. *Liquid Modernity*, p. 179.

comme on était destinés à vivre longtemps ensemble, il n'y avait pas de façon d'y échapper. Mais quand la communauté s'effondre, on s'invente une identité : si vous ne faites plus automatiquement partie du groupe, il vous faut trouver votre identité. La « politique identitaire » est née. J'ai vu cela au Rwanda. Peu de gens savaient s'ils étaient hutus ou tutsis jusqu'à ce que la communauté se défasse et qu'ils soient forcés de choisir très vite.

Il est tentant de renforcer la communauté par la purification. Richard Sennett écrit : « L'image de la communauté est purifiée de tout ce qui pourrait susciter un sentiment – je ne dis pas de conflit – mais simplement de différence pour le "nous". De cette manière, le mythe d'une solidarité de la communauté est un rituel de purification [...]. Ce qui est spécifique de cette communion mythique dans une communauté est le sentiment qu'ont ses membres de s'appartenir mutuellement et d'avoir quelque chose à partager *parce qu'ils sont semblables* [...]. Le sens du "nous", qui exprime le désir d'être conforme, est une façon qu'ont les humains d'éviter le besoin de mieux se regarder les uns les autres[1]. » Cette purification peut prendre la forme extrême de la purification ethnique ; souvent elle se contente d'exclure ceux qui ne se conforment pas, la cinquième colonne cachée dans la communauté, qui menace sa pureté et sa cohésion.

Ma thèse est que, dans l'Église, nous souffrons *tous* de cet état de choc radical. Il a provoqué la colère et a poussé à rechercher une identité dans la compagnie de gens qui pensent la même chose. Vatican II a accepté la modernité et l'Église s'est efforcée d'y être chez elle. Mais les gens des deux bords sont d'accord pour admettre que nous avons choisi pour cela un curieux moment. Selon George Weigel, que l'on peut situer dans le parti de la Communion, Vatican II a certes ouvert des fenêtres sur le monde, mais juste au

1. « The myth of purified community », *The Uses of Disorder : Personal Identity and the City Style*, Londres, 1996, p. 36 s., cité par Z. BAUMAN.

moment où la modernité « fonce dans un tunnel obscur, plein de fumées toxiques[1] ». Chose intéressante, Edward Schillebeeckx, o. p., qui appartient sans hésitation au parti du Royaume, a écrit : « Après deux siècles de résistance, les catholiques ont adopté le monde moderne, juste au moment où le monde moderne commençait à douter de lui-même[2]. » Mon idée est que la plupart des catholiques, qu'ils appartiennent surtout au camp de la Communion ou au camp du Royaume, souffrent d'avoir perdu leur « chez eux », leur demeure, souffrent de ce « choc radical ». Nous ne pourrons reconstruire une demeure assez vaste pour le Peuple de Dieu que si nous comprenons ceux qui ont le sentiment d'en être exilés. Nous ne bâtirons une Église qui puisse être notre commune demeure que si nous avons assez d'imagination pour comprendre le sentiment d'exil des autres et que nous travaillons à former une communauté à laquelle, eux aussi, se sentiront appartenir.

Les toutes premières pages de *Communio* font de la restauration d'une demeure le cœur de son programme. Qu'on se souvienne des aspirations qui ont donné naissance à la revue : « le besoin d'un journal qui transmettrait le sens de la communion, qui est la vie intérieure de l'Église ». Une grande partie de ce qui s'est passé après le Concile a été ressenti comme de la planification urbaine ecclésiastique, le démembrement de ce qui était notre quartier. On voyait dans les théologiens qui prêtaient leur concours à *Concilium* ceux qui traçaient des autoroutes à travers les lieux de vie commune, abattant des boutiques et des institutions chéries; des religieux jetaient leur habit aux orties, les églises étaient chamboulées, on disait adieu aux vieux chants et aux anciennes dévotions; je me rappelle un jeune frère –

1. Christopher J. Ruddy, « Tomorrow's Catholics », *The Christian Century*, 25 janvier 2003, p. 24-32.

2. Cité par David Tracy, « The Uneasy Alliance Reconceived : Catholic Theological Method, Modernity and Postmodernity », *Theological Studies*, septembre 1989, 50/3.

aujourd'hui vénérable – qui prenait plaisir à jeter les statues à bas de leur socle, dans la chapelle de notre noviciat.

Dans le même temps, on assistait à l'affaiblissement de la société civile, à l'effondrement de la famille, à l'augmentation du nombre de grossesses d'adolescentes, à la généralisation des drogues, à l'aggravation de la pauvreté dans les villes et à la sécularisation. Il est donc incontestable qu'il y avait une double destruction : la demeure civile et la demeure Église ; on peut donc comprendre ce puissant désir de restaurer la maison familiale ecclésiastique, de reconstruire le foyer. Il fallait pour cela récupérer les signes de l'identité catholique, insister sur un langage théologique distinctement catholique, plutôt qu'embrasser la modernité et perdre notre culture, nos modes habituels de pensée et d'existence : il fallait retrouver des façons de penser, de parler et de prier, des signes d'identité distinctement catholiques qui résistent aux menaces d'annihilation. C'était le moment de retrouver des racines, que ce soit l'héritage africain des Afro-Américains ou l'apprentissage du gaélique, que leurs parents ne leur avaient pas transmis, pour les Américains d'origine irlandaise, ou encore l'assistance au salut du saint sacrement et le retour à l'ancienne sagesse pour les catholiques.

Naturellement, c'est attirant pour des jeunes qui n'ont pas connu l'Église préconciliaire et qui rêvent d'un foyer perdu. Beaucoup d'Anglais rêvent ainsi d'aller vivre dans un village traditionnel, avec ses pubs, son église médiévale et son terrain communal bien entretenu et achètent à grand prix une maison dans les Costwolds. Ils ne savent peut-être pas distinguer le côté face du côté pile d'une vache, mais tout cela correspond au désir humain de retrouver un foyer idyllique, de revenir au paradis perdu. Toutefois, il serait injuste de croire que les catholiques de la Communion ne sont que des nostalgiques. Hans Urs von Balthasar et Henri de Lubac, par exemple, étaient des théologiens profondément novateurs et nombre des « nouveaux mouvements » qui se reconnaissent dans la tradition de la Communion sont en recherche de façons neuves que pourraient avoir les laïcs de vivre leur foi.

En même temps, les catholiques du Royaume ont subi un choc radical symétrique. La collégialité, vécue intensément au Concile, n'était plus et les Pères conciliaires s'étaient dispersés. Tout semblait être redevenu comme avant; le pèlerinage du Peuple de Dieu vers le Royaume était stoppé et le Vatican semblait avoir récupéré les rênes du pouvoir. L'Église ne devenait pas ce foyer dont on rêvait et, comme les catholiques de la Communion, on vivait le même choc radical dans la société civile : les beaux rêves des années 1960 ne s'étaient pas réalisés, on n'allait pas vers un monde plus juste et plus égalitaire, dans lequel on mettrait un terme à la pauvreté; la déception était particulièrement sévère pour les théologiens de la libération, en Amérique latine. Cuba n'était pas le paradis qu'ils avaient espéré et le capitalisme triomphait, creusant l'abîme entre riches et pauvres. Le rêve socialiste se révélait être plutôt un cauchemar et, en 1989, le mur de Berlin s'écroulait. Avant cela, on avait entendu parler des massacres perpétrés par Mao Tsé-Tung, en Chine, et de la cruauté de la révolution culturelle.

Les deux groupes ont donc subi un choc radical, ils se sont sentis aliénés et exilés. Chacun se considérait comme une contre-culture : les catholiques de la Communion avaient le sentiment de résister au libéralisme moderne et au relativisme – ces cultures destructrices auxquelles succombaient les catholiques de l'autre parti. Et les catholiques du Royaume avaient le sentiment de résister au fondamentalisme et à une certaine conformité avec les mœurs de ce monde, auxquels, d'après eux, se soumettaient les catholiques de la Communion. Avec un peu plus d'imagination, ils auraient pu se regarder et discerner dans l'autre sa propre image inversée; ce qui les aurait poussés à se témoigner un peu de compréhension et de sympathie.

Comme l'a fait remarquer Bauman, le sens de l'identité se substitue à la communauté perdue. Certains catholiques se sentent plus à l'aise avec des protestants qui ont les mêmes idées qu'avec d'autres catholiques : les catholiques de la Communion ont commencé à se sentir étonnamment en famille avec les protestants évangéliques et les catholiques libéraux, avec les protestants libéraux. Dans une société où s'accroît sans cesse la polarisation droite-gauche, il est de plus en plus tentant de faire de l'appartenance à un parti un élément essentiel de l'identité ; les agences matrimoniales qui font se rencontrer des gens solitaires posent maintenant immédiatement la question des sympathies politiques. Les catholiques en sont donc venus à se penser eux-mêmes comme progressistes ou traditionalistes, libéraux ou conservateurs – ce qui est profondément contraire à l'appellation « catholique ». Quand le fragile équilibre écologique de l'Église se rompt, quand notre environnement culturel est détruit, ce sont les autres qui se mettent à nous dire qui nous sommes. C'est pour cela que je déteste qu'on me demande si je suis conservateur ou libéral : la question est fausse.

Beaucoup de catholiques sont pleins de la colère provoquée par le choc radical : rappelons-nous ce que dit Thompson Fullilove. « Le choc radical provoque une mauvaise humeur chronique chez des gens qui vont se plaindre avec aigreur qu'on leur a brutalement retiré leur univers. » On rencontre ce genre de colère dans bien des rassemblements de catholiques, en divers pays, et c'est cette même colère que nous projetons sur le parti d'en face : chacun blâme l'autre pour avoir détruit le foyer familial, mais cela ne contribue pas à le reconstruire.

À la fin de *Root Shock*, elle écrit fort bien : « Nous avons tous été chassés de chez nous, mais personne n'a encore retrouvé la sécurité. Nous pouvons décider de continuer à l'aveugle ; mais nous pouvons aussi décider de profiter du voyage pour créer l'aboutissement de nos rêves, dans une communauté à la taille de l'humanité. Écoutons tinter la cloche qui nous appelle et nous dit "Il est temps de rentrer à la maison"[1]. » Ce tintement de cloche s'adresse aussi à nous, les catholiques : comment rentrer tous ensemble à la maison ?

1. *Root Shock*, p. 239. La cloche qui tinte pour nous veut évoquer le

La communion anglicane est blessée, elle aussi, par de profondes divisions. En février 2005, les trente-huit primats de l'Église anglicane se sont réunis pour tenter de panser les blessures, la question principale étant l'ordination de prêtres activement homosexuels.

Mais au fond, leur problème était semblable au nôtre : comment maintenir la communion ? Rowan Wiliams, l'archevêque de Cantorbéry, qui prêchait aux vêpres marquant la fin de la réunion, s'exprime ainsi : « Qu'est-ce qui nous est demandé, à nous qui sommes invités dans cette fraternité ? Avant tout, de savoir que c'est le Christ qui a fait la paix. Autrement dit, nous ne devons pas nous inquiéter. C'est peut-être un conseil perdu d'avance pour n'importe quelle Église et plus encore, en ce moment, pour la communion anglicane, et pourtant c'est ce que nous dit le Christ. Il a fait la paix, et notre vie repose sur ce qu'il a fait et sur rien d'autre. Notre volonté de faire la paix et d'être des témoins de paix dans le monde et dans l'Église ne doit donc pas être marquée par des efforts anxieux, par un militantisme désespéré, par une volonté farouche de tout organiser, et tout de suite. Il a fait la paix par le sang de sa Croix et nous vivons dans la plénitude de ce qu'il a fait ; nous nous réchauffons à la colonne de feu qu'il a dressée chez nous, entre terre et ciel, par sa prière et son sacrifice[2]. »

Je reviens à la dernière Cène, ce signe qui m'a servi de fil conducteur pour la plus grande partie de ces réflexions. C'est le moment où Jésus nous donne la nouvelle alliance. Qu'est-ce que cela nous dit sur notre foyer dans l'Église ? En quoi est-ce le signe d'une demeure dans laquelle tous pourront se sentir chez eux, quelles que soient leurs sympathies et leurs allégeances ?

célèbre poème de John DONNE, « For whom the bell tolls », traduit en français « Pour qui sonne le glas » (titre repris pour un livre d'Hemingway) : *« never send to know for whom the bell tolls ; it tolls for thee »*.

2. Sermon donné le 22 février 2005, retranscrit sur le site web de Rowan Williams.

Dans le récit que donne Marc, on lit : « Et tandis qu'ils mangeaient, il prit du pain, le bénit, le rompit et le leur donna en disant : "Prenez, ceci est mon corps." Puis, prenant une coupe, il rendit grâce et la leur donna, et ils en burent tous. Et il leur dit : "Ceci est mon sang, le sang de l'alliance, qui va être répandu pour une multitude. En vérité, je vous le dis, je ne boirai plus du produit de la vigne jusqu'au jour où je boirai le vin nouveau dans le Royaume de Dieu" » (14, 22-25).

La clé est la légère différence entre les paroles concernant le pain et celles sur le vin : le pain est donné aux seuls disciples. La coupe leur est aussi donnée, mais elle est *répandue pour la multitude* et Jésus n'y boira plus avant le Royaume. Le pain est donné à la petite communauté de la chambre haute; les disciples se le partagent. La coupe est destinée à la vaste communauté d'une « multitude » sans limites – c'est-à-dire à tous. Elle est indication du Royaume où tous sont invités. Le récit de Matthieu comprend exactement la même différence entre le pain et la coupe; Luc a deux coupes et les mots qui accompagnent la première font allusion au Royaume. L'évangile de Jean, on le sait, ne rapporte pas d'institution de la nouvelle alliance en cette dernière nuit, mais on y trouve une tension comparable : c'est le rassemblement du premier cercle des disciples de Jésus, ceux qu'il n'appelle plus serviteurs mais amis. C'est un moment de communion très intime, et pourtant, à la fin, Jésus prie « pas pour eux seulement, mais aussi pour ceux qui, grâce à leur parole, croiront en moi, afin que tous soient un. Comme toi, Père, tu es en moi et moi en toi » (Jn 17, 20-21). Avant cela, Jésus avait déjà évoqué une plus large communauté : « J'ai encore d'autres brebis qui ne sont pas de cet enclos; celles-là aussi, il faut que je les mène; elles écouteront ma voix » (Jn 10, 16).

Ainsi, cette célébration de la nouvelle alliance, le don qui nous est fait d'une demeure, connaît une tension entre le rassemblement en communauté de ces disciples, les intimes, les amis les plus proches de Jésus, et l'accueil de tous les hommes pour la plénitude du Royaume. Le pain est « pour vous » et la coupe est « pour vous et pour tous ». Cette tension fait partie intrinsèque de la dernière Cène et de toutes les eucharisties. Il me semble que la tendance des catholiques de la Communion est de privilégier la bénédiction du pain. Jésus est celui qui établit l'Église, qui nous rassemble autour de l'autel en une intime communion – cette communion qui est la vie intérieure de l'Église comme le disait l'éditorial du premier numéro de *Communio* aux États-Unis.

Le parti des catholiques du Royaume privilégie le second moment, la bénédiction de la coupe qui tend vers la plénitude du Royaume, dans lequel l'humanité entière connaîtra l'unité. Il évoque un Christ qui abat toutes les frontières, qui touche les lépreux et parle aux Samaritains, qui transgresse la Loi et renverse les barrières. Il évoque une Église tournée vers l'extérieur, vers tout ce qui est humain, qui cherche les signes de l'Esprit à l'œuvre dans le monde. Pour cette façon de voir l'Église, l'engagement envers les pauvres et la lutte pour la liberté et la justice sont primordiaux.

Le mot courant pour désigner l'eucharistie, la « messe », vient des derniers mots de la célébration, en latin : *Ite, missa est*. Comme à leur habitude, les liturges ne peuvent se mettre d'accord sur l'origine ou la traduction de ces mots. Ils impliquent l'envoi de quelque chose de féminin : c'est envoyé, ou elle est envoyée ? Saint Thomas émet l'idée qu'il s'agit du sacrifice – la victime – qui nous est envoyé par Dieu et que nous lui renvoyons. L'explication est ingénieuse mais, pour une fois, peu convaincante[1]. Quelle que soit l'origine de ce mot, il est significatif que le sacrement de la nouvelle alliance tire son nom de la dispersion qui suit sa célébration. Nous ne sommes rassemblés que pour être envoyés.

Cette tension est, depuis toujours, la dynamique nécessaire de la dernière Cène et de la vie de l'Église. C'est

1. *Somme théologique*, III, 83, 4 ad 9.

l'image de ce que fut probablement, au moins au début, la tension entre Pierre et Paul. Pierre avait été appelé par Jésus à appartenir à une communauté juive dans ses origines. Jésus s'était sans doute adressé parfois à des étrangers, mais le premier cercle, les apôtres, était composé exclusivement de juifs et envoyé, au début, « aux brebis perdues de la maison d'Israël ». Pour nombre des premiers disciples, il aurait été inimaginable de mettre en question cet accord tacite dans la communauté. Mais l'Église était à peine fondée, que la main tendue par Paul aux gentils semblait mettre en péril son identité même.

Comment l'Église pouvait-elle opérer cette transformation tout en demeurant la communauté fondée par Jésus la veille de sa mort ? Comment pouvait-elle être fidèle à la fois au pain distribué et à la coupe répandue ? Dans le dernier repas, il y avait une force centrifuge aussi bien qu'une force centripète ; il fallait maintenir l'équilibre si l'on voulait, d'une part, que l'Église ne soit pas juste une secte juive de plus, et d'autre part, qu'elle reste en continuité avec son fondateur. Il nous est presque impossible d'imaginer à quel point ces premières années ont dû être turbulentes et novatrices : c'étaient les dramatiques années de l'adolescence de l'Église, et, comme toute adolescence, elle fut merveilleuse et horrible. Pierre et Paul se sont disputés à Antioche, mais ils meurent ensemble à Rome, cofondateurs de ce Siège. L'Église s'est développée parce qu'elle est restée – aussi difficilement que ce fût – attachée à cette tension dynamique.

Dans le chapitre précédent, nous avons vu comment les souffrances des indigènes d'Hispaniola ont provoqué une prise de conscience des droits humains. Ces gens sont détenteurs de droits inaliénables, affirmaient Bartolomé de las Casas et Francisco Vittoria, qu'ils soient chrétiens ou non, et même si, comme les Aztèques du Mexique avec les sacrifices humains, ils étaient les auteurs d'actes que les chrétiens trouvaient moralement inacceptables, ils avaient des droits, simplement en tant qu'êtres humains, et donc images de Dieu. Mais cette rencontre avec des étrangers qui n'avaient jamais entendu parler de l'Évangile posait également une question à l'Église : c'était le commencement de la fin d'une Église exclusivement européenne, l'ancienne chrétienté. Accepter ces étrangers devenus chrétiens mettait en cause une façon de comprendre le genre de communauté qu'est l'Église, et c'est le même drame que nous vivons aujourd'hui, alors que, pour la première fois, l'Église devient vraiment universelle – l'institution la plus universelle qui soit. Le conseil général des Dominicains est composé de quatorze frères ; quand j'étais maître de l'Ordre, il y eut un moment où ils étaient de quatorze nationalités, représentant les cinq continents. Cela exige une mort et une renaissance de l'Église, la perte de notre ancienne identité eurocentrique, tandis que nous avançons doucement vers le monde largement ouvert du Royaume. Mais nous devons y arriver tout en restant la même communauté, les héritiers de ce petit groupe de disciples que Jésus a rassemblé autour de lui, à table, dans la chambre haute avant de mourir.

Nous sommes des « catholiques romains » et c'est cette dynamique qui nous anime ; car être « romain », c'est appartenir à une communauté particulière. Nous sommes les héritiers d'une tradition particulière, ou plutôt de tout un réseau de traditions : nous avons hérité de modes de pensée, de façons de parler, de prier et de gouverner, de vivre et de mourir. Nous sommes liés à cette communauté particulière en étant en communion avec le Siège de Rome. Mais nous sommes aussi catholiques, ce qui signifie que nous tendons à l'universalité, avides de nous ouvrir à l'inimaginable diversité des cultures et de la sagesse humaines. Cela signifie que nous supportons difficilement une identité qui nous semble limitée, fermée, achevée. Nous sommes en marche vers le Royaume, et c'est là seulement que nous sera révélé le secret de notre identité, cachée en Christ. La première lettre de saint Jean évoque cette tension entre ce que nous sommes, qui se voit, et ce que nous serons, qui est caché : « Dès maintenant, nous sommes enfants de Dieu, et ce que nous serons n'a pas encore été manifesté. Nous savons que lors de cette manifestation nous lui serons semblables, parce que nous le verrons tel qu'il est » (3, 2).

Le défi qui nous est lancé est de maintenir cette tension vivante et dynamique. Si nous devenons uniquement « romains », nous ne serons rien de plus qu'une secte, un groupe de gens tournés vers eux-mêmes, parlant un langage particulier – une Église-forteresse, confiante dans son identité mais fermée, non plus un signe du Royaume. Ce serait comme si les apôtres s'étaient installés à Jérusalem et avaient refusé de s'en aller prêcher l'Évangile à travers le monde. D'ailleurs, c'est bien ce qu'ils ont essayé de faire et que l'Église fait souvent, mais, providentiellement, la persécution a frappé la communauté et a forcé les premiers chrétiens à se disperser dans l'Empire. D'après les Actes, Saül, en pourchassant les chrétiens, maison après maison, et en les poussant à fuir, accomplit une action prophétique qui aidait déjà à la diffusion de la foi qu'il cherchait à annihiler. Si nous cherchons aujourd'hui à nous réfugier bien à l'abri derrière les murs d'une Église-forteresse, nous pouvons être certains que Dieu l'abattra.

Mais si nous devenons uniquement « catholiques » et que nous perdons l'enracinement dans notre communauté particulière, avec ses façons de parler et de penser, nous courrons le danger de n'être qu'un mouvement flou – les gens de Jésus –, qui se traîne en désordre sans direction claire. Une telle Église ne serait pas non plus un signe crédible du Royaume. Tout cela nous fait dire que l'Église ne peut être signe du Royaume que si elle est un « nous » identifiable, mais un « nous » qui est sans cesse ouvert, dans sa volonté d'arriver à être « tous ».

Il ne peut y avoir de victoire d'un parti sur l'autre, car ce serait la défaite de l'Église. Il nous faut maintenir une tension dynamique entre la coupe et le pain, entre le rassemblement en une communauté et l'extension à toute l'humanité, entre une identité déjà donnée et une identité à découvrir. C'est la respiration de l'Église, un temps d'inspiration et un temps d'expulsion du souffle. L'histoire du salut est l'histoire d'une humanité maintenue en vie par le rythme de la respiration de Dieu en elle. Dieu a soufflé sur la glaise et a donné vie à Adam. Le Christ a expiré son dernier souffle sur la croix et a racheté Adam et Ève. Le dimanche de Pâques, Jésus est apparu à ses disciples dans la chambre haute et leur a dit : « "Paix à vous ! Comme le Père m'a envoyé, moi aussi je vous envoie". Ayant dit cela, il souffla et leur dit : "Recevez l'Esprit saint" » (Jn 20, 21-22). Cela fait écho au verbe employé par la Septante, la traduction grecque de l'Ancien Testament, dans le récit de la création d'Adam. Nos poumons s'emplissent, se vident, puis s'emplissent de nouveau ; le souffle de Dieu donne de l'oxygène à notre sang.

Le pape Jean-Paul II a rappelé que l'Église doit apprendre à respirer avec ses deux poumons, celui d'Orient et celui d'Occident. Effectivement, nous devons le faire, nous devons aussi apprendre à inspirer et à expirer profondément, afin de donner de l'oxygène au sang de l'Église, et pour que nos poumons fonctionnent bien, pour que le Corps du Christ reste en vie, nous avons besoin de l'inspiration des catholiques de la Communion et de l'expiration des catholiques du Royaume. Ces deux moments peuvent sembler être en compétition, et même en rivalité ; l'un peut avoir l'air d'être la négation de l'autre ; il n'en est rien, car c'est le rythme de la respiration qui nous permet de vivre. Les tensions dans l'Église ne nous empêchent pas de respirer, mais il arrive qu'elles donnent des crises d'asthme au Corps du Christ. Nous verrons dans le prochain chapitre comment nous pouvons réapprendre à mieux respirer.

10

Du temps pour les pandas

Comment allons-nous soigner les blessures du Corps du Christ ? Comment allons-nous apprendre à respirer de nouveau au rythme de l'eucharistie – rassemblant les gens en une communauté qui partage le pain et, en même temps, en tension vers la plénitude du Royaume ?

Dans son sermon, lors de la réunion des primats de la communion anglicane, Rowan Williams nous rappelait que l'Église est un sanctuaire : « Un sanctuaire, disait-il, mais rappelez-vous que, dans son usage courant, le mot a deux sens ; un sanctuaire, oui, un temple pour Dieu ; mais aussi un refuge, un lieu d'asile – pour employer un terme très courant. Un endroit où ceux qui ont besoin d'une demeure et n'en ont pas peuvent en trouver une. Ainsi, quand Dieu fait de nous un sanctuaire, un temple vivant, il ne fait pas de nous un lieu saint fermé. Il bâtit un temple aux portes ouvertes, un lieu où on le trouve et où la paix de Dieu change tout. En tout cela, quelle conversion profonde doit être la nôtre ? Comme nous nous en remettons facilement à des efforts anxieux, comme si le Christ n'était pas mort et ressuscité ! Comme nous avons du mal à nous asseoir à côté de quelqu'un pour prier ensemble et rendre grâce ensemble ! Comme il nous est facile de fermer notre porte ! Mais nous sommes appelés à être un royaume de prêtres et à être les pierres d'un temple saint pour que le monde soit convié, pour qu'il voie et soit transfiguré. »

L'archevêque dit bien que, pour reconstruire cette demeure, il faut une conversion profonde. Je voudrais examiner ici la façon dont cette conversion doit concerner notre façon de se parler, dans l'Église, afin de guérir les blessures des divisions. Les mots peuvent donner la vie ou tuer, blesser ou guérir. Au commencement, il y avait la Parole de Dieu et cette Parole est devenue chair parmi nous. La façon d'user des mots est au cœur de toute spiritualité chrétienne. Dieu a chargé Adam de nommer les animaux, cela revenait à avoir part à l'acte divin de création : prononcer les mots qui amènent à l'existence. C'est l'un des principaux actes de responsabilité morale que peut connaître un être humain. Comme le dit Emily Dickinson :

> Une lèvre mortelle pourrait-elle connaître
> le poids encore caché
> d'une syllabe prononcée
> Elle en serait écrasée[1].

Évoquons d'abord les mots que nous ne prononçons pas, ce silence qui blesse l'Église. Pourquoi nous parlons-nous si peu ? Le silence a marqué nos paroles depuis l'origine. Quand Dieu est à la recherche d'Adam et Ève, après la faute, ils se cachent car ils ne veulent pas lui parler. Nous avons évoqué le silence des femmes au tombeau. On a affirmé que le silence, dans l'Église, s'était intensifié après la Guerre de Trente Ans, au XVIIe siècle.

Il nous est presque impossible d'imaginer dans toute sa brutalité l'horreur de cette guerre où les chrétiens s'en prenaient les uns aux autres avec une cruauté sans précédent. Un silence toujours plus profond fut l'un des fruits amers de cette déchirure du Corps du Christ : il y avait des

1. *Could mortal lip divine / The undeveloped freight / Of a delivered syllabe / Twould crumble at the wheight, The Complete poems*, p. 602.

choses dont on ne pouvait plus parler, aussi bien entre Églises chrétiennes qu'à l'intérieur des Églises. Un nouveau dogmatisme s'installait, tandis que dans l'Église médiévale on pouvait discuter pratiquement n'importe quoi. Stephen Toulmin, de l'université de Caroline du Sud, écrit qu'« à partir de ce moment-là, on n'eut plus aucune pitié pour ceux qui avaient fait erreur. Les engagements théologiques devinrent plus rigoureux et plus exigeants. On pratiquait moins la discussion critique des doctrines et, pour la première fois, le besoin de serrer les rangs et de défendre le catholicisme contre les protestants hérétiques fut l'occasion de rendre impossible toute réévaluation des doctrines d'une certaine importance, même par les croyants les plus fidèles et les plus convaincus. La distinction entre "dogmes" et "doctrines" a été inventée par le concile de Trente et le catholicisme de la Contre-Réforme a été plus dogmatique que n'aurait jamais pu l'être la chrétienté d'avant la Réforme, celle d'un Thomas d'Aquin par exemple[1] ».

Ainsi la profonde blessure infligée à la chrétienté, au XVIIe siècle, a provoqué un affaiblissement du débat dans l'Église. Il fallait suivre la ligne du parti, s'en tenir, en face de l'ennemi, aux formulations précises et aux positions dogmatiques. Ceux qui posaient des questions ou émettaient des doutes affaiblissaient la cause ; c'étaient des agents de l'ennemi, une cinquième colonne, des crypto-protestants. Et Toulmin montre bien qu'on trouvait le même dogmatisme du côté protestant ; il n'avait rien de spécifiquement catholique, c'était juste le début de la modernité. On peut donc admirer que, par deux fois, pour essayer de comprendre comment nous pourrons surmonter les divisions à l'intérieur de l'Église catholique, j'ai fait appel à ce que dit l'archevêque de Cantorbéry, le chef d'une Église séparée de la nôtre en ces temps douloureux.

1. *Cosmopolis : The Hidden Agenda of Modernity*, Chicago, 1990, p. 19.

Nous n'avons pas encore épuisé la question du silence. Dans la déclaration préliminaire au projet de *Catholic Common Ground*, intitulée *Called to be Catholic* (« Appelés à être catholiques »), on nous avertit qu'« à travers tout le spectre d'opinions et de points de vue dans l'Église, toutes les propositions sont soumises à un test idéologique digne d'un test de laboratoire; les idées, les journaux, les responsables doivent suivre la ligne d'un des camps, et sont regardés avec méfiance s'ils ne sont pas conformes à ce qu'on attend d'eux[1] ». La destruction de la demeure commune du christianisme européen nous a conduits, il y a des siècles, à une sorte de politique identitaire qui devrait nous empêcher de nous construire une image trop optimiste de l'Église d'avant le Concile, et cela n'a fait que s'aggraver : pour être admis, il faut montrer patte blanche. « Est-il fiable? » demanderont les catholiques de la Communion. « Est-il ouvert? » demanderont les catholiques du Royaume. Est-il l'un de nous? Cela me rappelle un texte de saint Augustin : « Les nuées du ciel nous crient de toutes parts que la maison de Dieu se construit dans l'univers entier : et les grenouilles des marais osent nous dire : Nous sommes les seuls chrétiens[2]. »

Le deuxième Concile du Vatican a cherché à briser le silence. Jean XXIII souhaitait qu'il soit un concile pastoral, non un concile dogmatique et a protesté un jour qu'un des documents proposés avait dix-sept centimètres de condamnations. On ne lui connaît qu'une seule déclaration marquée par l'infaillibilité et on raconte que, quand il s'est trouvé sur la terrasse du maître de l'Ordre, à Sainte-Sabine, il aurait dit : « C'est la plus belle vue qu'on puisse avoir sur Rome, et ça, c'est infaillible! » Mais le Concile nous a laissé beaucoup de non-dits, ou en tout cas de problèmes non résolus. C'était peut-être nécessaire et inévitable puisque le Concile

1. Sur le site web du « Catholic Common Ground ».

2. *Enarratio in Psalmum* XCV, § 11, MIGNE, p. 1234 (trad. *pro manuscripto*, Paul Murray).

devait finir un jour. Mais depuis, nous sommes hantés par ce qu'il n'a pas dit.

Le silence s'est épaissi en 1968, en réponse à *Humanae vitae*. Des prêtres qui ont exprimé leur désaccord ont été réduits au silence. Des millions de laïcs ont préféré garder le silence. Il y avait des domaines dont on ne parlait plus, même au confessionnal. L'étendue de ce qui pouvait être sujet de conversation rétrécit un peu. Le fossé s'élargit entre ce qu'on disait tout haut et ce à quoi on se contentait de penser en silence. Et puis d'autres questions, comme l'ordination des femmes, furent déclarées sans discussion possible, même si cela ne faisait que provoquer une nouvelle discussion.

Il faut bien voir que ce silence n'est pas simplement un problème de catholiques ou de chrétiens ; il est caractéristique d'un monde qui souffre depuis longtemps de l'absence d'un foyer, qui subit les traumatismes du « choc radical ». Partout, on pousse à ce que s'organisent des communautés de gens qui ont les mêmes idées. Une des formes actuelles en est le PC, le politiquement correct, qui soulève des questions trop complexes pour que nous les abordions ici. J'ai été stupéfait en entendant parler de l'indignation qu'avait suscitée un discours récent du président de Harvard ; peut-être le compte rendu fait par les journaux anglais était-il inexact, ou peut-être avait-il dit quelque chose de vraiment choquant ; en tout cas, d'après ce que j'en sais, il aurait simplement émis l'idée que les hommes et les femmes ont différents domaines d'excellence, qu'ils tendent à avoir des qualités intellectuelles différentes. Mais une telle hypothèse ne peut même pas être faite, et même dans une université, et même s'il semble qu'il ne sous-entendait pas la moindre inégalité entre les hommes et les femmes. Souvent, la discussion est interdite non pas à cause de ce qui est dit, mais à cause de ce que cela aurait pu vouloir dire, ou à cause du fait que cela aurait pu servir à soutenir une position inacceptable. Souvent, le problème, avec le politiquement correct, n'est pas tant ce que l'on dit, mais « le message qui aurait pu être envoyé »; il ne faut pas donner un « mauvais signal » : cela dénote une profonde méfiance vis-à-vis de l'intelligence des gens et c'est une façon de comprendre le langage en termes d'« unités sonores » plutôt que comme un outil subtil qui permet de chercher à comprendre.

Certes, il y a des choses qu'il vaut mieux ne pas dire : tout ce qui porte atteinte à la réputation de quelqu'un, tout ce qui nie la dignité d'un groupe – les femmes, une communauté ethnique, les pauvres – ce qui nie certains événements scandaleux comme la Shoah. Non, on ne doit pas tout dire. Mais l'Église doit certainement devenir un lieu de scandaleuse liberté où nous osons lancer des idées, mettre des hypothèses à l'épreuve, affirmer des vérités impopulaires et dire à l'Empereur qu'il est nu ou accepter qu'on nous dise que nous sommes nus. Nous ne pourrons jamais nous approcher du mystère si on ne nous laisse la joyeuse liberté des enfants de Dieu, la liberté de faire des expériences et de nous tromper et de tâtonner à la recherche de la vérité. À bien des reprises, nous avons vu que les chrétiens devraient être ceux qui continuent à poser des questions quand tous se sont arrêtés.

Le silence peut être discrétion. C'est un des traits du sage dans l'Ancien Testament : « Établis, Seigneur, une garde à ma bouche, veille sur la porte de mes lèvres », dit le Psaume (141, 3). Les mots sont si puissants qu'il ne faut pas les lancer n'importe comment. Mais le silence peut aussi être signe de mort, silence de la tombe, extinction de la parole de vie : « Les morts ne louent pas le Seigneur, ni tous ceux qui descendent au Silence » (Ps 115, 17). Nous croyons à la Résurrection, quand la Parole de Dieu a brisé le silence du tombeau, le matin de Pâques. Et nous devons oser parler.

Mais comment devons-nous parler ? Quelle peut être la spiritualité de la parole et de l'écoute ? C'est là l'ascèse et la joie qu'il y a à rencontrer des gens qui pensent autrement que nous, qui ressentent autrement, qui vivent dans d'autres univers. Nous devons tous notre vie à la rencontre de différences, puisque nous sommes le fruit de la rencontre d'un homme et d'une femme. Alors, « *Vive la différence!* », comme disait un homme politique. La différence est source de fertilité et de vie nouvelle; j'ai visité une ferme écologique au Bénin, et le frère nigérian, Nzamujo[1], qui en était le fondateur, était heureux de m'expliquer que les porcs étaient les rejetons de gros porcs blancs du Yorkshire, comme moi, croisés avec des petits porcs noirs d'Afrique, comme lui!

Une des raisons pour lesquelles la modernité est souvent stérile est qu'elle a peur des différences et cherche refuge dans la sécurité du même. La destruction de notre demeure, le choc radical, nous a rendus craintifs devant ceux qui ne sont pas comme nous, mais c'est un risque à prendre pour avoir des enfants. Est-ce vraiment une coïncidence si le taux de natalité dégringole en Occident? La différence est bien plus dure à supporter quand il s'agit de gens qui nous sont proches, des nôtres. Des bizarreries qu'on peut tolérer chez des étrangers nous sembleraient insupportables chez des gens de notre famille. Un théologien de la tendance que j'ai appelée parti de la Communion m'a avoué un jour qu'il ne pouvait supporter les idées des « libéraux » qu'en faisant comme s'ils n'étaient pas des catholiques. Pour que l'Église, elle aussi, ait des enfants, nous devrons oser l'aventure risquée et stimulante qu'est la rencontre de ceux qui pensent autrement.

Quand nous avons affaire à des adversaires, le modèle moderne typique est le tribunal. Si nous ne pouvons nous mettre d'accord, c'est la loi qui doit trancher. Le langage est celui du procès. Il n'y a de victoire que d'un seul côté. Il arrive souvent que, dans l'Église, nous aussi ayons recours à un langage de procès, qui est le contraire d'une rencontre fructueuse : et cela arrive des deux côtés. Le catholique anglais John Cornwell, connu pour ses idées libérales, a écrit un livre intitulé *The Pope in Winter : The Dark Face of John Paul II's Papacy.* Il y fait le procès du pape. Andrew Greely, dans sa recension donnée au *London Tablet*, écrit : « Cornwell a

1. Godfrey NZAMUJO est l'auteur de *Songhaï. Quand l'Afrique relève la tête*, Paris, 2002.

présenté un puissant plaidoyer contre l'actuelle administration pontificale[1]. » Les derniers ouvrages de Hans Küng, membre fondateur de *Concilium*, donnent souvent l'impression d'être sourds à d'autres positions en décrivant les opinions de « l'autre côté » en termes qui les font paraître absurdes. C'est une façon d'éviter toute discussion sérieuse avec des opinions différentes. Mais dans l'autre aile de l'Église, nombreux sont ceux qui font exactement la même chose; ils examinent les opinions en cherchant les erreurs, tout disposés à condamner comme hérétiques les gens dont les opinions sont discutables. C'est ce que John Allen appelle le « catholicisme taliban[2] ». Le cardinal Yves Congar affirmait que la première condition d'une réforme de l'Église était la *caritas*, « cet amour non affectif qui veut seulement le bien de l'autre », comme le rappelle Christopher Ruddy[3]. Il ne s'agit pas seulement du cœur, mais aussi de la tête : il faut utiliser son intelligence pour comprendre ceux qui sont différents, il faut parler et écouter de manière à créer la communion.

L'été 2004, j'ai participé au chapitre général de l'Ordre à Cracovie. Le document sur la prédication a provoqué de chaudes discussions : c'est un sujet qui est important pour les dominicains! Le texte soumis à discussion au chapitre affirmait que « nous devons apprendre l'humilité, apprendre à nous soumettre à la sagesse de l'expérience des autres et à accepter son langage, car nous, prédicateurs, recevons de cette expérience plus que nous ne donnons. Comme Dominique, nous sommes d'abord des mendiants, attendant en silence un mot de Dieu et des autres ». C'était une affirmation solide, mais certains frères, au chapitre, réagirent vigoureusement en disant qu'il fallait proclamer l'Évangile et les doctrines de l'Église, que nous avions un enseignement à donner. C'était un conflit typique entre catholiques

1. Numéro du 13 novembre 2004, p. 22.

2. « A Spirituality of Dialogue among Catholics », *Origins* 34, 15 juillet 2004.

3. « Tomorrow's Catholics », *The Christian Century*, 25 janvier 2003.

de la Communion et catholiques du Royaume. Bien sûr, le texte fut corrigé et nous sommes parvenus à un consensus à peu près irénique.

Après cela, j'ai réfléchi à tout ce qu'on aurait pu faire si on en avait eu le temps. C'était un conflit d'opinion qui aurait pu donner plus de fruit – je veux dire, on aurait pu ne pas se contenter de négocier un compromis, mais déjà essayer de comprendre pourquoi on était en désaccord. Pour cela, il aurait fallu ne pas seulement entendre les mots prononcés par les autres frères mais comprendre l'expérience qui les sous-tendait : quelle est l'histoire de leur vie, qui les pousse à avoir une autre idée de la prédication ? Certains frères avaient une longue expérience du dialogue avec l'islam ; ils savaient quelle humble et longue patience il faut pour nouer des liens d'amitié avec les fidèles d'une autre foi. D'autres, avec une expérience totalement différente, savaient ce que c'est que lutter pour survivre sous un régime communiste, en s'accrochant à la foi en dépit des persécutions ; ils savaient ce que c'est qu'oser maintenir ses convictions, au risque d'être jeté en prison. Les vies si différentes de ces dominicains leur donnaient naturellement des points de vue différents sur ce que c'est que prêcher. Il ne suffit pas d'entendre les mots prononcés, il faut encore entendre de quelle expérience ils jaillissent. Face à une simple affirmation, nous pouvons tout simplement ne pas être d'accord ; mais si nous entendons l'histoire de la vie de notre frère, notre imagination sera peut-être capable de faire le saut nécessaire pour comprendre pourquoi il tient une position différente de la nôtre et pourquoi, dans la situation qui est la sienne, cela est raisonnable.

Ludwig Wittgenstein écrit que « le sens d'un mot est la façon dont il est utilisé dans la langue[1] ». Comment l'interlocuteur utilise-t-il ce mot ? Il faut du temps et de l'attention pour le discerner : je dois comprendre le rôle que joue

1. *Philosophische Untersuchungen* (« Investigations philosophiques »), *Philosophical Investigations*, vol. I, Oxford, 1963, § 43, p. 20.

ce mot dans sa vie. Si son usage me surprend, je dois essayer de comprendre ce qui se passe, ce qu'il fait, lui, de ce mot. Quand je suis arrivé à Rome, j'ai montré un document à un dominicain américain et lui ai demandé ce qu'il en pensait. Il m'a répondu que ce n'était « pas mal[1] »; cela m'a vexé, car pour un Anglais, cela signifie que ce n'est pas très bon. Ce n'est que quand je l'ai entendu dire la même chose d'un plat de pâtes particulièrement délicieux que j'ai compris que, pour lui, l'expression n'avait pas le même sens.

Quand nous parlons de ce que nous avons au fond du cœur, nous ne parlons pas depuis un lieu neutre ; nous portons avec nous ce qui est pour nous *gaudium et spes*, victoires et défaites, tout ce qui a modelé notre vie et notre esprit. Nous habitons tous une demeure mentale, un lieu qui a une forme et des limites, avec son plan et ses signaux indicateurs. Cette demeure est notre identité, mais elle donne à chacun de nous son propre accès à Dieu, sa porte qui ouvre sur l'éternité.

Le poète irlandais Seamus Heaney, prix Nobel de littérature, écrit à partir de son expérience du pays de son enfance, l'Irlande du Nord, dont la terre, les paysages et la langue l'ont formé. Se tenant là, à cet endroit même, il aperçoit un ciel sans limites. Il écrit : « Les Romains gardaient une représentation de Terminus [le dieu des frontières] dans le temple de Jupiter, sur le Capitole et la chose remarquable est que le toit, au-dessus de l'endroit où se trouvait la statue, était ouvert sur le ciel, comme pour dire que le dieu des frontières et des limites de la terre devait avoir accès à ce qui est illimité, à toute la hauteur, la largeur et la profondeur sans bornes des cieux eux-mêmes. Comme pour dire que toutes les limites sont des maux nécessaires et que la condition vraiment désirable est le sentiment d'être sans liens, d'être roi de l'espace infini. C'est cette double capa-

1. *Quite good* en anglais : littéralement « tout à fait bon », est employé en fait pour dire « pas trop mal », mais n'est pas réellement un compliment.

cité que nous possédons, nous autres humains, la capacité de désirer en même temps la sécurité de ce qu'on connaît bien et les appels et l'enchantement de ce qui est au-delà de nous – c'est cette double capacité d'où jaillit et à qui parle la poésie. Un beau poème vous permet d'avoir en même temps les pieds par terre et la tête dans les nuages[1]. » On pourrait dire la même chose d'une bonne spiritualité. C'est d'un point particulier que l'on part en pèlerinage vers l'infini et l'universel.

Quand nous rencontrons quelqu'un de très différent, la différence est peut-être la première chose que nous remarquons : il est irlandais et pas anglais comme moi ; c'est une femme et pas un homme comme moi. C'est un jeune conservateur toutes griffes dehors et pas un vieux libéral ouvert et gentil comme moi. Mais si nous voulons vraiment entendre ce que disent les autres, nous devons nous réjouir de cette différence et y voir un bon observatoire d'où regarder le monde. Je peux me glisser sur la pointe des pieds dans leur univers, m'imaginer à l'aise chez eux, découvrir le toit ouvert et l'infini auquel il donne accès. Jésus le juif a rassemblé ses disciples en un pays particulier, à une époque particulière ; il s'est assis avec eux à une table particulière pour leur faire partager son corps et son sang, et pour ouvrir une voie vers les espaces sans limites du Royaume.

Gustavo Gutierrez et Hans Urs von Balthasar sont aussi différents l'un de l'autre qu'on peut rêver ; l'un est un homme du peuple, péruvien, de Lima, théologien de la libération et l'autre était un aristocrate suisse. Le premier est devenu dominicain sur le tard, le second a quitté les jésuites. Ils sont, l'un comme l'autre, des figures emblématiques, l'un des catholiques du Royaume, l'autre des catholiques de la Communion. Chacun vit – ou, en ce qui concerne Balthasar, vivait – sur son propre territoire ; mais ils sont, l'un comme l'autre, essentiellement des mystiques, des hommes qui ont soif du Dieu qu'on ne peut nommer. C'est une erreur de

1. *Finders Keepers : Selected Prose, 1971-2001*, Londres, 2002, p. 48.

nous tenir à l'extérieur et d'observer les limites de leur demeure ; il nous faut entrer, lever les yeux avec l'un et l'autre vers la même transcendance inexprimable en laquelle ils sont unis. Chacun occupe un territoire particulier, d'où il va vers l'infini.

Cette attention à l'autre exige que j'admette qu'il ou elle soit fermement attaché(e) à des vérités qui ne sont guère compatibles avec ce que je crois ; leurs convictions ne sont pas les miennes. Souvenez-vous de ce que disait Mgr Christopher Butler aux Pères conciliaires, *Ne timeamus quod veritas veritati noceat*, « N'ayons pas peur que la vérité puisse mettre la vérité en danger ». Aucune rencontre ne peut porter de fruit, si je n'ose, au moins pour un temps, avoir des convictions qui semblent incompatibles ; je dois oser vivre dans le provisoire, dans l'insécurité, à la recherche d'une cohérence momentanément perdue. Car, comme l'écrit William Carlos Williams,

> La dissonance
> (si vous vous y intéressez)
> mène à la découverte[1].

Quand j'ose affirmer deux vérités qui paraissent incompatibles, je suis contraint de rechercher un horizon assez vaste pour qu'elles puissent y être réconciliées. Cela veut dire que je dois me laisser entraîner au-delà de la fidélité à un parti quelconque, avec son catéchisme, par une fidélité plus fondamentale, qui est la fidélité à la vérité. Car c'est la vérité qui me rendra libre ; c'est dans la vérité que peuvent se retrouver les catholiques du Royaume et les catholiques de la Communion.

Lors de son dernier repas, Jésus dit à ses disciples : « Dans la maison de mon Père, il y a de nombreuses demeures » (Jn 14, 2) : la maison de Dieu est large et vaste.

1. *Dissonance / (if you are interested) / leads to discovery. Paterson IV*, cité par Hugh RAYMENT-PICKARD, *The Myths of Time : From St Augustine to American Beauty*, p. 1.

Cela ne veut pas dire que chacun peut croire ce qu'il veut, et que Dieu est si large d'esprit que la vérité est sans importance. Je ne peux m'imaginer Dieu disant : « Ah ! vous pensez que mon Fils a épousé Marie Madeleine ? C'est bon ! *Code Da Vinci* ou *Somme théologique*, tout ça, pour moi, c'est pareil. » La largeur de Dieu est plus intéressante que la simple indifférence.

Le bon berger mène ses brebis dans de vastes pâturages, hors des petites boîtes étouffantes dans lesquelles nous nous enfermons. Nous devons faire confiance à sa voix qui nous libère d'idéologies étroites et de vocabulaires étriqués ; nous devons inventer des façons de parler qui tendent vers la largeur de la Parole de Dieu. Comme l'a dit Robert Jenson, « Dieu peut, s'il en a envie, accueillir d'autres gens dans sa vie, sans déformer cette vie ; pour le dire aussi mal que possible : il y a de la place en Dieu[1]. » Ce qui veut dire que nous devons trouver des moyens de parler qui offrent de la place ! Faire un peu plus de place en nous-mêmes est quelque chose de douloureux. Maître Eckhart dit que cette douleur n'est pas due à Dieu : « Ce n'est pas la justice ou la sévérité de Dieu qui le rendent si exigeant à notre égard, c'est plutôt sa grande générosité, car il veut que l'âme soit assez vaste pour contenir toutes les largesses qu'il s'apprête à répandre [...]. Le prophète dit : "Dieu mène les justes par des chemins étroits jusqu'à la voie large, pour qu'ils puissent paraître en pleine lumière"[2]. »

Dans son livre *Larry's Party*, la romancière canadienne Carol Shields montre comment le langage nous est une maison dans laquelle nous pouvons vivre. Le premier mariage de Larry se brise parce que lui et sa jeune femme n'ont pas trouvé un langage qui leur permette de se rencontrer et de s'aimer. Finalement, s'ils sont réconciliés, c'est parce que leur langage est devenu assez vaste pour qu'ils puissent enfin se sentir à

1. *Systematic Theology*, vol. I, New York, 1997, p. 236.
2. Sermon soixante-neuf, cité par Paul MURRAY, « Dominicans and Happiness », *Dominican Ashram*, septembre 2000, p. 129.

l'aise l'un avec l'autre ; Larry demande : « C'était ça, notre problème ? Nous ne possédions pas assez de mots[1] ? » Shakespeare se décrivait lui-même comme un homme « qui brûlait du désir de trouver des mots nouveaux[2] ».

L'Église demeure dans l'unité parce que l'Esprit saint est au-dessus du nid et couve de nouveaux mots dans lesquels nous pouvons tous nous retrouver. Au IVe siècle, on avait deux façons incompatibles de comprendre le Christ. Pour le dire simplement, au risque de schématiser : il y avait les Antiochiens, qui avaient foi en un Jésus très humain qui, tout comme nous, réfléchissait et luttait et connaissait la tentation. Sinon, disaient-ils, qu'aurions-nous à voir avec lui ? Et il y avait les Alexandrins, qui avaient foi en un Jésus majestueux et divin. Sinon, disaient-ils, comment serions-nous sauvés ? Deux théologies, deux façons de voir le monde, deux géographies du cœur et de l'esprit, enracinées dans deux cultures très différentes : Alexandrie, héritière du monde théocratique des pharaons et Antioche, vivante cité grecque démocratique. La rencontre de ces deux théologies a provoqué toutes sortes de conflits et de tensions mais, finalement, elle a été féconde et il en est sorti la christologie de Chalcédoine au Ve siècle. Il a fallu faire plus que négocier des formulations acceptables par tous. Plus qu'une simple dispute théologique, cela a été l'entrée dans un nouveau monde théologique, plus ample – une nouvelle façon de parler dont deux traditions naguère opposées pouvaient accepter les intuitions et où elles pouvaient se sentir à l'aise.

Cette créativité théologique n'est pas simplement le fait d'avoir deux genres d'idée différents sur Jésus. Comme nous l'avons dit au chapitre VIII, comprendre les choses autrement incite à vivre autrement ; car, comme Thomas nous l'a appris, comprendre est une façon de vivre, une façon d'être vivant. La société a donc besoin de gens qui

1. Londres, 1998, p. 129.

2. Melvyn BRAGG, *The Adventure of English : the Biography of a Language*, Londres, 2003, p. 144.

réfléchissent – historiens et philosophes, hommes de science et poètes, anthropologues et psychologues – pas juste parce qu'ils sont utiles au développement économique, mais parce qu'ils renouvellent notre langage et nous aident à trouver de meilleures façons d'être humains, et donc d'avoir part à la vie de Dieu. Même les théologiens y arrivent parfois !

Pour qu'il puisse y avoir une progéniture, il faut une différence, mais pas une incompatibilité radicale. Chèvres et moutons ne peuvent avoir de petits ensemble et si des chevaux et des ânesses (ou des ânes et des juments) ont une progéniture, les petits sont stériles. L'orthodoxie est ce territoire ouvert où peut se développer une progéniture. Si l'on affirme que Jésus était un consommateur de champignons hallucinogènes ou un Martien, cela n'aura aucune fécondité. Il n'y a pas assez de points communs pour qu'une union féconde soit possible. Jusqu'à quel point deux croyants peuvent-ils être différents pour que leur rencontre soit féconde ? C'est là une question trop complexe pour que nous puissions y répondre ici. Mais on peut dire que ce qu'on doit avoir en commun, c'est finalement l'orthodoxie ; non pas pour limiter le champ de la conversation, mais pour entrer dans le terrain immense du mystère, là où nous sommes libérés du carcan de l'idéologie. C'est un très mauvais usage du vocabulaire que d'employer le terme « orthodoxe » pour signifier « de tendance conservatrice » ou, pire encore, « rigide ». L'orthodoxie, ce n'est pas la répétition mécanique et figée de formules toutes faites : cela au contraire, comme le signale Karl Rahner, peut être une forme d'hérésie. L'orthodoxie, c'est une parole sur la foi qui rend possible le pèlerinage vers le mystère. Souvent, il est difficile de discerner tout de suite si une nouvelle affirmation est une façon nouvelle d'exprimer notre foi ou si elle en est une trahison ; il faut du temps pour le savoir. Quand on demanda à Chou En-lai s'il pensait que la Révolution française était une réussite, il répondit que c'était encore trop tôt pour le savoir !

C'est un manque de courage que de se précipiter pour condamner. Quand Marie-Joseph Lagrange, o. p., fonda l'École biblique, en 1890 à Jérusalem, et commença l'étude critique de l'Ancien Testament, montrant qu'il ne fallait pas toujours le comprendre de façon littérale, la fureur du Saint-Office tomba sur lui et il fut condamné. Des années plus tard, on a reconnu ce qu'il disait comme parfaitement orthodoxe et c'est universellement accepté par l'Église catholique. La peur ne sert jamais la recherche de la vérité, et c'est la tâche de nos gardiens de la vérité de s'assurer que la panique n'empêche jamais la réflexion ; c'est à eux d'avoir le courage d'arrêter une condamnation prématurée, de s'assurer qu'on prend le temps nécessaire.

Même si quelqu'un dit quelque chose de clairement hétérodoxe, ma première réaction doit être de chercher quelle est la vérité qu'il tente d'exprimer, plutôt que de me précipiter pour condamner l'erreur. Il tente peut-être de dire quelque chose de vrai, même si la manière de le dire est fausse. Si un chrétien affirme que Jésus n'est qu'une manifestation de Dieu parmi d'autres, tout comme Krishna, je pense que c'est faux : c'est incompatible avec notre foi. Mais peut-être essaie-t-il maladroitement de dire quelque chose de vrai à quoi je dois prêter l'oreille. Noël O'Donohue décrivait un jour l'hérésie comme une « lumière prise au piège ». Il faut trouver le moyen de laisser luire cette lumière.

Tout cela exige de la patience et, si vous avez jamais essayé d'obtenir des bébés pandas, vous devez savoir que cela prend beaucoup de temps : les pandas s'ignorent pendant des années, prétendant que l'autre n'existe pas, le croisant sans même un regard. Finalement, on peut voir quelques signes qu'ils se sont remarqués, une marque d'agressivité, un grognement, une morsure en passant. Et si on a beaucoup de chance, il y aura l'espoir d'un bébé panda ; c'est pour cela que les pandas sont si rares. Les penseurs chrétiens ne sont guère plus rapides que les pandas, mais heureusement, il y en a plus.

Lors de la sixième conférence du *Catholic Common Ground Initiative*, cette année à Washington, John Allen a donné une remarquable conférence sur « la spiritualité du dialogue chez les catholiques ». J'ai eu la fierté d'y être cité et comme je ne me souviens plus du tout quand et où j'ai prononcé ces mots, tout ce que je peux faire c'est citer sa citation : « Il ne peut y avoir de dialogue que si nous prenons le temps. Il a fallu 400 ans pour qu'émerge la christologie de Chalcédoine. Si nous sommes en désaccord avec quelqu'un, comment pourrait-on progresser si on a prévu un rendez-vous de 20 minutes ? La question cruciale est celle-ci : à quoi donnons-nous ce que nous avons de plus précieux, du temps ? Dieu nous en donne un peu, 27 000 jours, en moyenne ; comment allons-nous l'utiliser ? Si l'unité de l'Église est quelque chose d'important, il faut donner du temps à ceux avec qui nous sommes en désaccord, du temps pour comprendre et nous sentir mis en question. Notre habituelle façon d'être sans cesse actifs fait que non seulement nous sommes tous trop occupés, mais que nous sommes peut-être occupés à ce qui n'est pas le plus important. »

À ce stade, on pourrait se dire que tout ça est bien sympathique, mais va-t-il se passer quelque chose ? Pour remédier à la bipolarisation de l'Église, il nous faut plus qu'une spiritualité ; il nous faut des actes. Je voudrais émettre brièvement l'idée qu'il nous faut deux choses : des lieux où ce genre de dialogue peut se dérouler et un « leadership ».

Pour procréer, les pandas ont besoin d'un entourage qui leur convienne ; ils ne veulent pas de zoos pleins de gens qui les regardent à travers les barreaux et leur tendent des bambous. Ils veulent être en liberté et qu'on ne les dérange pas. Nous avons besoin de lieux de « communication non déformée », comme dit Jürgen Habermas. Ce sont des endroits où il n'y a pas de relations intimidantes ou menaçantes pour altérer la communication, et où la dignité de tous est reconnue. Nous avons besoin de lieux où nous pouvons parler sans crainte et sans préjugés. Nous avons besoin de lieux où nous pouvons nous mettre en colère les uns contre les autres et avoir encore le temps de nous réconcilier. La *Common Ground Initiative* du cardinal Bernardin voulait faire exister un tel lieu, et il poursuit cette tâche, en dépit du rejet par un grand nombre de ceux avec qui le cardinal voulait justement dialoguer. Nous avons besoin d'autres lieux de dialogue comme celui-là. Il y a les conférences *New Wineskins*, à l'université Notre Dame, qui réunissent de jeunes théologiens moralistes de toutes tendances pour discuter de questions de morale, librement et sans peur.

Récemment, Chérie Blair, la femme du Premier ministre anglais, et, comme on le sait, militante des droits de l'homme, a organisé un débat sur le rôle des catholiques dans la vie politique. Cela a été provoqué par le fait que certains se demandaient aux États-Unis si John Kerry, le candidat à la présidence, pouvait être admis à la communion alors qu'il soutenait certaines mesures légales en faveur de l'avortement. Nous avons essayé d'organiser un débat réunissant des gens d'horizons ecclésiastiques très divers : un philosophe de Princeton membre de l'Opus Dei, un juriste écossais catholique libéral, un professeur enseignant les droits de l'homme à la London School of Economics (« Institut d'études économiques »). L'idée était de trouver une nouvelle façon de débattre, ou plutôt d'en retrouver une ancienne, la *disputatio* médiévale, dans laquelle les participants se forçaient mutuellement à penser plus clairement et, si possible, à s'entendre. Mon rôle était de récapituler, à la fin, et d'essayer de mener le débat au-delà des oppositions ; ce débat fut suivi par de nombreuses personnalités publiques catholiques qui prirent part de manière vigoureuse aux discussions. Beaucoup étaient persuadés que le débat ne pouvait que se terminer dans l'aigreur. Ce ne fut pas le cas. Cela montre que même ceux qui sont farouchement opposés peuvent se parler. L'initiative avait été prise par une laïque ; il n'y avait pas besoin d'un ecclésiastique haut placé pour faire le premier pas.

Nous avons aussi besoin d'une quantité de petites initiatives au niveau diocésain ou paroissial. Souvent, les gens se plaignent de l'Église institutionnelle, comme s'il y avait de pauvres petits individus isolés face à une vaste institution monolithique. Mais l'Église est un tissu complexe d'institutions, qui ne comprennent pas seulement la hiérarchie, mais les ordres religieux, les universités, les fraternités et associations, de nouveaux mouvements, des revues, etc. Nous avons besoin d'un grand nombre de nouvelles institutions, qui soient des lieux ouverts et des espaces où l'on puisse parler librement à des gens différents, où l'on puisse être féconds. Nous avons besoin de créativité institutionnelle.

Pour cela, nous avons besoin de ce qu'on appelle souvent un « leadership », l'action d'un chef. Je dois admettre que je déteste le mot. Dans l'Église, il n'y a qu'un seul chef, le Christ, qui nous a précédés en Galilée, selon Marc, et qui, selon l'épître aux Hébreux, est admis avant nous auprès du Père. Nous marchons à sa suite. Je n'utilise le mot que parce qu'il est tellement courant que j'espère – probablement en vain – avoir quelque influence sur l'usage qui en est fait et arriver à lui faire prendre un tour légèrement plus chrétien. On entend souvent dire qu'il y a un peu partout une crise du « leadership » chrétien. À un récent congrès, à Los Angeles, Richard Gaillardetz, théologien laïc à l'université de Toledo, s'est amusé à noter l'Église des États-Unis. Il a mis un D à ce qui concernait les structures et le leadership, et tout le monde a applaudi. On affirme volontiers que la bipolarisation de l'Église américaine est due à l'incapacité des évêques à être des hommes d'unité, à prendre soin de l'ensemble du troupeau plutôt que de soutenir un parti en aggravant la division. Que ce soit vrai ou non, ce n'est pas à moi d'en juger, mais le leadership est une tâche qui revient à tous les baptisés. Que ce soit la tâche exclusive de l'évêque est une idée bizarre et très récente. Nombre de grands réformateurs de l'Église, comme saint François d'Assise et sainte Catherine de Sienne, ou comme Dorothy Day, n'étaient nullement des évêques ; ils n'étaient pas même ordonnés : c'étaient des laïcs et souvent des femmes. Benoît, dont le pape actuel a pris le nom, n'était presque certainement pas ordonné.

La seule façon de comprendre le leadership chrétien qui me paraisse en accord avec l'Évangile est l'obligation, valable pour chacun de nous, d'oser faire le premier pas. C'est le courage de s'avancer et de risquer d'être blessé. Rabbi Hugo Gryn raconte la légende talmudique de Nachshon ben Amminadab : « Nachshon était un jeune garçon, et il se tenait, avec les siens, sur la rive de la mer Rouge. Derrière eux, les Égyptiens étaient lancés à leur poursuite ; devant eux, les eaux profondes et dangereuses. Quand Moïse ordonna aux Israélites d'avancer, ils eurent peur et hésitèrent. Mais Nachshon s'élança et ce n'est qu'à ce moment que les eaux se fendirent[1]. »

On raconte qu'alors qu'Alexandre le Grand attaquait une ville, en Asie, il s'aperçut soudain qu'il était seul ; il se tenait sur le rempart tandis que ses troupes reculaient, et se trouvait entouré d'ennemis. Il avait le choix : ou bien il sautait hors de la ville et rejoignait ses troupes faisant retraite, ou bien il sautait à l'intérieur de la ville, tout seul, et tentait de l'emporter. Il choisit de sauter dans la ville, ses troupes l'y rejoignirent et la ville fut prise. C'est vrai qu'il fut blessé et mourut. Mais il était « grand » ! S'il avait sauté de l'autre côté, on n'aurait peut-être jamais entendu parler de lui.

La parabole du « Fils prodigue » nous enseigne ce qu'est le « leadership ». Le plus jeune fils a osé faire le premier pas vers chez lui, sans attendre de savoir s'il serait le bienvenu. Le père a osé faire le premier pas vers son fils, sans attendre que celui-ci lui demande son pardon. L'un comme l'autre possède cette qualité. C'est le type de leadership qu'a souvent adopté le pape Jean-Paul II, en recherchant le dialogue avec les orthodoxes et avec les musulmans ; il a pris le risque et a souvent reçu des rebuffades. Mais ce n'est pas seulement au pape et aux évêques d'agir ainsi ; historiquement, cela a généralement été le fait d'autres gens, souvent des laïcs. La grande vertu dont nous avons besoin, dans l'Église d'aujourd'hui, est le courage de prendre des

1. *Chasing Shadows*, Londres, 2000, p. 111.

initiatives, de demander pardon, d'écouter avec attention même ceux qui condamnent. Il est plus facile et moins risqué de blâmer les autres, particulièrement la hiérarchie.

Saint Augustin disait, dans un sermon : « Vous répétez "Les temps sont troublés, les temps sont durs, les temps sont difficiles". Vivez bien et vous transformerez les temps par votre vie. Vous changerez les temps et vous n'aurez plus aucune raison de vous plaindre[1]. » Mais peut-êre aimons-nous avoir des raisons de nous plaindre. C'est moins difficile que de s'avancer en tête au risque d'être blessé. Mais l'Esprit saint nous a été donné pour que nous fassions du neuf, si nous osons. Nous pouvons édifier une Église qui sera un foyer où tous seront chez eux, où nous serons guéris du choc radical dont nous souffrons. Nous pouvons trouver de nouvelles façons de parler de notre foi et aussi redécouvrir les anciennes façons oubliées ; nous pouvons faire en sorte que des gens qui se croyaient bloqués dans une opposition stérile puissent reconnaître le foyer où ils peuvent vivre ensemble. Nous avons besoin ne serait-ce que d'un peu de la créativité de Thomas qui a su tisser ensemble des traditions qui paraissaient opposées ; de celle d'Augustin ou d'Aristote, pour que le récit que nous racontons soit neuf et ouvert. Peut-être même serons-nous plus féconds que les pandas et l'Église sera un signe plus clair de l'unité de l'humanité dans le Christ.

1. Sermon III, 9, 74.

11

Sans le jour du Seigneur nous ne pouvons vivre

Un dimanche de l'an 304, en Afrique du Nord, un certain nombre de chrétiens furent arrêtés parce qu'ils s'étaient réunis pour célébrer l'eucharistie. Quand le proconsul demanda à Emeritus, le maître de maison, pourquoi il avait autorisé ces gens à se réunir chez lui, il répondit que ces gens étaient ses frères et ses sœurs ; et alors que le proconsul insistait en disant qu'il aurait dû leur interdire l'entrée de sa maison, Emeritus répondit qu'il ne le pouvait pas « *quoniam sine dominico non possumus* », ce que celui qui était alors le cardinal Ratzinger traduisit ainsi : « parce que sans le jour du Seigneur, nous ne pouvons vivre ». Et il commente : « Pour eux, ce n'était pas une question de choix entre *un* précepte et *un autre*, mais un choix entre tout ce qui donne sens et consistance à la vie et une vie dépourvue de sens[1]. » La célébration du jour du Seigneur devrait donc contribuer à nous éclairer sur la différence que la foi chrétienne fait sur une vie.

Dans *Law, Love and Langage*, Herbert McCabe écrivait que le commandement du sabbat et l'interdiction de tout

1. « The Meaning of Sunday », *Communio*, printemps 1994, p. 7.

travail « vise l'idolâtrie du travail. Tout comme les autres idoles, qui sont "faites de main d'homme", le travail peut toujours devenir une idole, un moyen d'aliénation [...]. Le sabbat est là pour vous empêcher d'être complètement absorbé par le désir de succès, pour vous empêcher de devenir esclave de la productivité et du profit[1] ». Dans un monde dans lequel beaucoup trouvent dans le travail le sens de leur existence, ce qu'on fait en dehors du travail n'a pas beaucoup d'importance : on ne travaille pas pour pouvoir se reposer, à un moment donné ; on se repose pour pouvoir se remettre au travail ; et ce qu'on fait pendant son temps libre, son sabbat, n'a pas d'importance à condition qu'on puisse reprendre le travail, le lundi matin, en bonne forme. Je cite encore McCabe : « Pendant son temps de travail, un homme doit faire ce qu'on lui dit, mais pendant son temps de loisir (son non-travail) il est libre de faire, de croire, de lire ce qu'il veut, de rendre un culte à qui il veut ; il n'y a de règles que dans la mesure où cela aurait une incidence sur son travail. [...] Dans cette société, la culture tend à devenir une affaire privée, et parce qu'elle est gratuite et libre, elle est aussi considérée comme sans grande valeur, en tout cas on pense qu'elle ne vaut pas d'être contrôlée. Les philosophes, les scientifiques, les romanciers et les théologiens n'ont pas besoin de se sentir responsables de ce qu'ils disent, vis-à-vis de la communauté, car personne ne les prend très au sérieux[2]. »

Joseph Pieper, dans son superbe petit livre *Leisure, the Basis of Culture*, écrit qu'il nous faut redécouvrir les priorités de toute société civilisée. Le mot grec pour travail, *ascholia*, signifie « pas-loisir » *(scholia)*, tout comme le mot latin pour « affaire, occupation », *negotium*, vient de *neg-otium* qui a le même sens (« pas loisir »). Nous devons donc nous libérer d'une barbare éthique du travail, pour laquelle notre emploi, si nous avons la chance d'en avoir un, est le centre de notre

1. P. 119 s.
2. *Ibid.*, p. 156, 158.

vie, et notre temps libre n'est que le moment où il se trouve que nous ne travaillons pas. Le sabbat nous invite à dépasser l'idolâtrie du travail et à adorer le vrai Dieu, en toute liberté.

Pieper a écrit son livre en 1948, alors que l'Allemagne tentait de se reconstruire après la guerre, et le livre de Herbert McCabe a été publié en 1968 ; ce qu'ils écrivent est toujours d'actualité. Pour la plupart des êtres humains, le travail est encore un fardeau et un esclavage, mais il se peut qu'en ce nouveau millénaire le travail commence à prendre un autre sens. La vieille éthique du travail qui dominait la vie de nos ancêtres est en train de perdre du terrain et une nouvelle façon d'envisager le travail se fait jour, plus ou moins rapidement selon les endroits. Même si cela n'affecte encore qu'une minorité, nous sommes invités à discerner une dimension supplémentaire au repos du sabbat.

Au chapitre VIII, j'ai fait référence à la thèse de Bauman, selon laquelle le capitalisme est entré dans une phase nouvelle ; nous laissons derrière nous le monde du « fordisme », avec sa relation stable et durable entre capital et travail. Dans le monde de ce qu'il appelle une « modernité liquide », l'économie ne concerne plus tant la production de biens lourds que la mise sur le marché d'idées, d'images, d'informations, de symboles et de marques. Il n'y a plus de garantie d'emploi à vie mais des contrats à court terme, et s'il y a la moindre difficulté, le capital se déplace pour employer des ouvriers qu'on paiera moins et qui seront plus dociles. Chaque fois qu'on prend un vol longue distance avec British Airways, le réseau de télévision interne commence son programme par une publicité pour l'Agence galloise de développement. On voit des hommes d'affaires américains ou japonais heureux, expliquant comme il est satisfaisant de construire des usines au pays de Galles. J'ai vu ça je ne sais combien de fois, en attendant le premier apéritif. Mais on ne vous parle pas de toutes les usines étrangères qui ont été fermées au pays de Galles, après avoir reçu d'énormes subsides du gouvernement, pour s'installer dans des endroits comme le Mexique ou l'Indonésie.

Dans notre nouveau monde liquide, les puissants sont ceux qui sont le plus mobiles et qui peuvent déplacer leur capital là où il va fructifier. Bauman les appelle les nomades. Jusqu'à présent les nomades ont campé autour des centres industriels et se sont efforcés d'y pénétrer. Aujourd'hui, ce sont eux qui commandent. Ils ont juste besoin d'un ordinateur portable et d'un téléphone mobile. Ils voyagent légers. De plus en plus de compagnies, comme Nike, n'ont même pas besoin de posséder d'encombrantes usines ou d'employer des ouvriers : ils font faire cela par d'autres. Ils possèdent la marque et les idées. Nous vivons dans ce que Diane Coyle appelle « le monde qui ne pèse rien[1] ».

Ainsi, dans le monde de la modernité liquide, le travail acquiert-il un sens nouveau. Bauman écrit : « Le travail n'offre plus cet axe sûr qui permettait de se définir et autour duquel pouvait s'organiser le projet de toute une vie. Il ne peut plus être non plus le fondement éthique de la société ou l'axe éthique d'une existence[2]. » Du coup, l'arrêt du travail et la célébration du sabbat peuvent, eux aussi, revêtir un sens nouveau. Je voudrais examiner deux aspects de cette toute nouvelle façon d'envisager le travail, d'abord en observant comment la rupture de la dépendance mutuelle du capital et du travail produit l'insécurité et la perte de confiance dans l'avenir, et comment cela altère notre façon de comprendre le sabbat. Ensuite j'examinerai la transformation du travail en une forme de distraction, pour voir quelles en sont les conséquences sur la possibilité de « se reposer dans le Seigneur ».

« On ne plante pas un citronnier si on veut un jus de citron ».

L'Américain moyen a onze emplois au cours de sa vie. En Europe, aujourd'hui, nombreux sont ceux qui vivent et

1. Voir *The Weightless World : Strategies for Managing the Digital Economy*, Cambridge (Mass.), 1997.

2. *Liquid Modernity*, p. 19.

meurent sans en avoir eu un seul. Je cite Bauman de nouveau : « Un emploi sûr dans une entreprise sûre semble nous renvoyer à ce dont rêvaient nos grands-parents. Il n'y a plus beaucoup de compétences ou d'expériences qui puissent vous garantir qu'on vous offre un emploi et que l'emploi offert sera de longue durée. Personne ne peut raisonnablement se croire assuré contre la prochaine "réduction", "restructuration" ou "rationalisation" ; contre les mouvements imprévisibles du marché ou contre l'irrésistible pression, capricieuse mais inexorable, de la "compétitivité", de la "productivité" et de l'"efficacité". La flexibilité est le maître mot aujourd'hui. Cela nous prédit des emplois sans sécurité, sans engagement ferme ni titularisation prévue, n'offrant que des contrats à durée déterminée, avec des licenciements sans préavis et sans indemnités[1]. »

Le fordisme était édifié sur une dépendance mutuelle du capital et du travail. Ce qui comptait d'abord, c'était que les gens produisent, et pour produire efficacement on avait besoin de sécurité. La modernité liquide est fondée sur la dépendance mutuelle du capital et des consommateurs, et tout ce dont le consommateur a besoin, c'est d'argent. Une entreprise peut perdre ses ouvriers, elle en engagera d'autres, mais elle doit conserver ses consommateurs. Comme le disent Don Peppers et Martha Roger : « Tous vos produits sont éphémères ; seuls vos clients sont réels[2]. » Les entreprises doivent avoir une sorte de brevet de relation durable, mais dans le monde de relations fragiles et transitoires dans lequel nous vivons, la relation d'une entreprise avec un client pour la durée de sa vie est ce qui s'approche le plus de la stabilité.

L'emploi est si instable que même la vieille solidarité syndicale se dissout. Il y a si peu de sécurité que le plus important est de garder son travail et de ne pas faire de vagues. À

1. *Ibid.*, p. 161.

2. Cité par Jeremy RIFKIN, *The Age of Access : How the Shift from Ownership to Access is Transforming Modern Life*, Londres, 2000, p. 97.

la maison comme au travail (au moins jusqu'à la retraite), l'ancien contrat à vie n'existe plus. Dès que le capital a repéré une meilleure chance ailleurs, il se déplace ; même au Japon, la tradition de la loyauté envers son entreprise disparaît peu à peu. Les gens sont des pions dont on peut disposer, des pièces de rechange qu'on peut placer ou enlever, comme on le ferait de pièces d'une voiture ou d'une machine à laver. Le monde du travail est donc devenu un lieu de grande insécurité et le métier a perdu le rôle qu'il avait pour définir une identité et modeler toute une existence.

Pour Nicholas Boyle, « le concept de vocation, de métier – ou de tâche – pour la durée d'une vie, définissant en grande part ce qu'est une personne, perd de la valeur et est rejeté. Nous dirons peut-être encore "Elle est imprimeur" ou "il est professeur", mais ce que nous voulons dire, et ce que nous dirons, de plus en plus souvent, dans l'avenir c'est "elle travaille en ce moment dans l'imprimerie", "il a un contrat de trois ans pour enseigner". La question "que fait-il ou que fait-elle de façon permanente ?" ne se pose plus : même le genre n'a plus d'importance ; car pour le marché, tout ce qui compte c'est ce que peut révéler l'indicateur de performance sur l'unité de production qu'il/elle représente[1] ».

J'ai rencontré à Atlanta un homme qui m'a dit avoir commencé sa vie professionnelle comme jardinier, puis il est devenu entrepreneur de pompes funèbres ; après quoi il est entré dans la publicité, maintenant, il travaille comme informaticien pour la Fédération nationale du clergé. Il y a peu de relations figées dans le monde de la modernité liquide. Une vocation, que ce soit pour être prêtre, ou religieux, ou pour se marier, ou pour pratiquer un métier, est contraire à cette tendance. Elle témoigne de l'espérance que notre vie, dans sa totalité, peut avoir un sens. Je ne me contente pas de faire des choses ; je suis appelé à être quelqu'un et ma vocation est, pour une part, une façon de dire qui je suis.

1. *Who Are We Now ? Christian Humanism and the Global Market from Hegel to Heany*, p. 79.

Que peut signifier, dans ce contexte sans consistance, de célébrer le sabbat et de se reposer dans le Seigneur ? Pour Ézéchiel (20, 19-20), le sabbat est un signe d'alliance, un signe de la fidélité de Dieu envers son peuple : « Je suis le Seigneur votre Dieu. Conduisez-vous selon mes lois, observez mes coutumes et pratiquez-les. Sanctifiez mes sabbats ; qu'ils soient un signe entre moi et vous, pour qu'on sache que je suis le Seigneur votre Dieu. »

Il n'est pas surprenant que les Juifs, qui ont connu, plus que tout autre peuple, une insécurité radicale aient développé une théologie du sabbat comme signe de l'union entre Dieu et son peuple. Alors qu'ils subissaient expulsions et pogromes, alors qu'ils étaient chassés d'Espagne, d'Angleterre, de Russie et d'Allemagne, le sabbat célébrait un des piliers sur lesquels reposait la sécurité, l'alliance avec Dieu. Le sabbat est la Fiancée d'Israël, le signe de la fidélité éternelle de Dieu. Comme l'a écrit Bialik, « quand le Saint – béni soit-il – eut fini son œuvre de création, ce fut le sabbat qu'il introduisit dans son univers, "afin que le dais nuptial qui venait d'être érigé ne reste pas sans une fiancée". Pour ce Sabbat, qui était la merveille chérie entre tous ses trésors par le Saint – béni soit-il –, il n'a pas trouvé d'autre partenaire qu'Israël, qui forme avec lui un couple parfait[1] ».

Il y a trente-quatre ans, McCabe voyait le sabbat comme notre façon de protester contre l'idolâtrie du travail, et de refuser d'y trouver notre identité. C'est peut-être encore le cas pour un certain nombre de gens, mais cette forme d'idolâtrie perd du terrain. De plus en plus, le caractère mouvant de notre société empêche les gens de se définir eux-mêmes en termes de métier ; le travail est devenu plutôt source d'insécurité et l'arrêt du travail pourrait bien devenir la célébration de ce qu'il y a de plus solide dans un monde liquide et peu sûr – les noces de Dieu et de l'humanité, en Christ.

1. Cité par Michel SALES, « The Fulfilment of the Sabbath from the holiness of the seventh day to God's resting in God », *Communio*, printemps 1994, p. 29.

Comment pouvons-nous inscrire cette fidélité dans nos célébrations du jour du Seigneur? Les paroisses sont souvent des communautés transitoires, tandis que les gens se déplacent à travers le pays à la recherche d'un emploi, prenant leur bicyclette, comme le leur a dit le gouvernement de Mme Thatcher, pour partir chercher une bonne école ou une maison au prix abordable. Comment pouvons-nous être des signes de l'éternelle fidélité de Dieu?

Sans aucun doute, l'obligation de la messe du dimanche est un signe de cette fidélité. On y voit généralement une contrainte qui pèse sur notre liberté, une règle à laquelle il faut obéir, imposée d'en haut par « les autorités »; on y voit la marque du légalisme catholique, de son habitude de tout réglementer, en disant aux gens ce qu'ils doivent faire. Ne pourrait-on y voir, au contraire, un signe de notre appartenance stable, dans ce monde en mouvement? Nous sommes obligés de célébrer l'anniversaire de notre mère, mais on ne peut guère voir cela comme une contrainte : c'est l'expression des liens qui nous rattachent à notre mère; ce n'est pas une obligation extérieure, comme l'interdiction de rouler à plus de 50 kilomètres à l'heure en zone urbaine, c'est une façon d'exprimer ce que l'on est.

Obligation et religion viennent toutes les deux d'une racine qui signifie « être lié ». Les obligations disent que nous sommes enracinés dans des relations durables avec les autres; elles sont autant de signes de cette fidélité persistante où nous puisons des forces et où nous trouvons notre identité.

Le Décalogue, tel qu'on le trouve dans le Deutéronome, lie directement le sabbat à la libération de la servitude : « Tu te souviendras que tu as été en servitude au pays d'Égypte et que le Seigneur ton Dieu t'en a fait sortir d'une main forte et d'un bras étendu; c'est pourquoi le Seigneur ton Dieu t'a commandé de garder le jour du sabbat » (Dt 5, 15). Israël est libéré des liens de l'esclavage pour être maintenant lié à son Dieu; toutefois ces liens ne sont pas une servitude, mais une demeure. C'est ce mouvement d'une sorte de liens à l'autre qu'évoque le prophète Osée, quand il écrit :

> Quand Israël était jeune, je l'aimai,
> et d'Égypte j'appelai mon fils.
> Mais plus on les appelait, plus ils s'écartaient de moi ;
> aux Baals ils sacrifiaient,
> aux idoles ils brûlaient de l'encens.
> Et moi j'avais appris à marcher à Éphraïm,
> je le prenais par les bras,
> et ils n'ont pas compris que je prenais soin d'eux !
> Je les menais avec des attaches humaines,
> avec des liens d'amour ;
> j'étais pour eux comme ceux qui soulèvent un nourrisson
> tout contre leur joue,
> je m'inclinais vers lui et le faisais manger. (11, 1-4.)

Israël est libéré de la servitude d'Égypte, pour faire sa demeure dans les « attaches humaines et les liens d'amour ». Je me souviens comment, lorsque j'étais enfant, en vacances avec mes parents, la première chose que nous devions faire en arrivant sur notre lieu de vacances était de trouver l'église catholique la plus proche et les heures de messe. Dans ce monde liquide en constante dislocation, cette obligation est sûrement une façon d'exprimer notre appartenance. Où que nous soyons, nous avons le droit d'aller à l'église paroissiale et d'y prendre place parmi ces étrangers qui sont nos frères et nos sœurs. Pour nous, les exilés du Royaume, toute eucharistie est un signe qui nous parle de la maison. Nous sommes chez nous en toute célébration du sacrement. Quand j'étais maître de l'Ordre, et que je passais huit mois de l'année à visiter les frères et les sœurs de plus de cent pays, où que je me trouve, l'eucharisie quotidienne était le moment où je me sentais accueilli à la maison.

Richard Sennet pense que « les formes d'association transitoires sont plus utiles aux gens que les liens durables[1] »

1. Cité par BAUMAN, *Liquid Modernity*, p. 149.

et c'est ce qui a mené en Europe à une religion que Grace Davie décrit en parlant de ceux qui « croient sans faire partie[1] », sauf en Scandinavie où c'est apparemment le contraire ! Nous sommes des consommateurs qui peuvent trier et choisir entre plusieurs paroisses, et même entre des dénominations et des religions, dans le grand supermarché religieux. Les Églises doivent gagner notre adhésion, semaine après semaine, si elles veulent obtenir leur brevet de relation durable. Dans ce contexte, l'obligation du dimanche pourrait bien n'être ressentie ni comme du légalisme, ni comme une pression autoritaire empiétant sur ma liberté ; c'est le signe que je peux trouver une sécurité en me fondant sur Dieu qui est uni à son peuple. Dieu, dans le Christ, s'est lié à l'humanité, cela me permet d'appartenir à l'humanité en Dieu. Il est peut-être vrai que, comme le dit Sennet, les formes transitoires d'association me sont plus utiles. Mais, dans la religion, on est appelé à dépasser la considération de ce qui est personnellement utile, pour aller vers celui qui est la mesure de toute utilité, Dieu. Ma vie est peut-être orientée dans une multiplicité de directions, commandées par des intérêts et des goûts divers, mais la messe du dimanche met en lumière une orientation récurrente de mon existence : mon avancée vers Dieu, mon retour à la maison. Le sabbat nous rappelle la raison d'être de tout, qui est la raison d'être chrétien.

« Va jouer ».

Pour des millions de gens, le travail est une chose pénible qui détruit la joie de vivre, c'est une dure fatigue. Pour eux, bien sûr, le sabbat est toujours le moment de lâcher les outils et de se reposer, comme Dieu, au septième jour, après avoir terminé la création. Les voisins d'Israël avaient, eux aussi, leur récit de création qui racontait que les êtres humains étaient faits pour servir les dieux. Les dieux pouvaient se

1. *Religion in Modern Europe : A Memory Mutates*, p. 3.

prélasser sur des canapés confortables, en sirotant leur vin et en respirant la fumée des sacrifices, tandis que les humains devaient peiner et s'assurer qu'ils ne manquaient de rien.

Selon l'*Épopée de Gilgamesh*, dont les Israélites devaient avoir eu connaissance pendant leur exil à Babylone, les petits dieux avaient fait ce travail – servir les grands dieux – jusqu'au jour où ils en avaient eu assez et s'étaient mis en grève ; ils se plaignaient d'un horaire de travail et de conditions de vie insupportables, alors les grands dieux ont fait les êtres humains, pour que les petits dieux puissent, eux aussi, se détendre. Être un dieu, c'était se reposer ; être un humain, c'était être un esclave. Alors quand le récit biblique a raconté que Dieu nous invitait à partager son repos, c'était comme si un homme riche avait dit à son domestique de s'arrêter de servir à table et de venir s'asseoir à côté de lui pour boire un verre. Le sabbat était le signe que nous ne sommes pas des esclaves, ni du travail, ni d'un autre être humain, ni même de Dieu. Le sabbat était le signe de la dignité de tout être humain, que Dieu a appelé à partager sa vie. L'érosion de l'institution du jour hebdomadaire commun de repos montre que notre société ne reconnaît pas non plus la dignité commune ; nous continuons à consommer et à produire, sans nous interrompre. Il y a un proverbe russe qui dit : « Le travail ne vous rend pas riche, il vous rend courbé. » Le sabbat nous appelle à nous relever, à nous tenir droits, *homo erectus*.

Pour quelques jeunes, le sens du travail est autre : ils y voient une forme de passe-temps. Alors que leurs parents allaient travailler, eux vont se distraire. Et c'est vrai que nous sommes tous des « joueurs » sur ce terrain de jeu de qualité inégale. Jeremy Rifkin écrit que la jeune génération, les « protéens » comme il les appelle, appartiennent à « un monde plus théatral qu'idéologique et plus volontiers orienté vers un ethos du jeu que vers un ethos du travail[1] ». Si Ford

1. *The Age of Access : How the Shift from Ownership to Access is Transforming Modern Life*, p. 12.

était l'industrie emblématique du vieux capitalisme solide, Hollywood est celle du nouveau. Le *show business* occupe toute la place. « L'économie est en train de se transformer, d'usine géante qu'elle était en grand théatre[1]. » En partie parce que la prétendue « production culturelle » est devenue la principale industrie d'Occident ; aux États-Unis, elle a pris la place de la Défense comme employeur numéro un ; mais tous les types de production se conforment au modèle qu'offre Hollywood. Je cite Rufkin de nouveau : « Alors que le capitalisme dans sa phase de manufacture se caractérisait par le produit, dans sa phase culturelle, il se caractérise par le spectacle. » Le consultant en organisation Tom Peters prétend que « c'est à peine exagéré de dire que *tout le monde* se lance dans le domaine du divertissement ». Il est vrai qu'il n'y a sans doute encore qu'un petit pourcentage de gens qui voient le travail en ces termes, surtout des jeunes et plutôt en Occident, mais c'est peut-être le signe de ce que sera l'avenir de la plus grande partie de l'humanité. La théorie du jeu se répand rapidement et nous donne des jeux vidéo de plus en plus complexes, qui absorbent une grande partie du temps de millions de jeunes, même en Chine. La théorie du jeu ne concerne pas seulement les enfants qui ont du temps à perdre ; elle intéresse les philosophes, les pédagogues, les consultants en organisation et les stratèges militaires. Tout le monde s'y met.

Dans ce nouveau monde, aller faire des courses ce n'est pas d'abord acheter des choses ; c'est prendre part au « grand théâtre du commerce ». Les grands centres commerciaux de maintenant sont des lieux de distraction, où l'on peut faire des expériences intéressantes, où l'on peut vivre dans des mondes imaginaires et jouer avec la réalité virtuelle. Aux États-Unis, on les considère comme des centres récréatifs[2]

1. *Ibid.*, p. 164.

2. On parle de « destination entertainment centers », voir *The Age of Access : How the Shift from Ownership to Access is Transforming Modern Life*, p. 158.

et la permission ou l'interdiction d'entrer dans ces univers ludiques provoque de plus en plus de tension : ce sont désormais des espaces privés, gardés, d'où les pauvres sont exclus. Ils risqueraient de gâcher le plaisir.

Il serait trop long d'étudier les causes de ce phénomène, mais un des éléments est sûrement la perte de confiance en un avenir de l'humanité. La génération du tout, tout de suite ne rêve plus de faire le paradis sur terre. L'éthique du travail de l'ancien capitalisme était fondée sur le délai avant la récompense. Je cite de nouveau Bauman : « Dans le monde du "délai avant la récompense" la procrastination [littéralement, le fait de remettre à demain, *cras* en latin] place le labour et les semailles au-dessus de la moisson et de la consommation des récoltes, l'investissement au-dessus du rapport, les économies au-dessus des dépenses, le renoncement au-dessus de la satisfaction. Économisez, car plus vous économiserez, plus vous pourrez dépenser. Travaillez, car plus vous travaillerez, plus vous pourrez consommer[1]. »

Mais la perte de confiance en un avenir transforme ce que nous entendons par travail. Ce n'est plus une contribution au progrès de l'humanité et, par là, une obligation morale. C'est simplement ce qui rend possible la vie à l'instant présent. Pour la génération du tout, tout de suite, pourquoi y aurait-il un délai avant la récompense ? Mangez et buvez et soyez joyeux, car demain vous mourrez, ou du moins, vous serez peut-être au chômage. Le travail ne peut plus structurer votre vie, vous donner une identité et vous promettre un avenir. C'est le moment de jouer, tant que vous le pouvez : qui sait ce qui vous attend ?

Que peut signifier la célébration du sabbat dans une société comme celle-là ? Quel sens cela peut-il avoir de ne pas travailler quand le travail est compris de plus en plus comme une sorte de jeu ? Nous avons commencé avec Emeritus et ses amis, qui furent condamnés à mort, en Afrique du Nord, en 304, pour avoir observé le sabbat : « Sans le jour du

1. *Liquid Modernity*, p. 158.

Seigneur, nous ne pouvons pas vivre. » Cent ans plus tôt, en 203, aussi en Afrique du Nord, on avait également arrêté et condamné à mort deux jeunes femmes, Perpétue et Félicité, avec leurs compagnons, parce qu'ils étaient chrétiens. On avait prévu de les jeter aux bêtes, les hommes devaient être livrés aux léopards et aux ours. Comme Perpétue et Félicité étaient des femmes, on leur avait destiné une génisse enragée. Ils étaient tous utilisés pour la distraction la plus populaire de l'Empire romain – cet espèce de « Big Brother » du IIIe siècle.

Peu de temps avant leur mort, l'un des compagnons eut une vision : ils montaient tous au ciel, qui est décrit un peu comme un jardin anglais, avec des fleurs et des buissons, et ils étaient accueillis par les anges qui s'écriaient « ils sont là ! Ils sont là ! » et un ancien leur disait : « *Ite et ludite* », « allez jouer »; Perpétue affirmait : « Je suis plus heureuse ici que je ne l'étais dans la chair[1]. » Il y a ici un contraste évident entre les jeux auxquels on va se livrer, en bas, dans le cirque, où Perpétue et Félicité jouent le rôle de victimes, et les jeux auxquels elles vont jouer, au ciel : les jeux du cirque sont un écho déformé des jeux véritables.

Se pourrait-il que dans notre société où le spectacle, le *show business*, a envahi le monde du négoce, cette explosion de la distraction soit une vague nostalgie de la promesse chrétienne du paradis, où, comme le dit Jérémie, « ils seront comme un jardin bien arrosé, ils ne languiront plus. Alors la vierge prendra joie à la danse, et, ensemble, les jeunes et les vieux » (31, 12-13) ? Pour une génération qui a perdu espoir en un paradis, Disney Land serait-il le dernier écho de nos rêves ? Nous avons remplacé l'espérance par l'imaginaire et l'eschatologie par la réalité virtuelle !

L'une des différences entre le vrai jeu et sa contrefaçon pourrait résider dans le caractère réciproque : au cirque, les gens sont distraits par le spectacle de Perpétue et Félicité se

1. Voir *The Acts of the Christian Martyrs*, trad. Herbert Musurillo, Oxford, 1972, p. 121.

faisant dévorer par des bêtes sauvages ; ils sont spectateurs : ils se tiennent sur le côté, observent et s'en vont. Cela contraste avec le paradis où il y a réciprocité, où nous verrons et serons vus. Comme le dit saint Paul : « À présent, je connais d'une manière partielle; mais alors, je connaîtrai comme je suis connu » (1 Co 13, 12).

Pour tout le monde, sauf peut-être pour ceux qui sont riches et célèbres, la distraction consiste à être spectateur : nous regardons des écrans de télévision, des écrans de cinéma, des écrans d'ordinateur; nous regardons, mais personne ne nous regarde. Il est vrai que les ordinateurs sont de plus en plus interactifs, mais nous pouvons choisir exactement ce qui sera vu de nous. Une chose n'est réelle que si elle est sur l'écran, la télévision procure l'existence. Comme l'écrit Jean Baudrillard : « Nous vivons aujourd'hui dans le monde imaginaire de l'écran, de l'interface [...] et du Net. Toutes nos machines sont des écrans; nous sommes, nous aussi, devenus des écrans [...]. Nous vivons déjà dans une hallucination "esthétique" de la réalité[1]. »

Le spectateur est celui qui n'est pas vu et qui est donc invulnérable. Cela peut prendre la forme de la cruauté des spectateurs dans les jeux romains, eux qui regardent tranquillement Félicité, Perpétue et leurs compagnons se faire dévorer, ou cela peut être l'invulnérabilité du voyeur, qui peut regarder tranquillement un spectacle pornographique sans risque qu'on l'observe. Comme le dit Susan Griffin : « Par-dessus tout, le *voyeur* doit regarder, mais non ressentir ; il reste à distance respectueuse, il ne sue pas et ses photos ne sont pas brillantes de transpiration; la réalité ne l'atteint pas. Et pourtant, dans sa tête, il peut croire posséder la réalité car il exerce un contrôle sur ces images qu'il fabrique et il les modèle à sa guise[2]. » Les terribles images d'humiliation

1. Cité par RIFKIN, *The Age of Access : How the Shift from Ownership to Access is Transforming Modern Life*, p. 197.

2. *Pornography and Silence : Culture's Revenge against Nature*, Londres, 1981, p. 122.

sexuelle des prisonniers d'Abu Ghraib montrent bien que pornographie et cruauté coïncident.

La promesse du sabbat est celle d'un autre regard. Nous regarderons Dieu et nous reposerons dans son regard. Siméon vient au Temple, il voit l'Enfant Jésus et trouve son repos : « Maintenant, Souverain Maître, tu peux, selon ta parole, laisser ton serviteur s'en aller en paix; car mes yeux ont vu ton salut, que tu as préparé à la face de tous les peuples, lumière pour éclairer les nations et gloire de ton peuple Israël » (Lc 2, 29-32). C'est une petite anticipation de la vision béatifique.

Alors nous serons vus également. Le spectateur n'aime pas la visibilité et, quand il ou elle est vu, il choisit quel visage il va présenter au monde. Comme je l'ai dit au chapitre IV, nous les chrétiens, nous avons l'espérance que nous connaîtrons le repos dans le regard de Dieu. Rowan Williams affirme que c'est un regard totalement libérateur, parce que c'est le regard du créateur avec qui il ne peut y avoir ni rivalité ni compétition. Dieu est « l'Autre qui n'est pas en compétition, avec qui je n'ai pas à discuter; l'Autre au-delà de toute violence, le regard qui ne peut être fui ou détourné, mais qui ne cherche nul avantage[1] ». Il fait remarquer que les icônes orthodoxes sont faites non pas tant pour qu'on les regarde, mais pour nous regarder; elles nous enveloppent dans leur regard miséricordieux. Il poursuit : « Celui qui regarde les icônes est invité à cesser d'être quelqu'un qui observe un phénomène statique : la grammaire du tableau insiste sur son activité, sur sa façon de "peser" sur celui qui regarde, faisant rayonner la lumière plutôt qu'il n'en reçoit, rassemblant et dirigeant son énergie plutôt qu'il ne la laisse se diffuser à partir d'un invisible point de convergence. Ceci trouve sa plus parfaite expression dans la façon dont le peintre d'icônes peint les yeux du Christ ou des saints (aucun saint n'est jamais montré de profil) : tandis que la perspective "pèse" sur celui qui regarde, les yeux du personnage de

1. *On Christian Theology*, p. 186.

l'icône agissent, cherchent, invitent. Savoir regarder une icône, accepter la discipline de leur "lecture", c'est posséder l'étrange capacité à se laisser être vu, être lu[1]. »

Notre espérance est donc que nous pourrons nous reposer dans une réciprocité des regards, en voyant et en étant vu. J'aime particulièrement la *Madone avec le Chanoine van der Poele* du musée Groeninge à Bruges : le chanoine a retiré les lunettes dont il se servait pour lire un livre et, de ses yeux dénudés, il regarde l'Enfant Jésus. Il vient juste de passer de la façon moderne typique de regarder, comme on regarde un livre avec des verres, à un autre regard, celui qu'il jette sur son Seigneur qu'il peut voir à l'œil nu. Jésus est tourné vers lui et le regarde en retour, avec une intensité extraordinaire. La Madone regarde, elle aussi, le chanoine, comme si elle venait appuyer la rencontre mutuelle. Elle tient Jésus de telle manière que l'enfant peut regarder l'homme et elle le regarde elle-même. Sur la droite, il y a saint Georges, qui fait la présentation officielle du chanoine ; saint Georges désigne le chanoine, mais regarde l'enfant. Et sur le côté, il y a saint Donatien qui observe la scène. Tout le tableau est donc comme tissé par ces regards entrecroisés, qui se concentrent sur l'enfant. L'Enfant Jésus ouvre un espace où chacun peut librement reposer dans le regard de l'autre.

Qu'est-ce que cela nous suggère donc, sur notre célébration du sabbat ? Les communautés modernes sont souvent celles d'un spectacle partagé : les gens forment une communauté temporaire en regardant quelque chose ensemble ; ils sont unis en étant les spectateurs du même événement, que ce soit un opéra ou un match de football. C'est ce que Zygmunt Bauman appelle les « communautés du vestiaire » ou les « communautés du carnaval ». Quand le spectacle est fini, vous retournez au vestiaire, vous remettez votre habit de tous les jours au-dessus des habits de fête, de l'élégante tenue de soirée, et vous êtes de nouveau perdu dans la masse.

1. *Lost Icons*, p. 185.

L'état de spectateur dissout les liens profonds entre les membres d'une communauté, c'était essentiellement cela que Marx reprochait au christianisme. Est-ce à cela que ressemblent nos eucharisties ? Un bref spectacle où l'on se retrouve dans le chant des cantiques, dans le sourire provoqué par les plaisanteries du prédicateur, dans la rapide collation qui suit, avant de retourner à sa froide solitude ?

Notre repos en Dieu, nous ne le voyons certainement pas d'avance comme une simple interruption du travail, mais comme une certaine qualité de présence mutuelle. Nous avons besoin de moments de loisir, où nous pouvons être sereinement nous-mêmes, sans fard, devant Dieu et aux yeux de ceux que nous aimons. Cela prend du temps de se mettre à nu, de se laisser voir dans sa complexité et ses contradictions. On ne peut pas se dévoiler en un instant ; il nous faut des moments de sabbat ensemble, avec notre famille, avec nos amis ou notre communauté religieuse, des moments où nous pouvons accepter d'être vus parce que nous avons confiance en la bienveillance du regard posé sur nous. Quand nous faisons profession comme dominicains, nous demandons la miséricorde de Dieu et des frères ; c'est seulement dans la confiance en un regard de miséricorde et de pardon que nous pouvons oser vivre ensemble. Cela suppose de donner du temps pour apprendre qui je suis et qui est mon frère. Il faut du temps pour découvrir, dans les yeux de l'autre, que j'ai de la valeur et que ma vie a une cohérence et un sens. Être aimé, c'est être vu d'une certaine manière : pas seulement comme quelqu'un d'utile, de distrayant ou de désirable, c'est être vu comme un sujet, comme quelqu'un qui peut aussi retourner un regard.

C'est plus que le repos après le travail fiévreux de toute la semaine ; c'est le repos après le travail-spectacle de la vie quotidienne ; c'est cesser d'être spectateur, de porter un masque et de jouer à des jeux vides de sens. C'est un repos dans le silence de celui pour qui on n'est pas simplement « quelqu'un » mais un autre « je ». Le cistercien anglais saint Aelred de Rievaulx écrivait au début de son journal spirituel : « Nous voici, vous et moi, et j'espère un troisième, le Christ au milieu de nous. Il n'y a personne pour nous déranger, personne pour s'immiscer dans notre bavardage amical, aucun bavardage, aucun bruit ne se glissera dans cette agréable solitude. Venez, maintenant, mon bien-aimé, ouvrez votre cœur et déversez tout ce que vous voudrez à ces oreilles amicales; profitons avec reconnaissance de ce lieu, de ce moment et du loisir qui nous est donné[1]. »

Dieu nous a invités à partager son repos. Selon saint Augustin, ce repos est l'être même de Dieu. Il écrit dans ses *Confessions* : « Vous-même, ô Dieu, vous êtes reposé le septième jour, ayant terminé vos œuvres, qui étaient "très bonnes". C'est afin que vous puissiez nous dire d'avance, par la voix de votre livre (les saintes Écritures), qu'à la fin de nos œuvres, qui sont "très bonnes", étant donné que vous nous les avez données, nous pourrions nous aussi nous reposer en vous, dans le sabbat de la vie éternelle[2]. »

Mais le maître d'Augustin, Ambroise, dit que Dieu se repose également en nous. Le samedi saint, ce sabbat qui est entre la mort et la Résurrection, nous lisons ces mots extraordinaires d'Ambroise : « Le sixième jour est maintenant achevé; toute l'œuvre du monde est conclue [...]. Il est certainement temps d'apporter notre contribution de silence, car Dieu se repose de son labeur de création. Il a trouvé son repos au cœur de l'humanité, dans l'esprit, la volonté et le projet de l'humanité, car il a créé l'homme doué du pouvoir de raison; il a fait l'humanité pour qu'elle l'imite, pour qu'elle recherche la vertu, pour qu'elle ait soif de la grâce du ciel. Dieu trouve là son confort, comme il en témoigne lui-même quand il dit "En qui trouverai-je le repos, sinon en celui qui est humble et pacifique, et que mes mots emplissent de crainte ?" Je rends grâce au Seigneur notre Dieu qui a accompli une œuvre telle qu'il puisse y

1. *Spiritual Friendship*, trad. Mary Eugenia Laker, Kalamazoo, 1977, p. 51.

2. *Les Confessions*, XIII, 36, 1.

trouver le repos. Il a fait les cieux, mais je ne lis pas qu'il se soit alors reposé ; il a fait la terre, mais je ne lis pas qu'il se soit alors reposé ; il a fait le soleil, la lune et les étoiles, mais je ne lis pas qu'il y ait trouvé le repos. Voici ce que je lis : il a fait l'humanité et a trouvé le repos en celui dont il pourrait pardonner les péchés[1]. »

1. *Fathers of the Church*, vol. 42, New York, 1961, p. 282.

Conclusion

Pourquoi donc être chrétien ? Ma première réaction à cette question a plutôt été une réaction de rejet : il n'y a pas d'autre raison que le fait que le christianisme est vrai. Si notre foi est vraie, alors Dieu est la raison de toute chose, il est notre destinée et notre bonheur, celui vers qui nous sommes orientés.

J'ai été attiré par l'Ordre, comme je l'ai dit, parce que sa devise est *veritas*, « vérité ». Ma façon de comprendre ce que cela signifie était d'abord plutôt naïve. Le premier dominicain que j'aie rencontré – à part le frère Pierre qui m'a ouvert la porte – est le provincial et j'ai dû passablement l'agacer avec mes questions sur la vérité des doctrines de l'Église alors qu'il avait plutôt envie de parler de football. Je me rappelle avoir arrêté le grand théologien qu'était Cornelius Ernst sur une marche de l'escalier, à Blackfriars, avant le petit déjeuner, et lui avoir demandé en quel sens le dogme de l'Assomption était vrai : où se trouvait Notre Dame en ce moment ? Combien de temps avait-elle mis à monter ? J'ai dû rendre mes frères enragés par moments.

La vérité de ses affirmations fait ou défait le christianisme, mais la façon de comprendre en quel sens elles sont vraies soulève de délicats problèmes – problèmes que je n'ai pas tenté de résoudre dans ce bref survol. Ce ne sont pas de simples affirmations de faits bruts. Notre foi ne s'arrête pas aux formulations mais s'en sert pour aller vers le mystère de Dieu qui est au-delà des mots. Nos mots désignent plus que les mots. Je les ai comparés à des flèches pointées sur ce que nous ne pouvons pas apercevoir. Nous tirons nos flèches dans le noir. Nos affirmations sur Dieu ne sont intelligibles que si toute notre vie est orientée vers Dieu. Hors du contexte d'une vie qui va au-delà d'elle-même, nos affirmations sur Dieu ne veulent pas dire grand-chose ; elles seront comme des flèches jamais tirées : elles ne convaincront personne et n'auront aucune autorité. Nous pouvons parler d'amour, de liberté et d'espérance autant que nous voulons, s'il n'y en a aucun signe dans notre vie, nous gaspillons notre souffle.

Ce qui est demandé à l'Église est donc d'être le genre de communauté qui peut parler de Dieu de façon convaincante, c'est-à-dire un lieu de compassion et de compréhension mutuelle, de joie et de liberté. Si nous paraissons être des gens craintifs, des gens qui ont peur du monde et des autres, pourquoi croirait-on ce que nous disons ? Une certaine façon de vivre hors normes devrait provoquer et intriguer : d'une certaine manière, nous devrions être différents, comme le dit la *Lettre à Diognète*, pour que les gens se demandent quel sens nous donnons à notre vie. Et bien sûr, le sens de notre vie c'est Dieu. Je ne prétends pas que nous ne pourrons être des témoins de l'Évangile que si nous sommes meilleurs que tout le monde. C'est justement le genre de communauté que Jésus voulait éviter, lui qui a appelé les pécheurs, les faibles, la lie de la terre.

La raison d'être chrétien, finalement, c'est d'orienter vers Dieu. Cela implique que nous vivions une certaine différence. Je n'ai pas cherché à isoler *la* marque chrétienne unique, l'ingrédient secret de la cuisine chrétienne ; et pourtant, à ma propre surprise, quelque chose de précis a émergé, qui n'était pas prévu. Dans tout ce que nous avons vu, il y a une sorte de point commun, qui est l'idée d'être à l'aise, d'être « chez soi ». Nous sommes appelés à nous sentir à l'aise, selon des modes aussi différents qu'il est possible, dans notre corps et dans le Royaume. L'Église est le moyen terme qui devrait nous aider à être à l'aise dans l'un et dans l'autre, et représenter l'oasis accessible aux hommes dans notre monde « radicalement choqué ».

« Le Verbe s'est fait chair et il a résidé parmi nous. » Dieu est devenu corporellement semblable à nous. On pourrait même dire que Jésus est devenu plus corporel que nous, bien chez lui dans sa peau, à l'aise en lui-même, corps et âme, sans masque sur le visage. Jésus ne pouvait que se donner lui-même, « Ceci est mon corps, donné pour vous », car il se recevait comme un don du Père.

Nous sommes invités à faire de même. Dans une culture qui est, sous bien des aspects, hostile au corps – comme en témoignent la banalisation du sexe et l'encouragement au désir sans frein –, nous pourrions commencer par accepter d'être les corps que nous sommes, gros ou maigre, jeune ou vieux, mâle ou femelle, et de toutes façons mortel. N'oublions pas les mots qu'écrivait à son fils le vieux pasteur de *Gilead* : « Tu n'es sans doute pas plus beau que n'importe quel enfant. Tu es juste un enfant bien-portant, un peu mince, propre et bien élevé. Tout cela est très bien, mais c'est d'abord parce que tu existes que je t'aime. » Ce livre parle surtout de se libérer de l'illusion, d'avoir les pieds sur terre et d'être à l'aise en nous-mêmes et avec nous-mêmes.

C'est là que Dieu vient à notre rencontre dans les sacrements, qui embrassent tous les moments importants de notre vie : la naissance et la mort, le manger et le boire, le sexe et la guérison. C'est de là que part le pèlerinage vers le Royaume. C'est la vérité de ce que nous sommes. La plupart des doctrines chrétiennes n'ont de sens que si nous comprenons bien que notre existence corporelle est bonne : la création, l'incarnation, les sacrements, la résurrection des morts, tout cela est enraciné dans la chair et le sang. Et on peut espérer que les gens qui nous verront à l'aise dans notre peau se sentiront invités à être à l'aise dans la leur, « chez eux », eux aussi. On peut espérer qu'ils verront dans notre visage des yeux qui ne les dévorent pas, qui ne les méprisent pas, mais qui les aiment, chacun en particulier.

Nous avons dit également que nous sommes faits pour nous sentir chez nous dans cette inimaginable demeure qu'est le Royaume de Dieu. Nous aspirons à une demeure universelle, catholique au sens littéral du mot, dont personne n'est exclu. Le don de cette demeure, nous l'acceptons en permettant à la Parole de Dieu d'élargir notre langage, de le purifier de tout ce qui est mépris ou domination. Comme Dieu disait à Isaïe : « Élargis l'espace de ta tente, déploie sans lésiner les toiles qui t'abritent, allonge tes cordages, renforce tes piquets » (54, 2). Si, en nous libérant de l'illusion, nous retombons sur terre, notre imagination nous entraînera alors vers le Royaume.

Comme l'a souligné Stephen Toulmin[1], la déchirure de la chrétienté, pendant la guerre de Trente Ans, a marqué l'Église de façon durable. Ce fut un des moments clés – il y en eut d'autres – dans l'évolution du christianisme moderne et même de la modernité. Il affirme que cela a contribué à rendre le christianisme anxieux, soupçonneux et plutôt conformiste, que cela lui a fait craindre les questions difficiles et les débats en profondeur. Il y a trop de peur.

Si le christianisme doit permettre à des vies d'être orientées vers Dieu, s'il doit aider les pèlerins à avancer vers ce qui est notre demeure ultime, il faut que nous nous donnions mutuellement du courage. Si nous croyons vraiment que l'Esprit saint a été donné à l'Église, à la Pentecôte, nous pouvons certainement être détendus les uns avec les autres; nous n'avons pas besoin de nous agiter à l'idée que l'Église pourrait s'écrouler, à cause de la rigidité de ceux qu'on trouve trop conservateurs, ou à cause des aspirations chaotiques de ceux qu'on trouve trop libéraux. Nous pouvons résister à la tentation d'expulser ceux qui ne sont pas d'accord avec nous. Nous devons nous encourager mutuellement et renoncer à toute collusion avec les pouvoirs du silence, les pouvoirs du tombeau. Nous pouvons refuser toute autocensure – cette peur de ce que les gens pourraient penser si je dis la vérité. « Que votre cœur cesse de se troubler. Croyez en Dieu, croyez aussi en moi » (Jn 14, 1). Ensemble, nous pouvons jouir de moments de sabbat, partageant dès maintenant le repos de Dieu.

1. Stephen Toulmin, *Cosmopolis : the Hidden Agenda of Modernity*, Chicago, 1990.

Bibliographie

AELRED DE RIEVAULX, *Spiritual Friendship*, trad. Mary Eugenia Laker, Kalamazoo, 1977 ; trad. fse, Bruxelles, 1937.

ALISON, James, *Knowing Jesus*, Londres, 1993.

ALLEN, John, « A Spirituality of Dialogue among Catholics », *Origins* 34, 15 juillet 2004.

AMBROISE DE MILAN, dans *Fathers of the Church*, vol. 42, New York, 1961.

APPIAH, Kwame Anthony, *The Ethics of Identity*, Princeton, 2005.

ARISTOTE, *The Nichomachean Ethics*, trad. H. Rackham, Harvard, 1934 ; trad. fse Jules Tricot, *Éthique à Nicomaque*, Paris, 1972.

ATKINS, Margaret, « Temperateness, justice and chocolate », *Priest and People*, octobre 2003.

AUDEN, W. H., *Collected Shorter Poems, 1927-1957*, Londres, 1966.

AUGUSTIN D'HIPPONE, *Confessions* trad. R. S. Pine-Coffin, Londres, 1961 ; trad. fse, « Bibliothèque augustinienne », vol. 13-14, Paris, 1980.

–, *The Works of St Augustine : A translation for the 21st Century.* John E. ROTELLE (éd.), o. s. a, Sermons 1991 ; trad. fse, « Bibliothèque augustinienne », 74 vol., Paris, 1948-1998 ; texte latin, Migne.

AYTO, John, *Bloomsbury Dictionary of Word Origins*, Londres, 1990.

BAUMAN, Zygmunt, *Liquid Modernity*, Cambridge, 2000.

BENNETT, Oliver, *Cultural Pessimism : Narratives of Decline in the Postmodern World*, Édimbourg, 2001.

BERGER, Peter L. et HUNTINGTON, Samuel P., *Many Globalizations : Cultural Diversity in the Contemporary World*, Oxford, 2002.

BERNARDIN, Joseph, *The Gift of Peace, Personal Reflections by Joseph, Cardinal Bernardin*, Chicago, 1997.

BIANCHI, Enzo, *Ricominciare. Nell'anima, nella Chiesa, nel mondo*, Gênes, 1999.

BLAKE, William, *Complete Works*, Geoffrey KEYNES (éd.), Oxford, 1969.

BOK, Sissela, *Lying : Moral Choice in Public and Private Life*, New York, 1989.

BOLAND, o. p., Vivian, « It takes three to make a love story » *Priest and People*, avril 2001.

BONHOEFFER, Dietrich, *Ethics*, Eberhard BETHGE (éd.), Londres, 1955 ; trad. fse, *Éthique*, Genève, 1989.

BOTON, Alan DE, *Status Anxiety*, Londres, 2004.

BOURKE, V. J., *Joy in Augustine's Ethics*, Villanova, 1979.

BOYLE, Nicholas, *Who we are now ? Christian Humanism and the Global Market from Hegel to Heaney*, Édimbourg, 1998.

BRAGG, Melvyn, *The Adventure of English : the Biography of a Language*, Londres, 2003.

BRUGUÈS, o. p., Jean-Louis, *L'Éternité si proche*, Paris, 1995.

BUNYAN, John, *The Pilgrim's Progress*, Oxford, 1966.

CAMUS, Albert, « L'Incroyant et les chrétiens : fragments d'un exposé fait au couvent des Dominicains de La Tour-Maubourg en 1948 » *Actuelles* 1, Paris, 1950.

CARMICHAEL, Liz, *Friendship : Interpreting Christian Love*, Londres, 2004.

CARPENTER, o. p., Hilary, *A Vincent McNabb Anthology : Selections from the Writings of Vincent McNabb, o. p.*, F. E. NUGENT (éd.), Londres, 1955.

CARROLL, Lewis, *Alice's Adventures in Wonderland and Through the Looking-Glas (Alice au pays des merveilles* et *De l'autre côté du miroir)*, Oxford, 1971.

CASTELLS, Manuel, *End of the Millenium*, Oxford, 1998.
CAVALLINI, o. p., Guiliana, *Catherine of Siena*, Londres, 1998.
CHESTERTON, G. K., *Collected Poems*, Londres, 1933.
–, *Orthodoxy*, Londres, 1999.
–, « The Poet and the Cheese » dans *A Miscellany of Men*, Ebook #, 2015, Projet Gutenberg publié en 1999.
–, *St Francis of Assisi*, Londres, 1939.
–, « The Mercy of Mr. Arnold Bennett », *Fancies vs. Fads*, Londres, 1923.
CONGAR, o. p., Yves, *Journal d'un théologien, 1946-1956*, Paris, 2000.
–, « La liberté dans la vie de Lacordaire », dans *Les Voies du Dieu vivant : théologie et vie spirituelle*, Paris, 1962.
–, « Le traité de la force dans la "Somme théologique" de saint Thomas d'Aquin », *Angelicum* 51, 1974.
COOPER, David, « I am because we are », dans *The Times Literary Supplement*, 29 avril 2005.
COUESNONGLE, o. p., Vincent DE, *Le Courage du futur*, Paris, 1980.
COYLE, Dianne, *The Weightless World : Strategies for Managing the Digital Economy*, Cambridge (Mass.), 1997.
COYNE, Jeremy A., « Legends of Linnaeus », reviewing Vincent Sarich and Frank Miele, *Race : The Reality of Human Differences*, dans *The Times Literary Supplement*, 25 février 2005.
COZZENS, Donald, *The Changing Face of the Priesthood*, Collegeville, 2000.

DAVIE, Grace, *Religion in Modern Europe : A Memory Mutates*, Oxford, 2000.
DAVIS, Walter, *Inwardness and Existence. Subjectivity in/and Hegel, Heidegger, Marx and Freud*, Madison, 1989.
DICKENS, Charles, *Dombey and Son*, Oxford, 1991 ; trad. fse Pierre Leyris, *Dossier de la Maison Dombey et Fils*, Paris, 1956.
–, *Bleak House*, trad. Sylvère Monod, *La Maison d'Âpre-Vent*, Paris, 1979.
DICKINSON, Emily, *The Complete Poems*, Thomas H. JOHNSON (éd.), Londres-Boston, 1975.

DONNE, John, John TOBIN (éd.), *The Complete English Poems*, Londres, 1929.
–, George POTTER et Evelyn SIMPSON (éd.), *The Sermons of John Donne*, Berkeley, 1953.
DOSTOIEVSKI, Fiodor M., *The Brothers Karamazov* (*Les Frères Karamazov)*, trad. A. H. MacAndrew, New York, 1972.
DU PLESSIS GRAY, Francine, *Simone Weil*, Londres, 2001.

ELIOT, T. S., *The Complete Poems and Plays*, Londres, 1969.
ERDRICH, Louise, *The Last Report on the Miracles*, Londres, 2002.
ERNST, o. p., Cornelius, *Multiple Écho*, Fergus KERR, o. p. et Timothy RADCLIFFE, o. p. (éd.), Londres, 1979.

FLEMING, Fergus, *The Sword and the Cross*, Londres, 2003.
FORD, David F., *Self and Salvation : Being Transformed*, Cambridge, 1999.
FULLILOVE, Mindy Thompson, *Root Shock : How Tearing up City Neighborhoods Hurts America, and What we Can Do About it*, New York, 2004.
FURLONG, Monica, *Merton : A Biography*, Londres, 1980.

GAITA, Raimond, *A Common Humanity : Thinking about Love and Truth and Justice*, Londres, 1998.
–, *Romulus my Father*, Melbourne, 1998.
GHOSH, Amitav, *The Glass Palace*, Londres, 2001.
GIRARD, René, *La Violence et le Sacré*, Paris, 1972.
GREEN, Brian, *The Elegant Universe*, New York, 1999.
GRIFFIN, Susan, *Pornography and Silence : Culture's Revenge against Nature*, Londres, 1981.
GRYN, Hugo et Naomi, *Chasing Shadows*, Londres, 2000.

HATTERSLEY, Roy, *The Edwardians*, Londres, 2004.
HAUERWAS, Stanley, *Sanctify the Time*, Édimbourg, 1998.
HEANEY, Seamus, *Finders Keepers : Selected Prose 1971-2001*, Londres, 2002.
–, *Redress of Poetry*, Londres-New York, 1995.

HEANEY, Seamus et HUGHES, Ted, *The Rattle Bag*, Londres, 1982.

HILLESUM, Etty, *An Interrupted Life. The Diaries of Etty Hillesum, 1941-1943* trad. A. J, Pomerans, Londres, 1996 ; trad. fse Ph. Noble, *Une vie bouleversée. Journal 1941-1943*, Paris, 1985.

HEDERMAN, o. s. b., PATRICK, Mark, *Manikon Eros : Mad Crazy Love*, Dublin, 2000.

HILKERT, o. p., CATHERINE, Mary, *Naming Grace : Preaching and the Sacramental Imagination*, New York, 1997.

HOFFER, Eric, *The True Believer : Thoughts on the Nature of Mass Movements*, New York, 1951.

HOPKINS, Gerard Manley, *Poems and Prose*, introd. W. G. Gardner, Londres, 1953 ; trad. fse Bruno Gaurier, *Poèmes*, Suilly-la-Tour, 2003.

IGNATIEFF, Michael, *The Needs of Strangers*, Londres, 1984.

JARRETT, o. p., Bede, Bede BAILEY, Aidan BELLENGER et Simon TUGWELL (éd.), *Letters of Bede Jarrett*, Bath, 1989.

JEAN-PAUL II, *Fides et ratio*, 14 septembre 1998, site Internet du Vatican.

–, Homélie pour le Jubilé des travailleurs, 2001, site Internet du Vatican.

JENSON, Robert, *Systematic Theology*, vol. I, New York, 1997.

JEREMIAS, J., *Eucharistic Words of Jesus*, éd. révisée, Londres, 1964 ; trad. fse M. Benzerath et R. Henning, *La Dernière Cène, Les Paroles de Jésus*, Paris, 1972.

JOHNSON, Dr Samuel, *Collected Letters*, Jack LYNCH (éd.), Oxford, 1904.

KERR, o. p., Fergus, *After Aquinas : Versions of Thomism*, Oxford, 2002.

KÜNG, Hans, *Erkämpfte Freiheit*, Munich, 2002 (*My Struggle for Freedom*, Londres, 2003).

LAMBERT, Yves, « A Turning Point in Religious Evolution in Europe », *The Journal of Contemporary Religion*, vol. 19, n° 1, 2004.

LASH, Nicholas, « Authors, Authority and Authorization » dans *Authority in the Roman Catholic Church : Theory and Practice*, Bernard HOOSE (éd.), Aldershot, 2002.
–, *The Beginning and the End of Religion*, Cambridge, 1996.
LASH, Scott et URRY, John, *Economies of Signs and Space*, Londres, 1994.
LEVI, Primo, *If this is a Man*, Londres, 1979 ; trad. fse Martine Schruoffeneger, *Si c'est un homme*, Paris, 1987.
LEWIS, C. S., *The Four Loves*, Londres, 1960.
–, *Screwtape Letters*, Londres, 1942 ; trad. fse B. V. Barbey, *Tactique du Diable*, Paris, 1967.
LINDEN, Ian, *A New Map of the World*, Londres, 2003.
LONGFORD, Earl of, *Humility*, Londres, 1970.

MCCABE, o. p., Herbert, *God, Christ and Us*, Londres, 2004.
–, *Hope*, Londres, 1987.
–, *Law, Love and Language*, Londres, 2003.
–, *The Good Life*, Londres, 2005.
MACCULLOCH, Diarmaid, *Reformation : Europe's House Divided, 1490-1700*, Londres, 2003.
MCDADE, s. j., John, « Theology in the Post-Conciliar Era » *Modern Catholicism : Vatican II and After*, Adrian HASTINGS (éd.), Londres, 1991.
MCDONAGH, Enda, « Shared Despair » dans *The Furrow*, mai 2002.
MACGREGOR, Neil et LANGMUIR, Eriak, *Seeing Salvation : Images of Christ in Art*, Londres, 2000.
MACINTYRE, Alasdair, *After Virtue*, Londres, 1981.
–, *Whose Justice ? Which Rationality ?*, Londres, 1988.
MCPARTLAN, Paul, « The Same but Different : Living in Communion », dans *Authority in the Roman Catholic Church : Theory and Practice*, Bernard HOOSE (éd.), Aldershot, 2002.
MANDELA, Nelson, *The Long Walk to Freedom*, Londres, 1994.
MANDEVILLE, Bernard (DE), *The Fable of the Bees or Private Vices, Publick Benefits*, 2 vol. *With a Commentary Critical, Historical, and Explanatory*, F. B. KAYE (éd.), Indianapolis 1988.

MAWDSLEY, James, *The Heart Must Break. The Fight for Democracy and Truth in Burma*, Londres, 2001.

Martyrs, The Acts of the Christian, trad. Musurillo, Herbert, Oxford, 1972.

MISCIATTELLI, P., *Lettere di santa Caterina da Siena*, Florence, 1940.

MONTAGNES, o. p., Bernard, *Le Père Lagrange*, Paris, 1995.

MOOD, John, *Rilke on Love and Other Difficulties, Translations and Considerations of Rainer Maria Rilke*, New York, 1993.

MOORE, o. s. b., Sebastian, *Jesus, the Liberator of Desire*, New York, 1989.

MURDOCH, Iris, *The Sovereignty of Good*, Londres, 1985.

MURRAY, o. p., Paul, *A Drink called Happiness : The New Wine of Dominican Spirituality*, Londres, 2005.

–, « Dominicans and Happiness », *Dominican Ashram*, septembre 2000, Bernard HOOSE (éd.).

–, *These Black Stars*, Dublin, 2003.

NEWMAN, John Henry, *Parochial and Plain Sermons*, Londres, 1885 ; *Sermons paroissiaux* trad. fse, Paris, 1993-2000.

NICHOLL, Donald, *Holiness*, Londres, 1981.

NORTHCOTE, Michael, « The triumph of Imperial politics », *The Tablet*, 6 novembre 2004,

NUSSBAUM, Martha C., *Upheavals of Thought : The Intelligence of Emotions*, Cambridge (Mass.), 2001.

NYGREN, Anders, *Agape and Eros*, trad. Philip S. Watson, Londres, 1982.

O'DRISCOLL, o. p., Mary, *St Catherine of Siena : Passion for the Truth, Compassion for Humanity*, New York, 1993.

ONDAATJE, Michael, *Anil's Ghost*, Londres, 2001.

O'NEILL, Onora, *A Question of Trust : The BBC Reith Lectures 2002*, Cambridge, 2002.

PÉGUY, Charles, *Le Porche du mystère de la deuxième vertu*, Paris, 1954.

PIEPER, J., *Leisure, the Basis of Culture*, South Bend, 1998.

–, *On Hope*, San Francisco, 1977.

–, *The Four Cardinal Virtues*, Notre Dame, 1966.

POLANYI, Karl, *The Great Transformation : the Political and Economic Origins of Our Times*, Boston, 1957.

POUND, Kathleen, *Love Among the Saints*, Londres, 1958.

PRESTON, o. p., Geoffrey, *Hallowing the Time*, Londres, 1980.

RADCLIFFE, o. p., Timothy, *Seven Last Words*, Londres, 2004 ; trad. fse D. Barrios, *Les Sept Dernières Paroles du Christ*, Paris, 2004.

–, « "The Coming of the Son of Man" : Mark's gospel and the subversion of "the apocalyptic imagination" », *Language, Meaning and God*, Mélanges en l'honneur de Herbert McCabe, o. p., Brian DAVIES (éd.), o. p., Londres, 1987 p. 176-189.

RATZINGER, Joseph, « The meaning of Sunday », *Communio*, printemps 1994.

RAYMENT-PICKARD, Hugh, *The Myths of Time : From St Augustine to American Beauty*, Londres, 2004.

REES, Sir Martin, *Our Final Century ? Will the Human Race Survive the Twenty-First Century ?*, Londres, 2004.

RIFKIN, Jeremy, *The Age of Access : How the Shift from Ownership to Access is Transforming Modern Life*, Londres, 2000.

ROBERTS, Alexander et DONALDSON, James, *Ante-Nicene Church Library*, vol. I, *The Writings of the Apostolic Fathers*, Édimbourg, 1867.

ROBINSON, Marilynne, *Gilead*, New York, 2004.

ROBSON, Michael, *St Francis of Assisi*, Londres, 1997.

ROGERS Jr, EUGENE, F., *Sexuality and the Christian Body : Their Way into the Triune God*, Oxford, 1999.

ROHR, Richard et MARTOS, Joseph, *The Great Themes of Scripture*, Cincinnati, 1987.

RUDDY, Christopher, « Tomorrow's Catholics ». *The Christian Century*, 25 janvier, 2003, p. 24-32.

RUSHDIE, Salman, « Is nothing sacred? », *Granta*, 1990, n° 31, p. 98 s.

RUSTON, Roger, *Human Rights and the Image of God*, Londres, 2004.

SACHS, Jeffrey, *The End of Poverty : How we Can Make it Happen in Our Lifetime*, Londres, 2005.

SACKS, Jonathan, *Celebrating Life : Finding Happiness in Unexpected Places*, Londres, 2000.

SALES, Michael, « The fulfilment of the Sabbath : from the holiness of the seventh day to God's resting in God », *Communio*, printemps 1994.

SCHMITT, Éric-Emmanuel, *Monsieur Ibrahim et les fleurs du Coran*, Paris, 2003.

–, *Oscar et la dame rose*, Paris, 2002.

SCOTT HOLLAND, Henry, « All is well », *Facts of the Faith*, Londres, 1919.

SCRUTON, Roger, « Flesh from the Butcher – How to distinguish eroticism from pornography », dans *The Times Literary Supplement*, 15 avril 2005.

SENNETT, Richard, « The myth of purified community », dans *The Uses of Disorder : Personal Identity and City Life*, Londres, 1996.

SHERWIN, o. p., Michael, « The Friend of the Bridegroom stands and listen : an analysis of the term *amicus sponsi* in Augustine's account of Divine Friendship and the ministry of Bishops » *Augustinianum*, juin, 1998.

SHIELDS, Carol, *Larry's Party*, Londres, 1998.

STARK, Rodney, HAMBERG, Eva, S. MILLER, Alan, « Exploring Spirituality and Unchurched Religions in America, Sweden and Japan », *Journal of Contemporary Religion*, vol. 20, n° 1, 2005.

STEINER, George, *Real Presences : Is there Anything in What we Say ?*, Londres, 1989.

STRATHERN, Paul, *The Medici : Godfathers of the Renaissance*, Londres, 2003.

STRAWSON, Galen, « A fallacy of our age », *The Times Literary Supplement*, 15 octobre, 2004.

SUHARD, Emmanuelle, *Growth or Decline*, Notre Dame, 1951.

TAYLOR, Charles, *Sources of the Self*, Cambridge, 1989.
THOMAS D'AQUIN, (saint), *Summa Theologiae*, 5 vol., Madrid, 1955 ; trad. fse, *Somme théologique*, 4 vol., Paris, 1984-1986.
TOLKIEN, J. R. R., « On Fairy Stories », dans *The Tolkien Reader*, New York, 1966.
TOULMIN, Stephen, *Cosmopolis : the Hidden Agenda of Modernity*, Chicago, 1990.
TRACY, David, « The Uneasy Alliance Reconceived : Catholic Theological Method, Modernity, and Postmodernity » dans *Theological Studies*, septembre 1989, 50/3.
TUGWELL, o. p., Simon, *Early Dominicans*, New York, 1982.
–, *Human Immortality and the Redemption of Death*, Londres, 1990.
–, *The Way of the Preacher*, Londres, 1979.
TURNER, Denys, *Faith Seeking*, Londres, 2000.

VANIER, Jean, *Accueillir notre humanité*, Paris, 1999.
VARGAS LLOSA, Mario, *El Paraíso en la otra esquina*, Madrid, 2000.

WEIL, Simone, *Waiting on God*, trad. Emma Crauford, Londres, 1959 ; *L'Attente de Dieu*, Paris, 1950.
WHITE, Patrick, *The Riders in the Chariot*, Londres, 1996.
WILLIAMS, Bernard, *Truth and Truthfulness : An Essay in Genealogy*, Princeton, 2002.
WILLIAMS, Harry, *The Joy of God*, Londres, 1979.
WILLIAMS, Rowan, *Lost Icons*, Édimbourg, 2000.
–, *On Christian Theology*, Oxford, 2000.
–, *Open to Judgment*, Londres, 1994.
–, *Silence and Honey Cakes : the Wisdom of the Desert*, Oxford, 2003.
WILSON, A. N., *The Victorians*, Londres, 2002.
WITTGENSTEIN, Ludwig, *Philosophical Investigations*, vol. I, Oxford, 1963.
WOLFF, Tobias, *Old School*, New York, 2003.
WOOLF, Virginia, *Three Guineas*, New York, 1938.

Table des matières

N° d'édition : 13000

Achevé d'imprimer en octobre 2005
dans les ateliers de Normandie Roto Impression s.a.s.
61250 Lonrai
N° d'impression : 052825
Dépôt légal : octobre 2005